U0458167

国家社科基金年度项目（项目批准号 13BZZ008）

我国城市社区直选模式的比较分析研究

解红晖◎著

上海三联书店

目　录

导　论

　　社区直选是城市基层民主建设和居民自治的基础,是中国特色社会主义民主政治建设的重要途径。十九大报告中习近平总书记强调对中国特色社会主义道路的长期坚持。从 1998 年青岛正式拉开城市社区直接选举改革的帷幕,至今已有二十余年。中国城市社区直选历经最初萌生、正式启动、重大突破和稳步推进四个阶段。社区居委会直接选举业已成为我国基层民主政治改革的组成部分,是城市居民民主权利彰显与参与社区自治建设的重要途径。本课题通过梳理城市社区直接选举改革历程,进行城市社区直选制度绩效影响因子等探究,尝试提炼出我国城市社区直选中有代表性的实践模式(广西模式、北京九道湾模式、宁波模式、深圳盐田模式等),并进行城市社区直选主要模式的比较研究,分析直选模式中有待改善之处,提出可行性对策,力求为我国城市社区选举改革提供借鉴。

　　本书内容框架如下:第一部分是导论,主要介绍了社区和社区直选的基本理念,着重分析了社区直选的基本特征,并从中国特色社会主义民主政治建设视阈来解读城市社区直选。第一章阐述了我国城市社区直接选举发展历程,进行了阶段划分,并总结社区直选改革每个发展阶段的特点。第二章探析了我国城市社区直选改革的新趋势及影响因子。第三章至第五章是研究报告的主体部分。第三章全面提炼我国城市社区直选实践的代表性模式：广西模式、北京九道湾模式、宁波模式、深圳盐田模式等。第四章从共同之处、各自特色等方面进行城市社区直选模式的比较分析，并剖析城市社区直选模式运行中存在的问题。第五章是对进一步完善城市社区直选模式的对策性思考，着重从营建良好外部环境、完善社区直选制度、城市居民参与积极性、社区工作者队伍建设、社区与政府的关系等角度提出实现路径与可行性方法。最后从总目标、阶段性目标两个角度展望我国城市社区选举改革的未来发展路径。

社区居委会直接选举是社区选举改革创新的主要成果，"十三五"时期是落实全面深化改革的关键时期。因此，本课题的研究意义主要体现在：从理论上，该研究有助于丰富城市社区直选理论，进一步发展我国基层民主选举理论。从实践上，该研究有助于全面深化城市社区选举改革，充分发挥好城市社区组织在社会发展稳定中的作用，提高我国社会主义民主政治建设水平，增加中国特色社会主义政治发展道路自信。

第一节　社区的含义与理论研究

一、社区概念的提出

社区是人们共同生活的社会共同体。"社区"概念源于德国社会学家藤尼斯在 1887 年发表的著作《社区与社会》(《Gemeinschaft anf Gesellschaft》)①。藤尼斯认为,社区是人们在共同的价值观引导与维持下、基于亲族血缘关系构建的情感密切的群体生活共同体,是自然形成的传统的人类生活方式。社区里的共同生活具有整体性、持久性和真实性,其本质是现实的生命有机体。这是对"社区"概念的第一次明确的表述。社区不同于社会,社会是人类群体生活的另一种基本形式,它是通过权力、制度等观念以及机械方式聚合的人工组织,是一种暂时的人类共同生活形态,具有表面性和异质性等特征。② 基于对 19 世纪欧洲社会工业化进程中引发的诸多城市社会问题的深切关注,藤尼斯严格区分"社区"与"社会",对现代社会发展进程中的"社区"向"社会"的过渡进行了前瞻性的分析,并使社区成为社会学研究领域的重要概念。

二、社区的理论渊源

社区理论纷繁复杂,工业化和城市化是西方学界关注的焦点,社区的理论渊源主要来自城市社区的研究。社区的理论渊源③主要有:

第一,类型学视角下的社区理论,类型学方法运用抽象思维力对现实社会关系进行高度概括并凝练出理想范式,将研究对象置于理想范式的分析框架中。在社区研究中,通常是建立一个农村—城市的连续统一,将各种社区置于其间比较分析,从而达到对城乡社区的科学认识。基于"社区"与"社会"的比较分析,藤尼斯强调,建立在血缘、邻里和朋友关系上的社区具有亲密感和浓厚的

① 《Gemeinschaft anf Gesellschaft》,该书英译名是《Community and Society》。
② [德]斐迪南·藤尼斯. 共同体与社会. 林荣远译. 北京:北京大学出版社,2010:43 - 47.
③ 蔡禾编. 社区概论. 北京:高等教育出版社,2005:60 - 63.

传统价值,而现代社会中的人际关系则更多地从个人角度出发来为个人利益服务。[①] 藤尼斯对社区的明显的价值偏向,源于其对 19 世纪工业化和城市化急剧扩张所引发的诸多城市社会问题的关注与担忧。在《社会分工论》一书中涂尔干创造了另一种社区研究的"机械团结"和"有机团结"的二元分析模式。他认为,现代城市特征的"分工"产生了人与人依赖关系建立的聚合力,有机团结的城市社区中的个人在生活中将拥有更多选择。[②] 基于类型学视角下的社区理论,社区被理解为是以共同意识和集体归属感为纽带而形成的群体形式。

第二,人类生态学视角下的社区理论,即自觉地运用生态学学科的主要术语、理论和方法来研究社区而产生的系列理论。人类生态学理论诞生于 20 世纪,其本身经历了从古典型、新正统型到社会文化型人类生态学的发展过程。古典人类生态学研究者试图从空间关系来揭示人与人之间的相互关系,从而发展出多种模型揭示城市社区运动的过程(如同心圆说、扇形说、多核心说等)[③],并创建了社会区位学等学科,注重区位在社区形成中的作用。[④] 新正统人类生态学的代表人物霍利则强调,人类生态学不能囿于物质性人类社区的具体研究,而应着重研究社区的功能性关系。社区是人类为了不断适应环境而形成的多维复杂系统,社区系统建构的主要原则有:相互依赖原则、关键功能原则、分化原则和支配原则。[⑤] 戴维斯指出,整体性是作为研究单位的社区的最突出的特

① [德]斐迪南·藤尼斯. 共同体与社会. 林荣远,译. 北京:北京大学出版社,2010.
② [法]埃米尔·涂尔干. 社会分工论. 渠东,译. 上海:上海三联书店,2013.
③ 蔡禾编. 社区概论. 北京:高等教育出版社,2005:54.
④ [美]R. E. 帕克等. 城市社会学. 宋俊岭等译. 北京:华夏出版社,2005:54.
⑤ Hawley. *A Human Ecology*:*A Theory of Community Structure*. Ronald:Ronald Press,1950:68 - 74.

征,它涵盖人类生活的许多领域。[1] 邓肯进一步指出,大到全球,小到社区均可视为生态系统,它们是功能相互依赖的生态复合体,其内在的人口、组织、环境和技术四个变量彼此之间具有动态的关联性。[2] 文化在社区形成中的作用是社会文化生态学的学者们关注的焦点。依据城市中心区土地利用的研究成果,费雷创立了文化生态学。[3] 人类生态学视角下的社区理论,从方法论意义上赋予了社区存在的价值与功能,并以此作为社区之间相互区分的重要依据。

第三,社会结构视角下的社区理论,从社会结构视角开展的社区研究主要包括社区互动、社区权力、社区冲突等主题。史托普等学者强调,社区居民共同致力于生活的基本层面、居民生活具有同质性是当代社区机构呈现的新特征。学者们担心,社区内居民生活的同质性,不仅影响社区内部的有效互动,还会给现有社会学方法带来挑战。[4] 当社区成为社会资源聚集配置的重要场域,权力作为基础性议题赫然登场,权力的来源、如何分配和履行实效等成为社区研究的关注点。林德夫妇通过对城镇社区的跟踪随访,正式展开了社区权力研究,其中最有影响力的是精英控制模式的提出。亨特提出经济领袖统治、操纵权力的非前台性、等级性是社区权力结构的主要特征。[5] 梅塞尔进一步提出精英控制的社区模式中存在的共同意识、凝聚力和共同谋划等三个最为关键的要素。面对

---

[1] E. David. *Human Sociey*. Macmilian:Macmilian Press,1949:312.

[2] Dncan. *Social Organnizsaion and the Ecosystem*. Paris:Rand McNally,1964:75.

[3] Firey. *Land Use in Central Boston*. Greenwood:Greenwood Press Publishers,1975:86－172.

[4] Herbort H. Stroup. *Community Welfare*. Harper:Harper Press,1952:9.

[5] 黎熙元,黄晓星编著. 现代社区概论. 广东:中山大学出版社,2017:7.

社区之间的巨大差异,学者们提出了不同的社区权力模式,如多元权力模式等。美国学者科尔曼率先开展了对社区冲突的研究,他在《社区冲突》一书中深入探讨了社区冲突的根源、性质、类型等,并给出制止冲突产生和强化的对策性思考。W. A. 葛木森则对社区冲突进行了分类(积怨型冲突、常规型冲突等)。① 总之,社会结构视角下的社区研究传统,重视社区的构成性要素、要素之间关系的研究。

三、社区的含义

20 世纪初美国学者将德文 Gemeinschaft 译成英文 community,中文"社区"一词是对英文 community 的意译,社区研究的深入带来社区内涵的变化。由于研究理论背景、方法、角度等不同,加上英文 community 语义的复杂性,社区定义在演进中呈现出纷繁多样性,②"社区"概念也被赋予了不同于藤尼斯的 Gemeinschaft 的现代意义。现代意义上的社区共同体是建立在个体理性基础之上的,由社区归属感、邻里互动和社区网络、社区参与等组成的公共生活的社会共同体。"社区"从最初的社会学分析概念发展成为现代社会运行的具体机制和运作模式。community 被译成"社区"是 1933 年费孝通等在翻译学者帕克(R. E. Park)的文章时反复斟酌的成果,③自此,"社区"成为中国社会学研究的基本概念。1935 年吴文藻撰文《现代社区实地研究的意义和功用》指出,居民、地理空间和人们的生活方式是社区的构成要素,并强

---

① 蔡禾编. 社区概论. 北京:高等教育出版社,2005:60 - 63.
② 杨淑琴,王柳丽. 社区概念嬗变. 学术界,2010(6):167 - 174.
③ 费孝通. 《费孝通文集》第 5 卷. 北京:群言出版社,1998:530.

调了社区在社会学研究中的重要地位。^①　总之,中国早期的社区研究学者深受芝加哥学派和英国实证方法论的影响,尝试着眼于社区来考察中国社会,并逐渐形成了有中国特色的社区研究理论。

1984 年,我国民政部正式倡导推进城市社区服务,自此"社区"概念进入政府行政与管理的视野中,并逐渐进入公众的视野。在1998 年的政府机构改革中,民政部设立基层政权和社区建设司,社区建设成为政府行政职能内容的关键词之一,民政部成为推动社区建设的主要职能部门,在全国成立 26 个试验区推行城市社区改革。2000 年 11 月中共中央办公厅、国务院办公厅联合下发了"中办发[2000]23 号"文件,并转发民政部报送的关于推进社区建设的意见。^②　文件中对社区定义做了较为明确的规定。社区是聚居在一定地域范围内的人们所组成的社会生活共同体。一定地域是指在基层行政体制的改革背景下具有司法管辖权的居民委员会。自此,中国各个城市大力推进社区建设,围绕自治目标构建新的社区组织体系,不断增进居民的社区认同感。社区的行政职能受到更多关注,其地域界定趋向明确化,"社区"也成为中国社会和学术界的关注焦点。

中共十八大报告中明确指出,城乡社区治理中实行基层群众的自我管理,人民以最民主的方式行使自己的政治权利,这是社会主义国家人民当家做主的有力表现。^③"社区"和"居民自治"提升到执政党的战略高度。2017 年,中共中央、国务院从治理体系和治

① 吴文藻. 人类社会学文集. 北京:民族出版社,1993.
② 张明亮. 社区建设政策与规章. 北京:中国社会出版社,2004:95-128.
③ 胡锦涛. 坚定不移沿着中国特色社会主义道路前进为全面建成小康社会而奋斗. 人民日报,2012-11-18(01).

理能力现代化的高度对城乡社区治理提出新的要求。[①] 中共十九大报告中着重强调,应在政府治理和社会调节、居民自治三者之间形成良性互动。[②] 党和国家历届领导人高度重视城市社区建设,先后在不同的场合提出指示和意见。2018 年 4 月 26 日习近平到武汉市居民社区调研时强调指出,社区是基层基础,社区建设重点是加强社区党组织的建设。[③]

基于众多学者对社区特征的归纳总结,并结合中国社区建设的具体实践,课题组指出:社区是建立在行政划分地域基础上的具有共同利益和认同感的处于相互交往中的人类生活共同体。它内在包含着地域、人口、交往、归属感、管理机构等基本构成要素。中国社区将伴随着人们参与其中生活的幅度和程度的提高而不断丰富其内涵。

第二节　社区直选及其基本特征

一、社区直选的定义

"选举"一词最早出现在汉代,刘安所撰《淮南子·兵略训》一书中有"选举足以得贤士之心"。[④] 唐代杜佑编纂的《通典》是中国

---

① 新华社.中共中央、国务院关于加强和完善城乡社区治理的意见.人民日报,2017 - 06 - 12(01).

② 习近平.决胜全面建成小康社会夺取新时代中国特色社会主义伟大胜利.人民日报, 2017 - 10 - 28(01).

③ 霍小光.习近平在湖北考察.(2018 - 04 - 26)http://www.xinhuanet.com/2018-04/ 26/c_1122749285.htm.

④ 杨靖,李昆仑编.刘安.淮南子.兰州:敦煌文艺出版社,2015.

第一部典章制度史著作,其中《选举典》是首次对选举制度演变历程的全面梳理,其后的各朝代都有选举典的编撰。[1] 当然,古代中国的选举内涵迥异于当代社会对选举的理解。古代社会中的选举,选的是士和官,是由少数人从多数人中挑出可以担任公职的候选人,然后再由代表皇权的中央政府来决定。它是一种自上而下的由统治者决定的"选拔",[2]选举的最终目的是为了维护统治者的利益。

现代社会中的选举是严格遵循公认规则的公共行为,是现代民主政治发展的基石,其实质是寄存人民主权。[3] 它包含程序、司法、特定行为等构成要素,通过严格的程序、司法的护卫和具体行为让被统治者有权任命统治者。[4]"选举"是公民自下而上地实现法律赋予的选举权的活动。享有政治权利的公民,通过特定程序选择能代表他们利益并行使公共权力治理国家的人。

狭义的选举,指选民依据法定程序投票来选择和确定能制定和执行政策的国家公职人员,广义的选举,指社会成员按照一定程序选择特定组织或团体的成员、代表或负责人的活动,它存在于社会生活的诸多领域中。[5] 社区选举属于广义选举。社区选举,即社区居民、居民代表或居民小组等通过一定程序选举产生社区委员会。社区里的组织,除居民委员会外,还有社区党组织、群团组织、民间机构等,它们共同构成了社区组织体系。因此,社区选举也有

---

① 广陵书社. 中国历代选举典. 杨州:广陵书社出版社,2011.

② 陈庆立编著. 中国选举制度. 北京:中国民主法制出版社,2017:27 - 31.

③ 史卫民,郭巍青等. 中国社区居民委员会选举研究. 北京:中国社会科学出版社,2009:1.

④ [法]让·马克·科雷格,[法]克洛德·埃梅里:《选举制度》,张新木译. 北京:商务印书馆 1996:8.

⑤ 皮纯协等编. 简明政治学词典. 郑州:河南人民出版社,1998:512.

广义与狭义之分。广义的社区选举指社区内所有组织的民主建制和相关的组织成员的参与行为。基于我国社区组织体系中的居民委员会是一个具有宪法和法律地位的重要组织,它与社区党组织一起是我国社区建设的主体性组织。[①] 本课题所指的社区选举特指社区居委会选举,是狭义理解面上的社区选举。选举方式主要有两种:直接选举和间接选举。社区直接选举(简称社区直选)是由居住在本社区的具有选举权的居民通过一定程序以一人一票直接投票的形式选出社区委员会成员;社区间接选举是指由本社区的居民小组、居民代表或户代表通过投票选出社区居委会成员。

二、社区直选的基本特征

社区直选是我国社区居民委员会选举方式创新的主要做法。与传统的社区选举方式相比,社区直选具备三个基本特征:

就(投票)主体而言,投票主体由部分选民到全体选民。社区直选是居住在本社区的具备选民资格的居民按照一人一票的方法进行投票产生居委会成员,其投票主体是社区全体选民。纵观我国城市社区选举产生和发展的历史,社区选举的投票主体经历了最初的社区居民小组、居民代表、户代表到全体选民。需要指出的是,户代表选举是由每户推选一名有选举资格的代表来行使选举权,[②]它是对传统居民小组选举方式的改革,但不是直接选举。户代表投票不能完全反映一户所有成员的真正看法,不能正确表达每一个选民的选举意愿。我国基层民主研究专家李凡指出,真正的社区直选应是一人一票的选举,投票主体是全体选民,户代表选

---

① 王时浩.社区和居委会是一回事吗.社区,2011(17):1.
② 李凡.中国选举制度改革.上海:上海交通大学出版社,2005:31.

举不能实现每一个选民的选举权。① 目前中国城市社区选举方式改革进程中，主要采取的是上述两种方法。中国许多城市在社区换届选举汇总统计时常常是将这两种选举方式的比率加在一起作为社区直选率，这实际上是有认识上的误区，需要澄清。

就过程而言，从强调选民投票到强调选民全过程参与。直接选举规程和方案在制定和设计上着眼于选民全过程参与的理念，即在社区选举委员会产生、社区成员代表大会产生、候选人提名、初步候选人预选、候选人竞选、正式候选人投票等诸多环节中强调和实行选民的真正参与，将选民全过程参与居委会选举作为努力实现的目标。目前我国城市社区选举改革实践中，选民直接参与主要体现在候选人提名、候选人竞选、投票环节上，而在其他环节上主要采用居民会议、居民小组会议等方式，还没有实现选民的全过程参与。2000 年全国人大常委会执法检查居民委员会组织法的实施情况时强调，改进投票方式、创新提名方式和引入竞争机制是居委会选举改革进展的阶段性标志。② 民主程度最高阶段的社区直选应在选举程序所有环节上都有选民参与，包括社区直选制度的制订过程，这是我国社区选举改革的最高目标。

就目标而言，从强调行政管理到强调公民权利。社区直选要求，居委会成员不再是由街道办事处任命，而是通过社区选民一人一票的直接选举产生，社区居委会不是行政管理机构的末梢单位。社区直选是要实现社区居委会的法定自治组织角色的回归。社区直选不仅很好地满足了基层社区治理的需要，更是强化了社区居

① 李凡. 中国选举制度改革. 上海：上海交通大学出版社，2005：31 - 32.
② 姜春云. 我国人大常委会执法检查组关于检查《中华人民共和国城市居民委员会组织法》实施情况的报告. (2000 - 10 - 28)http://www.npc.gov.cn/wxzl/gongbao/2000-10/28/content_1481427.htm.

委会的社会属性，强调公民权利的行使，淡化社区居委会的行政色彩。社区直选使居民以直接而非间接的方式行使民主权利，它使每个选民都有机会直接选举自己最信赖的当家人，直接反映民意并实现选民的意志。[①] 它提供了居民参与的渠道，营建社区民主氛围，有助于培养居民的公民权利意识，提升居民对公共事务的关注，并为更多领域的基层群众直接行使民主权利夯实基础。换言之，作为选举方式改革的社区直选是对社区居民赋权的过程，它有助于实现法律赋予每一位社区居民的基本权利。一人一票的社区直选凸显公民权利，是对中国公民进行最好的民主教育。它拓展了居民参与社区建设的空间，有利于社区居民更充分地、更有效地实现自己的民主政治权利。

此外，需要说明的是，直选不能等于海选。海选最早是吉林省四平市梨树县农民在村委会换届选举中的创举，体现了基层群众的智慧，其核心内容是由群众直接行使村委会成员候选人的提名和确定权，该方式已以法律的形式确定其作为农村选举的基本方式。[②] 目前"海选"方式已不限于村委会选举、居委会选举及其他非政权领域的选举，海选提高了候选人提名方式环节上的民主性，但究其实质仍是直选的一种方式，它是着重于选举过程的个别环节，即是在候选人的初步拟定到正式确定的两个环节中采取所有选民直接参与的制度安排，在候选人产生过程中增加竞争性因素。[③] 目前实践中海选通常是把提名和确定候选人的两个步骤合并进行。此外，一些城市采取的不提名候选人的"无候选人选举"方式也是直接选举的特殊形式。

---

① 陈庆立编著. 中国选举制度. 北京：中国民主法制出版社，2017：17.
② 史卫民，雷兢璇. 直接选举：制度与过程. 北京：中国社会科学出版社，1999.
③ 李猛，王冠杰等. 新中国选举制度发展历程. 北京：世界知识出版社，2013：362.

第三节 中国特色社会主义民主政治建设
视阈下的城市社区直选

一、城市社区直选是我国民主政治体制改革的应有之义

城市居委会选举是城市政治发展的基石,是中国特色社会主义政治发展的重要组成部分。中国特色社会主义政治发展道路是人民在历史中的智慧选择。十九大报告中习近平总书记强调对中国特色社会主义政治发展道路的长期坚持,要求积极稳妥推进政治体制改革,营造良好有序的政治局面,不断满足人们日益增长的对美好生活的需要。

1978 年,以"放权让利"为先导拉开了我国经济体制改革帷幕,伴之,政治体制改革进入了起步摸索阶段。党的十三大标志着我国政治领域的改革进入了全面部署阶段,党的十六大正式提出民主执政的理念,凸显了政府的服务性职能。党的十七大从全面改革的高度强调了政治体制改革的重要性,并首次将基层群众自治制度写入大会报告中。基层群众自治制度正式纳入到社会主义政治制度范畴,成为我国特色社会主义建设过程中的四大基本政治制度之一,基层民主建设也因此成为国家全面改革深入推进的有力切入点。[①] 党代会报告中的单独列出、明确坚持中国特色社会主义政治发展道路的长期性,是十八届、十九届中央对政治体制改革推进的明确态度,积极推进基层民主发展成为习近平治国理政新

---

① 黄卫平. 中国基层民主发展 40 年. 社会科学研究,2018(6):13 - 27.

思想新战略的重要组成部分。① 城市是民主政治建设的战略要地，现代政治发展的核心内容是以选举为标志的民主政治建设。顺应现代政治发展潮流，基层民主推进中的城市社区直选是我国政治体制改革和中国特色社会主义民主建设的应有之义。

1998年社区直选正式拉开帷幕，从民政部选举试点到全国范围内开展，作为社会主义国家特色民主选举之一的城市社区直选已走过二十年。这期间，城市社区直选与农村村委会选举的有机结合、对人大选举的示范效应、对党内民主的促进作用、对政府职能转变的推进功能等，表明了它对中国民主政治发展产生了不可忽视的重要影响。城市社区直选无疑已成为中国政治体制改革浪潮中一道亮丽的风景线。基层民主发展从来不是孤立单向地进行，它与社会体制改革有着紧密的联系，两者相互影响相互促进，形成了良性互动。体制改革的深入推进有助于拓展基层民主的发展空间；而基层民主的发展，为体制改革进一步深化提供有力保障。② 正是基于对基层民主发展与社会体制改革两者互动关系的深刻把握，新时期中国特色社会主义事业继续向前推进的有战略高度的一项举措即是，将基层民主政治发展作为我国政治体制改革的推动性抓手。基层群众民主自治首先发端于城市，城市社区民主自治有助于培育成熟的社会政治根基。随着社会主义市场经济的发展和城市化进程的大力推进，城市基层民主的重要性尤为凸显。③

城市基层民主的发展主要是从社区选举改革开始，城市社区

① 杨卫敏. 习近平基层民主建设思想的浙江发微. 观察与思考,2018(5):86-94.
② 徐勇等. 基层民主发展的途径与机制. 北京:北京师范大学出版社,2015:29-30.
③ 娄成武,谷民崇. 城市社区自治:我国政治民主化发展的必然路径. 理论探讨,2014(3):141-144.

直选是城市基层民主最重要的体现,它是城市居民行使民主权利的重要途径。积极发挥城市社区直选的示范性作用,提升其对高层民主的影响,有助于推进我国的政治现代化进程。因此,城市社区直选是我国民主政治体制改革推进的策略性举措,是我国民主政治体制改革的应有之义。

二、城市社区直选是推进城市基层民主建设的重要途径

中国特色社会主义民主建设中,基层民主是参与主体最为广泛、涉及与群众利益关系最直接和最丰富的实践形式。城市及城市中的市民影响着人类社会发展的历史进程,其在国家民主政治生活的影响力决定了城市民主发展的重要性。中国民主政治建设进程中,城市民主发挥着不可替代的方向性和全局性的作用。① 随着社会主义市场经济体制的建立,我国改革的重心也从农村转移到城市。城市企业改革的力度加大,城市化进程的推进,城市基层社会中不断增强的民主诉求,成为了我国政治体制改革的重要动力。在构建和谐社会的背景下,城市基层民主建设被提升到国家战略发展的高度,②在一定程度上影响着中国民主政治发展的方向和进程。

社区是城市的细胞,是居民生活的场所,生活是政治的微观基础。③ 因此,社区是转型时期中国城市民主政治发展的重要社会载体,为民主社会发展提供基础性的公共空间的支持。④ 中国城市基层民主建设必须扎根于社区,其主要目标是实现居民自治。居民

---

① 张涛,王向民等. 中国城市基层直接选举研究. 重庆:重庆出版社,2008:41.
② 陈辉. 城市基层民主发展的困境与路径的选择. 理论探讨,2010(3):23 - 27.
③ 黄卫平,汪永成等编. 当代中国政治研究报告. 北京:社会科学文献出版社,2017:65.
④ 徐勇等. 基层民主发展的途径与机制. 北京:北京师范大学出版社,2015:191.

自治以社区居民委员会为主要载体,在选举、决策、管理、监督等方面推行民主,最终实现社区居民的自我管理、自我教育、自我服务。民主选举是前提和基础,推行社区居委会直选是20世纪90年代初社区民主改革的重要内容。社区居委会成员产生方式的根本性变革,不再由街道办事处任命或提名,也不是由居民小组选举产生,而是由社区全体居民依法直接选举。社区居民直接行使选举权,选出社区当家人,充分享受民主权利,激发参与公共事务的积极性。社区直选营建更为公平公正的选举氛围,在选举环节设计上充分尊重民意,增强了居民的社区归属感,这是社区间接选举难以达到的良好社会效应。社区居民不仅依法享有直接选出当家人的权利,还享有对不称职的社区居委会成员提出撤换、罢免建议等民主管理和民主监督的权利。居民在社区事务管理中的自主性增强,为城市基层民主建设打下了坚实的基础。居委会直选是居民自治的基础,对我国各层级的选举参与面的扩大,实现公开公平公正,对整个社会民主的发展都有着启示意义。启动城市社区选举方式改革,通过选举授权,社区居民直接行使民主权利,为社区自治组织提供自治权威和民意的认同。[1] 这不仅能为社区自治提供强大的内在动力,畅通城市基层民主建设道路,同时为在更广泛层面的人民直接行使民主权利的实践探索创造条件。由上可见,社区是中国民主社会发展的基础性领域,城市社区直选是推进城市基层民主建设的重要途径,是衡量社区民主与社区自治程度的首要标志。

---

① 袁方成,李爱燕等.从村民自治到社区自治.北京:中国社会科学出版社,2014:4.

三、它是国家治理体系和治理能力现代化的内在要求

党的十八届三中全会从全面深化改革总目标的高度提出推进国家治理体系和治理能力现代化,①具有重大理论意义和现实意义,决定着中国特色社会主义制度的进一步的完善与发展。国家治理体系和治理能力现代化是一项系统工程,②确定国家治理体系和治理能力现代化水平的衡量标准至关重要。规范公共权力确保其在制度化轨道上运行、以民主的方式实现公共事务治理及相应制度的建立、宪法和法律最高权威的确立、社会秩序的有效维护、制度系统之间的统一性和有机性的形成等是衡量国家的治理体系是否现代化的系列标准,其中民主是最为本质的特征。③ 实现国家治理体系和治理能力现代化,必须加强民主建设。不同于"维稳"和"管理",在"治理"的话语体系,治理的主体不仅仅是政府,还有社会主体具有多元性,国家与社会的平等互动关系变得尤其重要,实现社会参与的制度设计是推进协商民主制度化、发展基层民主。④ 正如习近平总书记指出:"推进国家体系和治理能力现代化,就是保证和支持人民当家作主"⑤,要求党和国家干部要时刻心中装着人民,了解人民的需求,解决人民需要解决的问题,不断提高治理能力,立足于人民需求的最大公约数去治理国家。这深刻阐

---

① 新华社. 中国共产党第十八届中央委员会第三次全体会议公报. 人民日报,2013 - 11 - 12(01).

② 辛鸣. 中国道路新赶考 改革开放再出发——十八届三中全会的重大突破与创新. 时事报告,2013(12):28 - 35.

③ 俞可平. 推进国家治理体系和治理能力的现代化. 新视野,2014(1):5 - 8.

④ 郑永年. 民主,中国如何选择. 杭州:浙江人民出版社,2015:267.

⑤ 习近平. 在庆祝中国人民政治协商会议成立 65 周年大会上的讲话. 人民日报,2014 - 09 - 22(02).

明了国家治理体系和治理能力现代化中的以人为本的深刻内涵，说明了民主建设在国家体系和治理能力现代化进程的重要性。

推进国家治理体系和治理能力现代化建设应从基层治理抓起，固本培元，基层治理是国家治理的根基。基层治理的核心是基层民主，其目的就是实现单位群体的公共利益最大化。从这个意义讲，基层治理是一种民主发展形式，它是中国民主发展的切入点，是进一步推进民主、完善民主和发展民主的路径选择。[①] 社区是城市社会的基本单位，是城市基层治理的主要载体。城市社区直选是推进城市基层民主建设的重要途径，是衡量社区民主与社区自治程度的首要标志。因此，城市社区直选是国家治理体系和治理能力现代化的内在要求。

---

① 张晓东.准确把握基层民主治理现代化内涵 推进国家治理体系和治理能力现代化.理论纵横,2016(10):33-36.

第一章　中国城市社区直选的发展历程

　　中国城市社区居委会产生于 20 世纪 50 年代,是在废除民国时期保甲制度的过程中逐步建立起来的城市基层群众组织。城市居委会作为居民组织具有自治性,是在 1952 年天津市开展民主建政运动中首次提出。随后,北京市东城区也成立了自治性质的居委会。① 1954 年 12 月 31 日,全国性法规《城市居民委员会组织条例》②(简称《条例》)在全国人大常委会会议上通过。《条例》规定了居委会的组织机构的性质、任务和工作原则等,指出居民委员会成员必须通过选举产生,并对居委会委员人数等进行了规定。③《条例》的出台与实施,为城市社区居委会在全国普遍建立和规范运作提供了必要的法律保障。它第一次用法律形式明文规定了居委会的性质、任务和组织机构等,从法律上确立了选举是居委会成员的产生方式。④ 自治性质的居委会逐渐得到了政治权威的认可,这标

---

① 韩全永. 建国初期城市居民组织的发展及启示之二政体初定,居委会终结保甲制历史. 社区,2006(11).

② 1990 年 1 月 1 日,该法规废止。

③ 雷洁琼主编. 转型中的城市基层社区组织. 北京:北京大学出版社,2001:1-3.

④ 李猛,王冠杰等. 新中国选举制度发展历程. 北京:世界知识出版社,2013:299.

志着城市社区居委会选举正式开始。1956 年,居委会在全国普遍建立起来,居委会选举也在逐渐推广。

第一节　中国城市社区直选的最初萌生

1953 年到 1956 年,新中国基本完成了社会主义社会改造,开始进入社会主义建设。我国民主政治建设步入了一个新的历史阶段,推动了城市居民委员会的发展。1958 年迎来了我国历史上城市基层组织的第一次大面积选举。[①] 居委会成员都是由选举产生。但在随后的人民公社化、文化大革命等运动中城市社区居委会自治性质逐渐消失,政治化和行政化色彩趋于浓厚,随之居委会选举工作停止。随着文革结束"拨乱反正"的全面进行,居委会的选举活动逐渐得到恢复。1982 年全国人大通过的修订了的宪法第 111 条是专门关于居民委员会选举的规定。1989 年 12 月全国人大常委会通过《中华人民共和国城市居民委员会组织法》(简称《居委会组织法》),随后各省、自治区、直辖市相继制定了实施办法。在宪法和法律的保驾护航下,居委会选举在全国恢复和展开。[②] 随着居委会的成长和发展,居委会选举逐渐迈入了制度化轨道。伴之居委会选举方式改革启动,中国居民委员会选举制度开始朝着直接选举、差额选举、规范选举、透明选举、民主选举的方向迈进,[③] 社区直选是社区选举改革进程中取得的重要成果。

---

① 采用的是居民小组选举方式。
② 詹成付主编. 社区居委会选举工作进展报告. 北京:中国社会出版社,2006:1-3.
③ 李猛,王冠杰等. 新中国选举制度发展历程. 北京:世界知识出版社,2013:302.

一、村民自治催化着城市社区直选萌生

"十一届三中全会"以来中国实行改革开放,改革最早始于农村。"家庭联产承包责任制"瓦解了文革时期建立的以农村"人民公社"为代表的政权机关、经济组织、基层社会三种功能高度混合的体制。① 1980 年全国第一个居民代表选举产生的村民委员会在广西壮族自治区宜州市屏南乡诞生,1986 年吉林省梨树县梨树乡村委会选举中率先推行"海选"方式。② 1987 年全国人民代表大会通过了《中华人民共和国村民委员会组织法(试行)》,农村村委会开始逐渐脱离乡镇政府命令式垂直管辖而向村民自治的道路发展,村委会直选在全国推广。1998 年 11 月《中华人民共和国村民委员会组织法》正式颁布,推动着我国村委会直接选举工作规范化建设的进程。③ 村委会选举改革拉开了村民自治的帷幕,大大提高了农民的民主觉悟。它不仅对农村的稳定和发展产生积极的作用,还对城市基层民主发展起到了很好的引领作用。时任国家副主席的胡锦涛指出,农村已经摸索到了一条较为可行的自治发展的道路,城市也应该有创新精神去尝试自治的发展路径,并要求民政部门要带头研究,帮忙找思路。④ 农村村民自治改革的成就,坚定了党和政府的信心。城市可以尝试推行基层民主建设,借鉴农村自治的成功经验,这不仅会大大降低制度创新成本,还能把市民日益增长的政治参与要求诱导到基层的社区参与之中,满足居民

---

① 黄卫平,陈家喜. 中国改革开放三十年民主选举的发展. 当代中国政治研究报告,2008
(1):34-76.

② 闫健主编. 民主选举. 北京:中央编辑出版社,2013:8-9.

③ 黄卫平. 中国基层民主发展 40 年. 社会科学研究,2018(6):13-27.

④ 张明亮. 社区建设政策与规章. 北京:中国社会出版社,2004:94.

参与需求的同时缓解国家行政管理体系的压力。

在村民自治的影响下,城市居民自治的步伐正式迈开。1999年民政部在全国设立实验区推行城市基层改革,拟定了《全国社区建设实验区工作方案》,该方案中第一次正式提出"社区自治"。社区自治开始成为城市社区改革中的"关键词",实现城市社区的管理权的回归,而居委会直选则成为社区自治中的"关键词"。在民政部的大力推动和具体指导下,城市社区改革沿着自治的道路发展。[①] 民政部社区建设实验区认真把握与贯彻执行《居民委员会组织法》的基本精神,相继开展了居委会直选的试点工作。由全体居民投票产生居委会的做法,无疑是受了当时农村村委会产生办法的影响。在这之前,虽然《居民委员会组织法》对居委会产生的三种方式中包括由全体居民选举产生方式,但在实际中这种方式没有运用过,城市居民没有直接选举的参与和经验。村民自治的影响和示范使得城市社区居委会直选与村委会选举实践始终密不可分,许多选举技术与方法(如秘密投票室)直接参照了村委会选举。[②] 可见,如火如荼的村民自治实践带动了城市居民自治的步伐,村民自治催化着城市社区直选的萌生。

二、社区直接选举缘起于城市社区改革

除了农村自治发展带来的催化性影响,中国经济体制改革的深入给城市基层社会结构带来的巨大变迁,迫切要求着城市社区改革。1) 城市社会结构的开放度增强。随着城市经济成分多元结构的形成和新型经济组织的涌现,城市社会结构的开放度提高,伴

---

① 姚华,王亚南.居委会直选的背景及政策的定型化.东方论坛,2010(2):113-118.
② 闫健主编.民主选举.北京:中央编译出版社,2013:14.

之城市居民的流动性与异质性增强,其主要表现为大批外来务工人员。随着农村经济体制改革的深化,带来农业和农村经济快速发展的同时,产生了农村剩余劳动力。城市里大规模的市政基础建设、城市改造以及第三产业比重增加等,吸引了大批外来务工人员。1995年在城市务工的农民就已达8000万,且每年以10%左右的速度增长。① 2015年国家统计局发布的国民经济运行数据显示,城镇常住人口比重达56.1%,合计77116万人,农民工总量27747万人,其中,外出农民工比高达61%。② 全国城市每个居委会平均管辖外来人口115人,个别居委会管辖多达千人以上。③ 城乡相对封闭的局面被打破,社会迁徙的频率与方式发生巨大变化。进入城市的农村剩余劳动力形成了一个庞大的外来流动人口群体,城市居民的异质性在增强。与此同时,国企改革和政府体制改革在推进中,企业逐渐向自主经营的独立实体转变,单位制的解体促进了劳动力流动,个人与组织的关系从依附型向契约型转变。居民职业有了更多的变动和更多的不确定性,这些都加剧了城市人口的流动性和社会结构的开放度。2)城市居民的社会属性凸显。随着经济体制改革的深入进行,经济形式出现多样化,社区结构发生转变。计划经济体制比重的降低,大力推行的市场化改革使单位制逐渐松动,单位体制运行的经济基础削弱。政府和企事业单位释放原先承载的城市管理职能,国有企业改组、企业破产和机构撤消,加上民办企业和机构的出现,使得没有单位归属的人员数量急剧增加。此外,住房货币化为核心的住房体制改革的出台,又加快了传统单位制的解体,单位体制的社会整合功能日趋式微,

---

① 江流,陆学艺. 1996—1997年中国社会形势分析. 北京:中国社会出版社,1997:194.
② 黄卫平等编. 当代中国政治研究报告. 北京:中国社会文献出版社,2017:18.
③ 赵秀玲主编. 中国基层治理发展报告(2016). 广州:广东人民出版社,2016:80.

改变着国家管理的微观基础。作为城市最基本的构成单位、处于单位体制补充地位的社区所担负的社会整合功能愈来愈凸现出来。住房货币体制的改革使得居民与社区之间的利益联系性纽带得以建立起来,[①]居民对于居住环境和安全秩序等有更高的要求。社区成为城市社会组合分散成员和优化整合资源的重要载体。越来越多的原归属于单位的城市居民成为"社会人",他们的行政管理、社会保障、思想输导等问题亟待社区解决。但由于相应的社会服务机制还没有完全建立起来,全方位的社区工作突破了社区服务概念的内涵,社区难以承接"单位"所释放的多元化社会职能,传统城市管理模式受到严峻挑战。1991年民政部提出社区建设的理念,并将社区建设与加强基层政权结合起来。[②] 在社区建设的积极探索中形成了一些有代表性的社区建设模式,但仍不能从根本上解决城市基层社会管理薄弱和社区整合乏力的问题,城市社区基层管理体制改革势在必行,改革的重点就是将城市社区管理权回归到社区本身,确定社区管理权回归的组织载体是社区居民委员会。社区居民委员会是法定的居民自治组织,但在传统城市管理体制下其成员往往是街道任命或聘用,居民委员会没有能发挥其自治性功能。启动社区居委会选举改革,由社区居民通过直接选举方式产生居委会成员,重建城市基层组织体系,鼓励居民参与社区建设,充分开发利用社区资源,使社区真正成为治理主体。无疑,城市社区直选脱胎于城市社区改革。这次社区改革是由社会经济体制变化而引发的、由政府主动推动的中国城市基层结构的巨大社会变迁所导致。

---

① 闫健主编.民主选举.北京:中央编译出版社,2013:13.

② 李猛,王冠杰等.新中国选举制度发展历程.北京:世界知识出版社,2013:303.

第二节　中国城市社区直选的正式启动

随着城市基层管理体制改革的深入,村民自治的推进,中国城市社区直接选举改革正式启动。1998 年青岛瑞昌路街道第二居委会和第六居委会首次进行居委会直接选举,①其中第六居委会的参选率达到 86.6%。两个社区居委会选举过程尚不严格,但具备了社区直接选举的一些特征(如居民联名提出候选人等),②是社区直接选举改革的雏形。它标志着城市社区选举改革正式拉开了帷幕,社区改革深入推进有了新的动力。民政部是推动社区选举改革的主要职能部门,具体指导全国社区直选试点工作的开展。通过合并居民委员会、突破单位限制、重新划分居委会范围等措施,促使形成新的城市社区居委会。社区成员身份多元化、社区居民数量适度扩大,夯实了民主选举和自治的组织成员基础,这是沈阳、上海等城市启动社区选举方式改革的主要背景。

1998 年沈阳市明确,加强居委会建设和提高居委会自治能力是社区管理体制改革的首要目标。1999 年沈阳市沈河区今生社区首次通过民主选举产生新一届社区当家人,旨在通过民主选举方式来激励社区人员素质的提高。沈阳市着重从社区定位、社区划分、社区组织体系三方面开展社区改革,居委会民主选举有助于构建和完善社区组织体系。沈阳社区改革思路在全国引起较大反响,民政部基层政权和社区建设司专门召开相关的专家论证会,总

---

① 王国华,孙兆军. 加强居委会建设的重要举措——青岛市市南区调整居委会规模、换届选举的做法. 中国民政,1998(10).
② 何晓玲. 社区建设模式与个案. 北京:中国社会出版社,2004:93.

结沈阳社区改革经验。[①] 但沈阳居委会选举是户代表选举方式,还不是真正意义的社区直选,总体改革力度不大。

1999 年上海开展较大范围的社区直选试点工作。上海选举改革前先将几个居民委员会合并为社区居民委员会,通过扩大社区人员数量和社区地域范围,增加了民主选举和管理的可能性。卢湾区长二社区是上海市首个居委会直选社区,之后五里桥街道的紫金社区,浦东街道的景安社区,浦兴街道的金桥湾社区、瑞金二路街道的陕南社区等社区居委会也相继启动社区居委会选举方式改革,并在试点社区建立了居民代表常任制,[②]其中尤以浦东新区的直选制度设计上较为规范,周家渡白莲泾居委会尝试了无候选人直接选举法,花木镇由六村采用了海选方式。浦东新区居委会选举成功,标志社区居委会发展历程上的一个转折,"从传统的权力主导性选举转向依法自治性的选举"[③]。上海社区直选中提出,提升居委会的自治功能是城市社区居委会选举改革的价值取向。

1999 年乌鲁木齐市第四次居委会换届选举结束,全市 95% 居(家)委会实行由居民直接选举产生,参选率达 79%。[④] 同年 12 月,北京石景山园北社区试点居委会直接选举改革。石景山社区选举改革中最大的特点是采用居民小组协商方式产生正式候选人,但候选人竞争不够,投票程序上仍存在不足。[⑤] 2000 年 5—6 月,南京

① 汤晋苏等. 沈阳模式专家论证会观点综述. (2008 - 07 - 20) http://www. 21gwy. com/ms/sqzl/a/4882/414882. html.
② 何明锐. 对上海市八个直选居委会的调查. 当代建设,2001(3):34 - 35.
③ 林尚立. 社区民主与治理:案例研究. 北京:社会科学文献出版社,2003:84.
④ 姜春云. 全国人大常委会执法检查组关于检查《中华人民共和国城市居民委员会组织法》实施情况的报告. (2000 - 10 - 28) http://www. npc. gov. cn/wxzl/gongbao/2000-10/28/content_1481427. htm.
⑤ 李凡. 中国选举制度改革. 上海:上海交通大学出版社,2005:34.

市玄武区北苑社区和白下区游府西街社区启动直选试点工作,两个试点社区采取相同的选举实施方案,标志着我国社区居委会直接选举试验中程序规范化水平的提高,①但专家也指出存在的问题,最为突出的是居委会候选人问题。居委会候选人不是来自本社区,是外聘人员。居委会成员应当必须是本社区的居民,本社区的居民对社区较为了解,对社区事务也更具有责任感和使命感,有助于开展社区的沟通协调工作。南京社区选举试点存在不足,但仍要肯定与鼓励直接选举制度在社区的应用,使每个人都拥有选举权的社区直选,有利于推动基层民主的发展。② 2000 年 8 月底至9 月中旬,全国人大常委会检查直选试点工作进展情况,旨在推进《居委会组织法》的贯彻执行。四个执法小组分赴江苏、上海、黑龙江、辽宁等 8 个省市自治区展开实地检查,认真总结并撰写检查报告递交国务院。报告中特别强调,城市居民委员会选举是扩大城市基层民主的重要形式,并对社区直选进一步开展提出改进性建议。③ 该检查报告是民政部向中央和国务院提出在全国范围内推进社区建设等相关建议的经验基础。2000 年 12 月 16 日海南省在海口市新华区居仁坊社区首次试点居民委员会直接选举。社区有选民 701 人,参加投票 675 人,参选率 96%,周好明当选为居委会主任,海南省第一次有了全体居民直接选举产生的居委会。④

---

① 李凡. 社区选举的发展和问题. 中国社会导刊,2002(7):17 - 20.

② 史卫民,郭巍青等. 中国社区居民委员会选举研究. 北京:社会科学文献出版社,2009:244.

③ 姜春云. 全国人大常委会执法检查组关于检查《中华人民共和国城市居民委员会组织法》实施情况的报告. (2000 - 10 - 28)http://www. npc. gov. cn/wxzl/gongbao/2000-10/28/content_1481427. htm.

④ 游海洋. 海南省首次出现居民直选居委会领导. (2000 - 12 - 16)http://www. xinhuanet. com//epublish/gb/paper10/20001216/class001000009/hwz267027. htm.

　　中国城市社区直选改革启动阶段的主要特征有:**第一,社区直选试点的指定性**。直选试点都是在民政部成立的社区建设实验区内进行,试点社区总体数量不多,社区直选经验较为有限。该阶段的居委会组成人员并非全部由选举产生,社会招聘是居委会组成人员产生的重要渠道。① **第二,社区直选概念的模糊性**。社区直选启动阶段是较为艰辛的摸索阶段,大城市设立一至两个社区选举改革试点,规模不大,摸索经验,其中多数还不是直接选举方式,譬如沈阳市的社区选举改革实际采用的是户代表选举方式,这反映了对社区直选概念认识上的模糊性。**第三,直选经验总结不及时性**。直选试点社区不太注重总结经验来巩固改革成果,最为典型的是拉开中国城市社区直选帷幕的青岛,其率先进行直选改革的两个社区即第二居委会和第六居委会,在试点直选成功后不久便在新一轮社区改制中与其他居委会合并,合并成的大社区并没有继续推行居委会直选。这导致青岛的两个社区之后鲜有人关注和提及,社区选举改革的宝贵成果没有得到很好的巩固与发展。**第四,直选后社区体制多样性**。居民以一人一票依法选举出来的委员会成员组成社区理事会成员,有的则是担当居民聘用人员等。总之,该阶段选举的规则和方法都比较简单,不够规范,但初步建立了我国城市社区选举的基本框架,②为城市社区直选的进一步发展奠立了基础。

---

① 李猛,王冠杰等. 新中国选举制度发展历程. 北京:世界知识出版社,2013:306.
② 李凡. 中国选举制度改革. 上海:上海交通大学出版社,2005:34.

第三节 中国城市社区直选的重大突破

2000 年 11 月 19 日,中央办公厅和国务院办公厅转发民政部报送的关于推进城市社区建设的意见,同时联合下发了"中办发[2000]23 号"文件。[①] 该文件明确要求在全国范围内推动社区建设,倡导"扩大民主、居民自治"的基本原则,[②]确立社区居委会的根本性质是党领导下的群众性自治组织,要求按照依照《居民委员会组织法》精神推行居委会直选。2002 年 11 月,党的十六大报告中从政治体制改革的高度提出要扩大基层民主、完善城市居民自治,提高了社会各界特别是党政机关对社区自治建设的关注。[③] 这些都为社区直选改革的推进营建了良好的政策环境。社区建设进一步深入开展,城市社区直选从试点走向大规模推进,中国城市社区直选改革实现了重大突破,主要体现在社区规模、社区数量、社区类型等方面,具体而言:

首先是表现为规模上的突破,即实现了城市社区直选在一个省级范围内推行。2002 年初广西在全自治区范围内试点城市社区直选,这意味着广西"打破了以前的选举试点都是在民政部的试验区进行的先例"[④]。在省级范围内尽可能推动城市社区直接选举,广西在规模上实现了我国城市社区选举改革的重大突破,加快了

---

① 张明亮. 社区建设政策与规章. 北京:中国社会出版社,2004:126.
② 黄卫平,陈家喜. 中国改革开放三十年民主选举的发展. 当代中国政治研究报告,2008 (1):34-76.
③ 姚华,王亚南. 居委会直选的背景及政策的定型化. 东方论坛,2010(2):113-118.
④ 李凡. 中国选举制度改革. 上海:上海交通大学出版社,2005:37.

城市基层民主建设和城市社区自治的进程。继广西之后,中国城市社区直选的规模开始扩大,不囿于民政部试验社区,广州、深圳、宁波等大中型城市相继启动城市社区直选改革,产生了重大的社会影响。广州市东山区农林街东园新村居民率先投下了历史性一票。全市主要街道办事处均设有社区直选试点,共有 40 多个社区进行了直接选举,选举中对候选人提名方式进行较为有益的尝试和摸索。① 2002 年沈阳市采取了混合的方式即户代表投票与居民直接选举相结合的方式。在已启动社区直选改革的 10 多个省份里,其中北京九道湾社区直选尤为引人关注,被认为是基层民主从农村走向城市的重要标志。② **其次是数量和类型上的突破。**从 1998 年到 2001 年,全国进行居委会选举改革的社区的数量总计 50 个左右,社区所在的城市仅 4 个,它们是青岛、上海、北京和南京。2002 年直选社区数量上突破显著,全国 10 多个省市里有近千个社区进行了居委会直接选举,对社区自治进程产生深远的影响,2002 年堪称是中国城市社区直选的"丰收年"。直选社区数量的突破说明:城市居委会选举改革得到了社会各层面人士的认同与支持。特别要提的是,2002 年广西全自治区范围内推动社区直选试点的进程中,364 个试点社区所涉的城市有南宁、桂林等大中城市,武鸣等县城,还包括良江镇等县以下乡镇。这表明我国直选社区类型呈现多样性,不同行政级别的城市的社区都开展了居委会直选试验。这些社区改革实践有助于从多层面、多级别积累经验,为进一步推广城市社区直选做好充分的准备。③ 2003 年迎来了我国城市社区直接选举的又一拨高潮,原计划举行的城市社区选举因"非

① 肖萍,孙杰. 广州:首次由居民直接投票选举社区居委会. 新快报,2001 - 01 - 13(6).
② 李凡. 中国城市社区直接选举改革. 西安:西北大学出版社,2003:16 - 18.
③ 李凡. 中国选举制度改革. 上海:上海交通大学出版社,2005:42.

典"顺延至下半年。浙江、山西、湖北、湖南、宁夏回族自治区、内蒙古自治区等省份启动社区选举改革。天津市开发区翠亨社区率先在全市进行首个居民委员会直接选举试点,居民参选率达91％。①为进一步规范直选和推广经验,2003年7月民政部在南京开设了针对社区居委会选举的培训班,近500名学员是来自17个省市的民政、区街和社区工作人员。这是民政部与联合国开发计划署合作项目的子项目。② 2004年底,全国共有社区居委会71375个,其中43053个居委会进行了换届选举,采取直接选举方式的社区9715个,占比23％,采取其他方式的社区共有35053个,占比77％。③ 从全国占比率看,2004年推行居委会直选的社区与采取其他方式的社区相比,仍有较大的差距,但从时间纵向维度上看,与2002年的直选社区数量相比,其增长的速度是相当之快。2005年7月吉林省社区居委会第六次换届选举启动,其中吉林市、通化市、四平市、松原市试行居委会直选。④ 2004—2006年,全国25个省份进行社区直选试点工作,占省份总数81％,社区选举改革在全国渐成方向性引领。总之,这一阶段的数量上和类型上的重大突破,加快了城市社区选举改革的步伐,社区直接选举范围逐步扩大,引导城市选举制度的发展方向,提供城市居民社区参与的重要渠道。**最后,选举制度趋向规范化。**我国城市社区直选改革的启动阶段中选举规则不仅粗糙和简单,常常是不同的城市有不同的选举制度安排,甚至同一个城市里不同社区的选举方案存在很大

① 张彦华.城市现代化进程中的基层民主建设.天津行政学院学报,2003(2):77-80.
② 徐玲.中国致力推进社区居委会直选.人民日报(海外版),2003-07-28(4).
③ 郑权.中国社区基本情况调查报告.社区,2005(11):17-20;黄卫平.中国基层民主发展40年.社会科学研究,2018(6):13-27.
④ 李宏宇.吉林省部分社区首次试行直选社区主任.吉林日报,2015-07-25(1).

差别。随着城市社区直选的推进,规范化趋势愈渐显明,其中代表性的标志是广西在探索社区选举方式改革进程中设计的选举制度。2002 年广西率先形成一个比较规范的选举制度(包括候选人提名方式、竞选、候选人与选民见面、封闭流程式投票方法等),并在全自治区推行。选举制度的规范化程度以及在省级范围内推行统一的选举制度,标志着我国城市社区选举制度规范化建设方面实现了突破。北京市九道湾社区全体居民通过了《九道湾自治章程》及相配置的自治制度,该自治章程的通过,意味着北京社区民主自治规范化建设向前迈了关键的一步。[①] 柳州市柳南社区直选中秘密划票间的设立、邀请外国选举专家团到现场观摩,[②]这是我国城市选举规范又一个象征性的标志。

城市社区直选取得的在社区规模、类型、规范化等方面的突破,是在社区选举改革路上积极探索与不懈努力的结果。它标志着城市居民委员会直接选举进入大范围探索阶段,越来越多的城市应用居委会直接选举的方式来推动城市基层民主,并引发社会各界人士关注度的增加,尤其是新闻媒体机构给予了很大的热情支持,如权威报刊《人民日报》对广西柳州社区直选的整版与跟踪的报道等,增加了社区选举改革的社会影响力。[③] 社会的关注与城市基层民主发展互为因果,它们共同推动着我国城市社区选举稳步改革的进程。

---

① 蔡文华.北京首个居民自定自治章程表决居委会主任旁听.北京青年报,2003 - 08 - 15(8).

② 李凡.中国城市社区直接选举改革.西安:西北大学出版社,2003:12 - 18.

③ 晏彦,蒙昭.广西城乡和谐社区建设纪实.广西日报,2005 - 12 - 5(2).

第四节　中国城市社区直选的稳步推进

2006 年,全国有 16 个省份依法相继启动新一届社区居委会选举工作,以改革创新的积极姿态迎接"十一五"规划开局之年。2006 年是村委会选举的"小年",社会总体上对村委会选举的关注度略为降低,但城市社区自治逐渐深入人心。民政部出台通知,提倡社区居委会选举要遵循公开竞争原则,鼓励采取演讲、见面会、网络等多样化的富有时代气息的方式展开竞选,大力激发居民参与热情,并对投票秩序等程序提出规范性要求。[①] 城市社区中超过九成的选民参加了居委会选举投票,选民参选率提高,创新候选人提名方式,选举形式经历了由间接选举到直接选举,地域和身份的限制逐步减少,社区居委会选举的民主程度提升。[②] 黑龙江、上海、湖南、广西、重庆、西藏 6 个省区市近一半的社区实行了居委会直选,但整体上我国城市社区选举改革的发展步伐有所放缓。全国23 个省份的居民直选的平均比例 24.35%,略高于 2004 年统计比例,比 2001—2003 年的平均比例(15.21%)提高 9.14 个百分点。[③]8 月 3 日民政部副司长王金华在接受集体采访时分析了中国城市基层民主化程度相对滞后的原因,国家经济发展进程影响城市自

---

① 詹成付主编.社区居委会选举工作进展报告.北京:中国社会出版社,2006:183-191;黄卫平,陈家喜.中国改革开放三十年民主选举的发展.当代中国政治研究报告,2008(1):34-76.

② 潘跃.2006 年基层民主质量新提升.人民日报,2006-12-29(10).

③ 史卫民,郭巍青等.中国社区居民委员会选举研究.北京:中国社会科学出版社,2009:245.

治水平,并对城市社区直选范围的扩大进度提出明确的目标。①

党的十七大首次将基层群众自治制度写入大会报告,基层群众自治制度正式纳入到中国特色政治制度范畴。② 报告中特别强调要发展基层民主,让基层群众在日常生活场域中享有实实在在的民主权利。十七大会议精神助推着城市社区民主的发展进程。2007 年我国城市社区选举中一人一票的直接选举范围有所扩大。杭州上城区实行 100%居委会直选,这是杭州市社区换届选举的第一站,选举中对"人户分离""暂住人员"等问题进行了积极探索和尝试,对杭州市其他社区的居委会选举改革起到表率作用。③ 西安市开展的统一届次、统一部署、统一进行的城市社区居委会选举引起更多社会关注,近八成的社区进行居委会直选。④ 宁波市在所有的城市社区居委会换届选举中推行直选方式,⑤将城市社区选举的参与程度提高到一个新的水平,这表明我国社区直选正在由点到面地向深层次推进。2008 年 8 月民政部副司长王金华在接受集体采访时分析了中国城市基层民主化程度相对滞后的原因,国家经济发展进程影响城市自治水平,《城市居委会组织法》的修订工作提上议事日程,并对城市社区直选范围的扩大进度提出明确的目标。

2007 年底,中国城市社区总数 80717,社区居委会成员约四万

---

① 李惠子,岳瑞芳等.民政部官员:城市社区直选覆盖面 2010 年前将达 50%.人民日报,2008 - 08 - 04(2).

② 虞崇胜,孙龙桦.中国式民主的有效实现形式与发展向度.学习与实践,2011(1):52 - 59.

③ 张小波,陈建明.上城率先实行社区居委会换届 100%直选.杭州日报,2007 - 05 - 23 (2).

④ 高雅.549 社区居委会换届选举.西安晚报,2007 - 07 - 09(5).

⑤ 孔令泉.选聘分离激活民主空间.民主法制时报,2008 - 01 - 27(6).

五千人，女性和党员所占比例均接近半数（分别为 48.2％、48.4％）。① 通过选举方式改革产生的社区居委会成员性别比例较为合理，政治素质较高。2008 年 6 月深圳市第五届居委会换届选举工作圆满完成，其中盐田区和光明新区 100％直选，全市直选率达 92.82％，较上届居委会直选比例增幅接近一倍，是深圳市社区选举改革力度的生动表现。② 陕西、重庆等省市相继拉开城市社区选举改革的帷幕，其中重庆市居委会选举改革进展最快，居民直选的比例达到 90％以上，③中国城市社区直选改革已在全国推开。

2009 年起，全国近一半的省份进行城市社区开展居委会换届选举工作。民政部稳步推动社区选举改革，努力实现"十一五"末直接选举覆盖面目标。2009 年 11 月，为全面贯彻落实中央重要部署，民政部发布关于大力推进和谐社区建设意见的文件，文件中要求扩大城市居民委员会直接选举的覆盖面。2010 年是"中办 23 号文件"发布 10 年，中办、国办联合印发《关于加强和改进城市社区居民委员会建设工作的意见》，意见中明确指出社区民主选举程序的规范建设和居委会直接选举覆盖面扩大的稳步性。④ 2010 年完成选举的居委会数为 14878 个，参选人口数 39428845，其中登记选民数 32886240。⑤ 2011 年 1 月成都市锦江区辖区 64 个社区全面推行直选，对四川省城市社区直选改革起到了积极的引领和示范

---

① 李惠子，岳瑞芳等. 民政部官员：城市社区直选覆盖面 2010 年前将达 50％. 人民日报，2008 - 08 - 04(2).

② 李舒瑜. 全市居委会直选率达 92.8％. 深圳日报，2008 - 07 - 08(2).

③ 史卫民，郭巍青等. 中国社区居民委员会选举研究. 北京：中国社会科学出版社，2009：436.

④ 新华社. 中办、国办联合印发《关于加强和改进城市社区居民委员会建设工作的意见》. 人民日报，2010 - 11 - 01(1).

⑤ 民政部编. 中国民政统计年鉴. 北京：中国统计出版社，2011：247.

作用。① 2012 年民政部召开全国社区建设经验交流会,学习与落实中共十八大精神。各地社区居委会直接选举比例有所提高,社区选举的程序注重规范,民主选举形式不断发展。天津、浙江、湖北、陕西等地探索流动人口参加社区居委会选举的办法,广东、青海等省尝试建立换届选举观察员制度。② 山东省等拟定城市社区居委会直选率目标。③ 天津市探索社区居委会直接选举的分界方式,提高社区居委会成员的代表性,较好地维护了社区里不同群体的利益。④

2014 年全国 7 个开展新一届居委会换届选举的省份都稳步推行直接选举,覆盖面比上一届提高 10% 以上。同时依托居民代表会议等多种形式,各地广泛开展了城乡基层民主决策和民主协商活动。⑤ 同年,民政部基层政权和社区建设司在山东省召开城市社区居民委员会换届选举工作情况分析会,要求全国各地认真总结城市社区选举经验,深化其规律性认识。2015 年民政部联合中组部、全国妇联等部门,加强居委会换届选举工作中党和政府的指导,完善选举工作制度化和规范化。⑥ 山东省规范居委会选举,在省级范围内实现选举届期、部署、指导和实施等方面的统一,北京

---

① 严斌."小巷总理"直选效应. 成都日报,2011 - 02 - 10(2).

② 陈乙鼎. 全国社区建设经验交流会召开. 福州日报,2012 - 12 - 10(2).

③ 娄辰. 山东:2015 年城市社区居委直选率要超 80%. (2012 - 09 - 12) http:/// www. xinhuanet. com/gundong/detail_2012_09/12/17560670_0. shtml.

④ 民政厅. 创新社区服务管理 提升居民自治水平. (2012 - 12 - 13) http://mzt. fujian. gov. cn/xxgk/ztzl/jyjlh/jyjl/201212/t20121213_805405. htm.

⑤ 民政部. 社区治理篇——2014 年民政工作报告. (2014 - 12 - 07) http://mzzt. mca. gov. cn/article/qgmzgzsphy2015/gzbg/201412/20141200748865. shtml.

⑥ 唐娟. 转型中国的基层选举民主发展研究. 上海:上海人民出版社,2018:256.

积极创新流动人口参与基层自治的方式。① 城市社区居委会100％
实现直接选举的城市数量稳步增加,新增加的城市包括攀枝花市、
黄山市、桦甸市等。② 2018年4月全国基层政权建设和社区治理建
设工作会议在郑州市召开,民政部副部长顾朝曦指出,各级地方民
政部门应以习近平新时代中国特色社会主义思想为指导,创新群
众自治,真正做到"扑下身子"去指导居民委员会换届选举,加强社
区治理,夯实政权基础。③

　　总之,中国城市社区直选改革的稳步推进阶段呈现出一些特
征:第一,社区直选推进的总体进度放缓。如2009年,全国只有
1/3的省份城市居委会直接选举比例超过25％。究其主要原因,
社区居民委员会选举有较强的"动员式选举"特征,自下而上的回
应不足。第二,选举民主与协商民主的尝试性结合。中国共产党
十八大报告首次提出社会主义协商民主,并将其确定为我国人民
民主的重要形式,并从制度层面进行规划和部署。④ 推进社区直选
改革的城市侧重于各种形式的民主协商活动的开展并制度化,这
将有助于提高城市社区直选绩效。第三,不设明确候选人的海选
模式成为居委会直接选举的重要方式。江苏、湖南、河南、上海等
省市进行海选试点,海选在全国范围内的居委会选举改革中开始

① 民政部.社区治理篇——2015年民政工作报告.(2015-12-28)http://mzzt.mca.
gov.cn/article/elyl/gzbg/201512/20151200878853.shtml.
② 民政部.2015年社会服务发展统计公报.(2016-07-11)http://www.mca.gov.cn/
article/zwgk/mzyw/201607/20160700001136.shtml.
③ 民政部.顾朝曦副部长出席2018年全国基层政权建设和社区治理工作会议.(2018-
04-11)http://www.mca.gov.cn/article/xw/mzyw/201804/20180400008421.
shtml.
④ 辛鸣.中国道路新赶考　改革开放再出发——十八届三中全会的重大突破与创新.时
事报告,2013(12):28-35.

普及。[1] 第四,社区居委会选举与村民委员会选举的统一性有所增强。社区居民委员会与村民委员会同时举行选举,有助于降低选举组织工作成本和工作量。两类选举中的创新性做法,可以在统一的选举进程中相互借鉴和共同完善,[2]但要注意保持两者各自发展的个性,以防止降低社区居委会选举的重要性。

① 李猛,王冠杰等. 新中国选举制度发展历程. 北京:世界知识出版社,2013:324.
② 史卫民,郭巍青等. 中国社区居民委员会选举研究. 北京:中国社会科学出版社,2009:366.

第二章　城市社区直选的
趋势及影响因子研究

第一节　城市社区直选的新趋势

一、社区直选制度的进一步规范化

民主化必须以民主程序的制度化为基础。1982 年颁布的
《中华人民共和国宪法》首次将居委会及其选举纳入国家根本法，
1989 年底颁布的《居民委员会组织法》，为城市社区自治提供了
一般法律依据。《居民委员会组织法》颁布后，各省份制订了实施
办法。随着 1998 年城市社区直选改革帷幕的拉开，以广西建立
的选举制度为标志，城市社区直接选举规范化趋势开始呈现。各
城市初步建立起以宪法为根本，以居委会组织法为基础、以各地
实施办法和选举规则为主要内容的城市社区居委会直选制度体
系。但由于《居委会组织法》对居委会的选举程序没有详细规定，
民政部没有统一规范安排，2003 年全国城市社区直选总体上仍
处于地方层面的自我探索阶段，各个城市的社区选举制度差距

很大。

2004 年民政部基层政权和社区建设司出台《社区居民委员会直接选举规程》,同时辅以《〈社区居民委员会直接选举规程〉使用指南》。该规程共分为十章。该规程以中国城市社区选举的生动实践为基础,规定社区居民委员会、社区居民代表和社区居民小组成立的相关要求,对选举登记、候选人条件、候选人提名、竞争性选举和投票方法等进行了规范,并针对特殊情况制定了相关规则,如单独选举、重新选举、辞职和补选等。《社区居民委员会直接选举规程》是中国城市社区选举改革建设过程中一个重要阶段性成果,①是城市社区居民委员会直接选举在全国范围统一推行的规范性文件,推动着我国城市社区直选制度的规范化建设。为进一步推动城市基层民主的制度化和规范化发展,民政部又相继出台了一系列文件,先后发布《关于做好 2006 年社区居民委员会换届选举工作的通知》《关于做好 2009 年社区居民委员会换届选举工作的通知》,②明确规定了社区选举中划票、唱票、计票等具体程序,并就换届选举的后续工作做了较为详细的指导性部署。

为全面规范社区居民委员会的直接选举,2010 年宁波市首次制定了《宁波市社区居委会直接选举规程(试行)》。③ 成都市、苏州市、南京市等城市制定了《社区居委会直接选举工作规程》。2013年浙江省民政厅制定下发了《浙江省城市社区居民委员会选举规

---

① 张涛等. 中国城市基层直接选举研究. 重庆:重庆出版社,2008:198.

② 基层政权和社区建设司.民政部关于切实做好城市社区居民委员会换届选举工作的通知.(2009 - 02 - 06)http://www. mca. gov. cn/article/xw/tzgg/200902/20090215026382. shtml.

③ 基层政权和社区建设司.宁波市社区居民委员会直接选举规程(试行).(2010 - 03 - 25)http://zqs. mca. gov. cn/article/sqjs/dfwj/201004/20100400068996. shtml.

程(试行)》,这是我国第一个指导城市社区居民委员会选举的省级规范性文件。[①] 它意味着我国城市社区直选制度的规范化程度达到一个新的高度。2014 年山东省民政厅制订《山东省城市社区居民委员会换届选举指导规程(试行)》,并实现全省居委会选举统一时间、统一部署、统一指导和统一实施。[②] 我国城市社区直接选举制度规范化趋势愈发凸显。

二、党内民主与社区自治互动发展

社区党组织处于社区垂直网络的顶端。它不仅拥有着较多影响社区直选制度实施的权力资源,而且还可通过组织的形式将这些资源有效整合,从而提高城市社区直选制度绩效。[③] 因此,如何协调党的领导与社区自治,发挥社区党建在增强社区居委会自治功能方面的积极作用,是我国社区居委会直接选举进程中的一个难题。[④]

在城市社区自治建设实践中,主要通过三个路径尝试性地破解该难题:**一是提升党组织在社区选举中的影响力。**积极推进社区党组织建设,赋予党组织在社区的领导核心作用,特别体现在社区党支部领导居委会选举全过程,包括领导选举委员会、动员党员和积极分子参与投票等,大力提升了党在城市基层的组织影响,但

---

① 陈建义.浙江制定全国首个省级层面的城市社区居民委员会选举规程.社会科学报,2013-03-13(4).
② 基层政权和社区建设司,山东省民政厅印发《山东省城市社区居民委员会换届选举指导规程(试行)》.(2014-08-26)http://www.mca.gov.cn/article/zwgk/dfxx/201408/20140800691299.shtml.
③ 毛满长.社区治理结构与社区直选民主制度绩效.理论探讨,2008(5):14-17.
④ 闫健主编.民主选举.北京:中央编译出版社,2013:95.

有降低社区选举竞争性等弊端。① 根据组织部关于完善街道社区党组织建设工作的相关文件精神,在指导各地社区居委会的选举工作时民政部主张:通过社区党组织与社区居委会的职位交叉以加强党组织在社区的领导力,但它必须建立在尊重选民意愿和遵循民主选举进程的基础之上。**第二是扩大党内基层民主,**即通过扩大党内民主,促进社区民主,以期应对选举带来的社区居委会与社区党支部的关系变化。② 一些城市社区党组织的直接选举改革应运而生。2005 年北京市石景山区古城街道十万平社区 73 名党员以投票方式直接差额选举出社区党总支书记。这是国内较早进行的城市社区党组织民主选举制度的一次探索与创新。③ 在成都、深圳等城市尝试引入农村"公推直选"方法进行社区党组织选举改革。2007 年 12 月,青羊区 74 个社区成功完成"公推直选"。青羊区地处四川省成都市中心,有 17 万外来人口。青羊区高度重视流动党员在社区党组织选举中的参与,目前社区党组织中有多名农民工党员。④ 深圳市福田区下沙社区成功开展了"公推直选"试点工作,这是广东省推进基层民主政治建设的又一次积极探索。⑤ 2009 年,南京的 363 个社区党组织都采用直选方式组建新的领导班子。这是国内首次大范围地推行社区党委直选,其示范效应和宏观层面的政治意义凸显。党内民主是社会主义民主政治最为重要的组成部分。基层党委的直接选举不仅提高了执政党的合法

---

① Gui,Yang ets al. Cultivation of Grass-Roots Democracy:A Study of Direct Election of Residents Committees in Shanghai. *China Information*,2006(1):7 - 31.

② 黄卫平. 中国改革开放三十年民主选举的发展. 当代中国政治研究报告,2008(00):34 - 76.

③ 陈红梅. 社区党组织书记首次直选. 北京日报,2007 - 05 - 28(2).

④ 杜钰. 成都社区"公推直选"破题基层民主自治. 中国经济时报,2007 - 12 - 07(4).

⑤ 陶然. 下沙试点社区党组织直选. 南方都市报,2007 - 04 - 03(3).

性,而且在引领基层民主的发展发挥良好的作用,对城市基层自治实践中的难题做了很好的回应。① **第三是注重党内民主与基层民主的相互作用。**"两委联动、公推直选"的创新性模式,两委选举交叉联动,能较好地化解社区"两委"矛盾,实现党内民主与社区自治的互动发展。2013 年 6 月宁波市海曙区 67 个社区全面完成社区党组织的选举。此次选举普遍建立"社区大党委"制,社区党员代表议事会的第一次选举,激发了广大党员的活力。围绕党内民主与社区自治的互动发展,深化了城市的基层民主。②

三、社区直选参与主体的多元化

第一是外来民工的民主选举权得到保障。政治参与的户籍歧视现象逐步得到纠正,外来民工在居住社区应有的正当权利,如选举权和被选举权越来越受到尊重。北京九道湾社区第一次直接选举中,就规定在社区常住一年以上的年满 18 周岁居民(无论户籍所在地)都享有选举权。③ 这是国内较早地实现了户籍与选民分离的城市社区直选规定。2004 年民政部颁布的《社区居民委员会直接选举规程》的第三章的设计是:户口未迁入社区,但自选举前在社区居住超过一年的选民,选举工作人员应予以登记。2007 年全部城市社区实现直选的宁波市在选民资格、候选资格方面要求更为宽松。在本社区居住半年或一年以上的农民工享有同样的投票权和被选举权。④ 宁波市江北区甬江街道梅堰社区就是外来人口

---

① 高新民. 从宏观视角解读"南京样本". 中国党政干部论坛,2009,(12):12 - 16.

② 沈朝晖等. 海曙全面完成社区党组织换届全部采用"公推差选"方式. 宁波日报,2013 - 05 - 27(6).

③ 王义. 中国城市社区居民政治参与的特点. 攀登,2003(3):38 - 41.

④ 陈绍友. 宁波市全面推行城市社区直选工作. 中国民政,2008(4):52.

集中居住的社区,首次社区居民委员会直选中产生了 5 人组成的新一届居民委员会,其中 2 名委员为外来人员。[①] 深圳盐田区不仅鼓励外地户籍者参与社区投票选举"当家人",还鼓励他们参与居委会竞选,让更多常住的外地户籍者参与到社区管理中。盐田社区首次直选中,当选社区居委会成员中 4% 为外来务工人员。[②]

第二,业主委员会的参与。城市社区直选改革的推进已取得了一定成功,但我国城市居民自治仍是不成熟,城市社区直选主要不是来自基层的民主诉求,居民参与不足仍是影响城市社区直选制度绩效的重要因素。业主委员会的成立为城市基层民主提供了内生动力,一方面,业主委员会日益成为居民参与社区事务的重要平台和组织载体。[③] 业主委员会是一种新型的城市居民组织,其主要职责是居民参与自己房产的管理、对自身事务的自我参与和管理。业主委员会为居民实现最为关心的房产管理事务的自我参与提供了平台,会带动居民对自身利益相关的其他事务的关注与参与,进而会促进居民对生活场域中社区公共事务的参与。[④] 为了保护业主的利益,业主委员会积极参与到公共领域的讨论中,[⑤]从而带动业主对社区公共事务的关注。业主委员会较好地体现了业主利益,有助于培养业主的公民人格,提高业主的主体意识,并增加他们的社区归属感,学者誉其为"公民社会的先声"。业主委员会

---

① 胡晓芸. 江北务工人员社区直选居委会目击. 宁波日报,2007 - 08 - 27(10).
② 侯伊莎. 透视盐田模式. 重庆:重庆出版社,2006:52.
③ 张振,杨建等. 业主委员会培育与社区多中心治理模式建构. 中州学刊,2015(9):78 - 82.
④ 夏建中. 中国公民社会的先声. 文史哲,2003(3):115 - 121.
⑤ 王星. 利益分化与业主参与——转型期中国城市基层社会管理的困境及其理论转向. 社会学研究,2012(02):112 - 119.

无疑促进了中国民主政治的发展①,业主委员会的建立与运行已成为城市基层民主的重要组成部分,业主委员会的兴起为城市基层民主提供的动力是内源性的。另一方面,业主维权活动成为当代中国城市社会生活的组成部分。伴随着城市居民住宅私有化程度不断提高,城市业主维权活动日益构成了当代中国城市社会生活的一项重要内容,②它对传统的社区治理结构带来了新的严峻挑战。一些地方政府通过主动吸纳业主委员会参与到社区居委会直选活动,搭建城市社区群众利益表达的平台,实现将体制外的利益表达和参与诉求的有序释放。③ 这将成为城市居委会直选持续运作的一个重要动力之源。随着社区内业主委员会的成立与发展,业主委员会将成为社区居委会选举中的主体之一,④业主委员会运行纳入到社区居委会的自治体系中。⑤

四、城市社区直选模式的形成⑥

经过多年的摸索与实践,我国城市社区直选的发展趋势愈来愈明显。**一方面表现为:参与直接选举社区类型的多样化**。随着社区选举改革的深入和直接选举的扩大,在城市进行居委会直接选举的社区类型有多样化特征。参与直接选举的城市社区类型包括:单一单位型社区、混合型社区、城乡结合部社区、城镇型社区、

① 李骏.住房产权与政治参与:中国城市的基层社区民主.社会学研究,2009(5):57-80.
② 云淑萍,王春艳.作为城市社区治理新主体的业主委员会现状分析.前沿,2016(7):68-72.
③ 黄卫平.中国基层民主发展40年.社会科学研究,2018(6):13-27.
④ 黄卫平.中国选举民主:从广度到深度.吉林大学社会科学学报,2008(3):29-35.
⑤ 柴小华.当居民成为业主——试论城市社区居委会与业委会的整合.宁波大学学报(人文版),2006(5):105-110.
⑥ 解红晖.我国城市社区直选实践模式研究.宁波大学学报(人文版),2013(1):118-123.

蓝领型社区、乡镇型社区等。不同类型的社区,选民的态度和投票行为会有所不同,存在的问题会有不同。分析不同社区直选存在问题背后的原因并探究相应对策,有助于从整体上把握城市选举改革和民主发展。总之,在不同类型社区开展居委会直选改革,有助于摸索和总结城市选举改革经验,有利于推进城市选举改革。

另一方面则是城市社区直选模式的形成。从最初的选举制度不统一导致的制度应用的多元化。选举制度不统一,常会引起选举实践上的混乱。但在城市基层直接选举改革的早期阶段,不宜过于强调选举制度的统一,否则会不利于制度创新,限制基层民主的发展。① 制度应用的多元化主要表现为:各城市选举模式多种多样,鲜有重复。随着城市社区选举规范化的建设,直接选举制度应用的多元化过渡到城市社区直选模式的多样化,几个具有代表性的社区直选实践模式逐渐形成。**(详见下一章)**

  总之,我国城市社区直选进程中的新特征有社区直接选举制度的进一步规范化、党内民主与社区自治的互动发展、社区直选参与主体的多元化和城市社区直选模式的形成。直接选举模式的形成将有助于进一步推动中国城市基层民主选举改革,但仍要深入研究城市社区直选模式运作中存在的问题,并探究我国城市社区直接选举制度绩效提升的现实路径,以大力推动中国城市基层民主政治改革的进程。

---

① 李凡.中国城市社区直接选举改革.西安:西北大学出版社,2003:24.

第二节　城市社区直选的影响因子

制度是调节人类相互关系的具有约束性的正式和非正式的博弈的社会规则，[①]它对人们的社会行为起着规范性作用。制度绩效是制度实施后产生的效果，是否或多大程度上实现预期设计目标的能力。[②] 社区直选制度绩效是对社区直选制度运行后产生的实际效果的综合评价，包括行为主体对直选规则的自觉遵守、居民选举权的实现等。[③] 我国城市社区直选制度绩效影响因子主要有：

一、政府及其部门

1998 年中国城市社区直接选举改革正式启动。这场城市社区改革是由社会经济体制变化而引发的、由政府主动推动的中国城市基层结构的巨大社会变迁所导致。**第一，社区直选制度的主要供应者是政府。**制度变革可被视作社会领域中制度供给力量和需求力量相互博弈和彼此影响而产生的结果，制度是一种选择变量。这是制度变革动力学机制的重要内容。正式制度往往与政治产生关联并通过特定的政治过程呈现出来。因此，在分析制度时必须要考量需求方和供给方的政治权力。[④] 通过居民直接选举的方式

---

① 道格拉斯·C.诺斯. 制度、制度变迁与经济绩效. 杭行译. 上海：上海人民出版社，1994：3.

② 饶旭鹏. 非正式制度与制度绩效——基于"地方性知识"的视角. 西南大学学报（社科版），2012(3)：139－144.

③ 毛满长. 社区治理结构与社区直选民主制度绩效. 理论探讨，2008，(5)：14－17.

④ 道格拉斯·C.诺斯等. 制度变革的经验研究. 罗仲伟译. 北京：经济科学出版社，2003：31－32.

产生社区居委会,构建公众积极参与的自治性社区,提高行政效率,加强社会管理。① 社区直选制度的出台是政府及其职能部门与专家学者等协商的结果,其中政府及其职能部门是选举制度的制定主体。在城市社区居委会选举方式的创新性改革中,社区直选制度的主要供给者是政府。② **第二,当代中国城市社区直选的政府主导性。**城市社区直接选举改革是在政府推动和民政部的具体指导下进行,民政部成立的 26 个实验区最先推行居委会的选举改革。社区直选是政府力量向基层社会渗透的过程,是政府的新型行政动员机制,有利于转型期的政策实施与政权建设。行政建构者认为,包括居委会选举改革在内的社区建设过程,反映了强大的行政推动能力,是自上而下的置入性建构过程。③ 总之,目前我国城市社区选举改革中主要来自外源性动力,居民政治参与的有限意义凸显,内生动力略显不足,其特点是政府主导下进行的基层民主选举。政府是推动整个基层民主发展的第一也是主要的力量。④ **第三,政府影响着居民对社区选举的态度与行为。**随着城市行政管理体制改革的深入,社区建设的重要性凸显。政府加大社区建设投入,提高社区服务水平,为社区发展营造良好环境,着力解决涉关着社区群众切身利益的问题,让社区成员享受到生活、治安、医疗、文化等多方面的服务。与此同时,居民对社区有更大的归属感,关注社区发展,对社区管理和服务有更多的需求表达。他们在社区公共事务的心理态度将从最初的消极合作转变为积极参与,

① 张涛. 中国城市基层直接选举研究. 重庆:重庆出版社,2008:193.
② 吴猛. 社区居委会直选中政府干预问题的政治生态学阐释. 社会主义研究,2014,(2):94-100.
③ 刘春荣. 中国城市社区选举的想象:从功能阐释到过程分析. 社会,2005(1):119-143.
④ 李凡. 中国基层民主发展报告(2006—2007). 北京:知识出版社,2008:365.

从而产生对社区事务自我管理的责任感。政府对居民利益表达的及时回应增加了居民参与社区的信心。政府的重点是改善社区工作者的工作和生活条件,增加居民对社区工作的职业选择意向,如宁波市政府较早使用社区工作基金作为特殊的财政配套资金,旨在将社工打造成有竞争力的职业。[①]　随着社区工作的职业地位的提升,居民参与竞选居委会岗位的积极性不断提高。政府对社区建设的支持影响着居民关注和参与社区选举。[②]

二、社区治理结构

社区治理结构是指以相对固定的制度化形式决定了社区内不同治理主体之间的交互模式,其核心是社区的权力结构。社区是直选制度运行的场域,社区治理结构影响着社区直选制度绩效。**第一,社区治理结构影响着居民的社区直选行为。**改革开放以来,我国社区治理结构经历两次转型,目前有三种主要模式,即政府主导型、社区主导与政府支持的自治型、政府推动和社区自治相结合的合作型,不同模式中的治理主体相互作用的性质是不同的。社区治理结构的核心是社区的权力结构,不同治理主体的权力大小决定了其掌握社区内外资源量,并决定其在社区权力秩序中的位置。社区权力秩序是动态的,城市基层组织的改革导致社区权力秩序的重建。重建的权力秩序决定社区内组织与组织之间、居民与组织之间关系的重组。[③]　拥有较多资源的处于社区权力秩序上

---

① 厉云飞. 选聘分离:我国城市社区治理的体制创新. 宁波大学学报(人文版),2009(6):94-98.

② 王丽萍,方然. 参与还是不参与:中国公民政治参与的社会心理分析. 政治学研究,2010(4):95-108.

③ 夏建中. 中国城市社区治理结构研究. 北京:中国人民大学出版社,2012:101-102.

列的一方将主导社区治理过程,会对社区各项事务有更多参与,会对社区直选采取积极的态度,总之,社区治理结构反映着不同主体对社区资源的配置能力,进而决定了治理主体对社区公共事务的参与水平,决定了不同治理主体在社区直选中的态度与行为。[①] **第二,社区治理结构的非均衡性影响着社区直选制度绩效。**社区治理结构反映了不同治理主体的资源占有能力,它是在主体间互动中形成的,常表现为多元的复杂网络结构,从层面的纵向可划分为社区横向网络和社区纵向网络。社区横向网络是由地位和权利平等的社区主体通过互动形成的社区公共事务的参与网络,其以信任和合作为基础,具有平等、民间性、自愿的特点,包括社区协会、志愿者行动、互动网络、邻里网络等。社区纵向网络是由地位和权利相对不平等的社区主体被动地组织而形成的社区网络,具有依附性和等级性等特征。社区党组织与社区居委会、街道党工委与社区党支部、街道办事处与社区居委会之间形成的是反映权力关系的纵向网络,更多体现的是领导与被领导的上下级关系。社区直选制度设计与运行是赋予居民拥有平等的直接选举权利。横向网络的特征决定了其对网络成员的平等意识和权利意识的培育与激发。拥有发达横向网络的社区里的居民倾向于使用他们的权利,重视选举权,[②]积极参与社区活动,选择社区当家人态度慎重,降低社区直接选举的成本。[③] 学者调研得出,我国城市社区的横向网络发展质量不高,甚至有的社区横向网络呈缺失状态,相反社区中垂直的纵向网络发展强劲,社区中横向与纵向网络发展的特征

---

① 解红晖.城市社区直选制度绩效影响因子探究.宁波大学学报(社科版),2014(5):96 - 101.

② 毛满长.社区治理结构与社区直选民主制度绩效.理论探讨,2008,(5):14 - 17.

③ 吴猛.发育邻里网络.降低社区直选成本的根本途径.社会,2004(10):10 - 12.

是非均衡性。横向纵向网络的非均衡性在社区选举改革进程中则具体表现为街道办事处和社区党组织以其政策资源和技术资源的优势而对社区公共事务的影响力更大,社区直选候选人的提名和当选主要体现他们的意志。社区居民缺乏公共精神,居民之间的沟通不多,信任合作关系建构不理想,对待社区直选等公共事务的态度不关心甚至冷漠。① 横向网络的作用与价值没有得到实现,社区治理结构内部发展的非均衡性降低了城市社区直选制度的执行力度与运行价值。

三、社区直选制度

民主程序的制度化是民主发展的前提和基础,制度化水平是民主政治发展程度的重要标志。② 从某种意义上说,城市社区直接选举的发展,在某种意义上讲就是选举制度的发展。**第一,制度体系制约居民的选举行为策略。**制度是调节人们行为的系列规则,它会以自我实施的方式规范着行为者在博弈路径上的地位和相互关系。因此,制度因素是研究选举行为的重要内容。基于政治机会结构理论的假设,特定的政治制度作为背景深刻地塑造着处于不同位置的参与人的预期政治行为,影响着人们在社会活动中的各种谋略性互动,反过来被他们在不断变化的环境下的实际决策又不断再现。③ 民主直选制度影响着居民的选举行为。在政治场域中,制度往往是通过改变和创造环境来实现其对参与者政治行为引导与约束的功能,具体可分为三个方面的内容:针对政治行为者的利益选择意向的分配、政治场域中的资源(权力)的分配和通

---

① 毛满长. 社区治理结构与社区直选民主制度绩效. 理论探讨,2008(5):14 - 17.
② 李凡. 中国基层民主发展报告(2000—2001). 北京:东方出版社,2002.
③ 青木昌彦. 比较制度分析. 周黎安译. 上海:上海远东出版社,2001:29.

过规则直接约束政治参与者的行为。从这个角度上讲,居民的选举行为是选举制度体系下的策略性选择。**第二,直选制度影响着其绩效的走向。**制度是一个自我维系的系统,它是关于博弈如何进行的共有信念的一个自我维系的系统。① 制度包含着对博弈执行方式和过程的共同的信念。制度具有自我维系和自我实施的本质倾向,每一种制度内在包含目标预期,以自我实施的方式在各自的运行轨迹上实现博弈均衡。制度绩效是制度实施后的效果,是对制度运行的衡量与评议。因此,制度与制度绩效有着内在的相依相存的直接关系,制度对制度绩效的作用是基础性的。② 独裁的社会制度与民主的社会制度,绩效会完全不同,从根本上讲这是由其制度所决定的。独裁统治下的社会由权力网所笼罩,个体的位置是被安排的,或是统治者认为的合适位置。自由民主国家中社会主体的关系是平等与竞争关系,决定着社会制度的发展趋势。③ 作为基层民主创新发展标志的社区直选制度影响着制度绩效的走向。

四、公民政治文化

宪政制度的设计是国家政治现代化的内在要求,但任何制度的精巧设计和良性运作归根到底在人,公民政治文化是我国政治现代化建设的强有力支撑。④ 居委会直选是推进城市基层民主政治现代化建设的重要途径,公民政治文化对社区直选制度绩效的

---

① 青木昌彦. 比较制度分析. 周黎安译. 上海:上海远东出版社,2001:28.
② 陆晶婧. 社会转型背景下的邻里空间、制度能力与社区治理绩效——对昆山的实证研究. 上海:复旦大学,2013.
③ 邱钰斌. 制度、制度绩效与社会资本的内在关联. 中共四川省委省级机关党校学报,2009(4):54-57.
④ 张华青. 公民文化对政治现代化的意义. 社会主义研究,2004(6):124-127.

影响不容忽视。**第一,公民文化增强了有效实施社区直选制度的可能性。** 所有经济和非经济的制度,都不是凭空产生的。这些制度的建立或摧毁是人民在历史经验里归结的机会的产物,是人民基于价值尺度引申出来的一系列观念的结果。[①] 制度是否具有可操作与可实施性是制度构建的重点。任何制度得以能够实施、具有可行性并真正建立起来,依赖于被拟定的行为者对该制度的集体认可,依赖于行为者对该制度的集体遵循。只有这样,制度才可能进入自我执行的理想状态。公民文化是参与为主导的文化,这意味着公众可以摆脱人身依附,以平等的方式参与公共事务。他们关心政治,拥有权利意识、法治意识、秩序意识等。公民文化与民主制度相耦合,它的特质决定了居民对一人一票平等选出社区当家人的制度安排的认同。它决定了居民对社区直选规则自觉的遵守,这使得社区直选制度的实施成为可能。**第二,公民文化促进社区直选制度的持续运行。** 公民的参与意识、公民对民主制度的认同、公民有较强的公共事务参与效能感,有助于民主制度的良性运作。社区直选制度可以持续运作,取决于居民对直接选举的关注,取决于居民社区事务参与的良好习惯的获得。若是将民主制度视作一台"机器",民主制度的公共性,决定了这台机器的运行,不是某个人能独立操作完成,而是群体的共同操作才能完成。具有公共精神、积极参与公共事务的公民无疑是这台机器最为适宜的操作者。他们鼎力合作,同心协力,推动民主制度这台"机器"持续地有效地运转起来。[②] 公共精神是参与型为主导的公民政治文化的应有之义,公民政治文化是民主制度的根基。中国城市基层

---

① 道格拉斯·C.诺斯.经济史上的结构和变革.北京:商务印书馆,2011:17.
② 陈伟东.社区自组织与直选成本.当代世界社会主义问题,2005(2):11-18.

民主的发展是从社区直接选举改革开始,因此公民文化是社区直选制度持续运行的深层文化土壤。① **第三,公民文化的基础——社会资本②是民主制度运作的关键因素。**社会资本最重要的影响不在经济层面,而是在人们的社会和政治生活中,③它直接影响着一个国家的繁荣和竞争力的获得。社会资本是公民文化形成的基础,它有助于激发公民在公共事务中表现出更多的主动性和创造性,有助于增加对公民权利的尊重与维护。④ 帕特南在长期对南北方的民主政治改革的比较研究中得出,民主制度总是在特定社会背景下运行,社会资本的形成是民主制度得以顺利运转的关键性因素。⑤ 社会资本能够大大增加居民之间合作的有效性,居民彼此信任,有效合作的建立,参与民主选举的积极性提高。⑥ 社区的社会资本影响着社区选举的过程与结果。

五、其他影响因子

城市社区直选制度的良性运作受经济因素、农村基层民主选举等其他因素的影响。

---

① 解红晖. 城市社区直选制度绩效影响因子探究. 宁波大学学报(社科版),2014(5):96
  - 101.
② 社会资本,是指社会群体内部成员在相互联系所产生的信任,它能够提高社会效率和投资收益,信任、网络与规范是其基本的构成要素。哈佛大学教授罗伯特·帕特南对社会资本的开拓性研究作出独特贡献。
③ 弗兰西斯·福山. 信任:社会道德与繁荣的创造. 呼和浩特:远方出版社,1998:368.
④ 梁莹. 社会资本与公民文化的成长. 北京:中国社会科学出版社,2011:363.
⑤ 罗伯特·帕特南. 使民主运转起来. 南昌:江西人民出版社,2001.
⑥ 陈捷,卢春龙. 共通性社会资本与特定性社会资本——社会资本与中国的城市基层治理. 社会学研究,2009(6):87-104.

第三章　城市社区直选模式的形成

　　模式,指可以作为范本、模本、变本的式样。作为专业术语时,在不同的学科中有不同的含义。^①从认识论意义上讲,它是一种确定性思维方式,要求人们从不断重复出现的事件中发现和抽象出规律,是解决问题后对经验的高层次的总结。民主是价值观念,更是政治实践。生动的民主政治实践是了解中国社会民主政治走向及如何完善已有的政治实践的重要契入点。^②从 1998 年青岛四方区拉开我国城市社区直接选举民主改革实践的帷幕至今已有二十多年。通过二十多年的社区选举改革的不断实践,中国的城市已经形成了几种具有代表性的社区直选实践模式,下面重点介绍广西模式、北京九道湾模式、宁波模式、深圳盐田模式,以梳理其形成过程及其主要做法,并在第四章中分析主要城市社区直选模式运行中存在的问题。

① 夏征农主编. 辞海(缩印本). 上海:上海辞书出版社,2002:1596.
② 郑永年. 地方民主、国家建设与中国政治发展模式:对中国政治民主化的现实估计. 当代中国研究,1997(2).

第一节　广西模式

中国的基层民主发端于广西,"村民委员会"这个名称最早出现在广西宜山县。[①] 1980 年宜山县合寨村农民通过选举产生中国第一个村民委员会,载入了我国村民自治的史册。在全国城市社区自治建设的大浪潮中,广西人又一次勇立潮头。[②]

一、广西模式形成概述

1996 年 3 月广西壮族自治区第八届人大常委会第 21 次会议通过了居委会组织法的实施办法。从 2000 年至今,广西壮族自治区共进行了 6 次社区居民委员会的换届选举。

2000 年,广西正式启动城市社区建设,率先将居委会选举改革纳入社区建设。民政厅先后在南宁市、柳州市、桂林市等进行直选试点,南宁市新城区建政街道长堽西社区成为广西自治区第一个直接选举的城市社区。[③] 2001 年 7 月,自治区党委办公厅,自治区人民政府办公厅联合印发通知(桂办发[2001]46 号),指出社区在城市改革和发展中的重要作用,明确要求以促进社区自治和扩大基层民主作为整体推进城市社区建设的核心。[④] 广西不断扩大社

---

① 王海波,周剑峰. 开辟基层民主路. 当代广西,2019(5):28 - 29;梁罡. 广西民族地区基层民主管理创新的探索与实践. 经济与社会发展. 2016(5):65 - 67.

② 周立. 广西社区建设扎实推进. 社区,2004(2):7 - 8.

③ 邓敏杰. 广西社区直选　无人喝彩的辉煌. 社区,2003(12):11 - 14.

④ 中共广西壮族自治区党委办公厅,自治区人民政府办公厅. 中共广西壮族自治区党委办公厅、自治区人民政府办公厅关于印发《关于整体推进我区城市社区建设的实施意见》的通知. 广西日报,2001 - 07 - 31(1).

区直选试点,为 2002 年全自治区城市社区换届选举做好充分的前期准备。① 在试点工作的扎实基础上,自治区党委和政府决定在全自治区范围内推动城市社区直接选举改革,从整体上推进城市社区建设。在 2002 年完成的 1291 个城市社区居民委员会选举中,以直接选举方式产生居委会成员的社区 550 个,占比 42.60%,②是国内大中型城市推行社区直选幅度最大的城市。③ 广西在省级层面推动城市社区居委会的直选改革,引起了媒体与社会的高度关注。《人民日报》以整版篇幅报道了广西柳州社区直选并给以较高评价。④ 2002 年,广西的直接选举打破了民政部实验区先行选举试点的先例,扩大了我国城市社区直接选举的数量和规模,走在了中国城市社区民主发展的最前沿。2005 年,广西壮族自治区顺利完成了第二届社区居委会换届选举工作,城市社区直选率提高到69.3%,较上一届提高了 26.7%。广西社区直选程序的规范,给亲临直选现场的国内外专家们留下了深刻的印象,是中国城市社区选举改革的典范。⑤

广西第三届城市社区居委会选举于 2008 年 5 月启动。自治区组织部和自治区民政厅联合发布了社区"两委"选举的实施意见,要求选举工作应遵循四个原则:党的领导原则、民主性原则、法治性原则和适应性原则。1521 个社区完成了居委会换届选举,社区直选率稳步提高,社区党组织"公推直选"比例提升,"两委"班子结

① 李凡. 中国城市社区直接选举改革. 西安:西北大学出版社,2003:13.
② 邓敏杰. 令人关注的广西社区直选. 中国社会报,2003 - 03 - 22(4).
③ 李凡. 中国选举制度改革. 上海:上海交通大学出版社,2005:35..
④ 李凡. 中国城市社区直接选举改革. 西安:西北大学出版社,2003:15 - 16.
⑤ 广西民政厅. 创新社区居委会直选机制 推进和谐社区建设.(2005 - 10 - 14)
   http://www. sdpc. gov. cn/tzgg/shlygg/t20051014_45128. htm.

构得到优化。① 2011 年 8 月,在选举试点工作的基础上自治区的社区换届选举工作全面启动。此次换届选举推行两委联动,公推直选,并要求拓宽"两委"干部的来源渠道,实施竞职承诺,严格控制流动票箱等。南宁市 345 个社区完成居委会选举,参选率 94.84%,86.07% 的社区党组织以"公推直选"方式产生。② 全自治区 1716 个社区和 14355 个行政村按期完成了换届选举,选举参选率达 99.52%,较好地实现了"规范选举,和谐换届"的目标。③

2014 年 7 月,自治区村(社区)"两委"换届选举正式启动,9 月底换届选举顺利完成,选举成功率 99.9%,选民参与率为 91.8%。④ 社区居委会换届选举工作是进一步推进自治区城乡改革发展、加快实现自治区"两个建成"⑤目标中的有机组成部分。选举试点工作安排在全面选举正式开始前进行,包括试点工作重点的确定。进行此次换届选举正式启动前仍然开展了选举试点,并确定试点工作重点。⑥ 2017 年 5 月 25 日,南宁市青秀区南湖街道金湖社区居民委员会选举工作结束,标志着自治区 17 个市级的换届选举试点工作圆满完成。⑦ 在试点社区经验基础上,自治区的村(社区)"两委"选举正式启动。此次换届选举的主题是"阳光选举,

---

① 唐丽琴等. 广西村社区两委换届实行公推直选. 中国县域经济报,2008 – 08 – 07(2).
② 余光辉,周青等. 城市社区管理实践探索. 广西社会科学,2013(10):27 – 33.
③ 广西民政厅. 广西村(社区)"两委"换届选举工作圆满结束.(2011 – 10 – 26)http:// guangxi. mca. gov. cn/article/gzdt/201110/20111000189576. shtml.
④ 罗侠,乔晓莹. 广西村两委换届试点 100%一次选举成功创新频. 广西日报,2014 – 07 – 24(1).
⑤ "两个建成"目标,即与全国并行全面建成小康社会和基本建成广西"三大定位"。
⑥ 乔晓莹. 选贤任能孚众望 风正气顺展新貌——2014 年广西村(社区)"两委"换届选举工作综述. 广西日报,2014 – 11 – 13(1).
⑦ 广西壮族自治区民政厅信息中心. 2017 年自治区级村(社区)"两委"换届选举试点工作圆满完成.(2017 – 05 – 27)http://www. gxmzt. gov. cn/info/97224.

和谐换届",突出要严明换届纪律,增加民主监督层面,畅通民主监督渠道,以确保做到监督全过程全覆盖。①

目前广西已推行了六届社区居委会直选,社区直选已成为广西基层民主政治生活中的重要组成部分。社区居委会成员总体素质提高,呈现出政治素质高、文化层次高和年轻化等特点,为新时期自治区的社区治理和居民自治提供了组织基础和人才保障。②

二、广西模式主要内容

从 2000 年试点社区直选,广西始终在社区居委会选举改革上进行积极的探索,率先在省级范围内推行社区直选,是中国城市社区民主选举史上的里程碑。广西模式中的主要做法有:

(一) 扩大直选规模,主要表现为大面积大规模的试点和自治区辖区范围内的推广。

2000 年底到 2001 年 9 月,广西就先后以南宁、柳州、桂林和武鸣等城市的 20 多个社区作为试点开展了社区居委会直选工作,这是 2002 年自治区城市社区选举前的筹备工作。不同类型的试点社区的数量甚至超过了当年在全国其他地方进行直接选举改革的城市社区总数。③ 大面积大规模的试点为正式社区直接选举夯实了基础。在 2002 年的正式社区选举中,广西成为中国第一个在省级范围内试点社区直选的自治区,推动了整个自治区范围内的社

---

① 李贤.广西村(社区)"两委"换届选举工作 7 月全面启动.广西日报,2017 - 06 - 08 (1).
② 广西壮族自治区民政厅.一个都不落下——全区村(社区)"两委"换届选举全部如期完成.(2017 - 10 - 13)http://www.gxmzt.gov.cn/info/115486.
③ 李凡.中国城市社区直接选举改革.西安:西北大学出版社,2003:21.

区居委会直接选举改革。在此之前,我国城市社区民主改革主要在一些大都市进行试点。2005 年广西城市社区直选率高达 69.3%,英国《泰晤士报》报道了自治区社区直选工作,引起社会各界很大反响。广西社区的直选改革被认为是中国基层民主从乡村向城市转移的另一重要信号。① 社区的直接选举从试点转向大规模正式推行,广西模式的探索大大加快了中国城市社区直选改革的进程。

表1　各省、自治区、直辖市社区居委会直选试点时间顺序表

省级单位	首次进行居民直选试点时间
山东	1998 年 8 月
上海	1999 年 4 月
海南	2000 年 12 月
江苏	2000 年 2 月
河南	2001 年 12 月
广西	2001 年 2 月
北京	2002 年 6 月
天津	2002 年 10 月
辽宁	2002 年 2 月
安徽	2002 年 10 月
广东	2002 年 1 月
山西	2003 年 12 月
浙江	2003 年 3 月
湖北	2003 年 7 月

① 史卫民,郭巍青等.中国社区居民委员会选举研究.北京:中国社会科学出版社,2009:237-238.

省级单位	首次进行居民直选试点时间
湖南	2003 年 5 月
宁夏	2003 年 8 月
黑龙江	2003 年 9 月
河北	2004 年 11 月
四川	2004 年 8 月
云南	2004 年 4 月
青海	2004 年 5 月
西藏	2004 年
吉林	2005 年 7 月
福建	2005 年 5 月
江西	2005 年 4 月
贵州	2005 年 1 月
内蒙古	2006 年 12 月
重庆	2007 年
陕西	2007 年 7 月

资料来源:史卫民,郭巍青等著:中国社区居民委员会选举研究,中国社会科学出版社,2009 年版;詹成付主编.社区居委会选举工作进展报告,中国社会出版社,2006 年版。

从表 1 中可知,1998 年—2000 年,居民直选试点的省市只有 4 个,2001—2003 年新增 13 个省区市,已有居民直选试点的省区市达到 17 个。2001 年中国城市社区直接选举的总数约为 50 个,只涉及 4 个城市。2002 年直选城市社区的数量取得重大突破,全国近 1000 个社区的居委会进行了直接选举。可以看出,随着广西城市社区选举改革的拉动,中国城市社区居委会直接选举开始在其他城市大规模开展,全国十多个省市先后对社区居委会选举进行了改革,特别是促进了北京、沈阳等大城市参与社区直选改革,在全国产生了重要影响。①

此外,广西直选中尝试赋予社区居民"普选权",具备全程性和共时性等特征,在微观层面扩大了直选规模,社区直选改革得到深度推进。1) 全程性:全程性的直接选举意味着从居民代表、居民小组长,到最初候选人、正式候选人以及居委会成员的产生都是直接选举产生,其中以居民代表的选举创新最为突出。居民代表是行使民主自治权利的居民的代表,是社区居民会议的成员。广西武鸣县在首届社区选举中率先进行了尝试,采用直选方式产生居民代表,实现全程性直选。城市地区的党政机关、部队和企事业单位的居民大多归社区管辖,所有社区居民依法享有"普选权",②首次实现全民"直选"。由于历史原因和认识上的偏差,武鸣城镇居委会管辖权在此之前是狭小和分散的,管理上以"点状"的"纯居民"户和"纯居民"居住区为主要特征,管辖范围内的居民也仅限于城镇人口占比例较少的"纯居民"。直选选举的全程性,有助于培养城镇各类选民的政治意识,提升他们的政治能力,从而较好地实现从"纯居民""单位人""个体经营户"到"准政治人""成熟政治人"的过渡。③ 2) 共时性:所有社区选举时间相同或接近,并较早地在全自治区基本采用相同的选举制度安排。以武鸣县第一次社区直选最为典型。城厢镇的 6 个主要社区(标营、渡头、灵水、和平社区等)在同一天启动社区居委会直接选举活动,平均参选率 89.71%。这是该县城所有社区参与选举的第一次,所有选民都参与直接选举而不是间接选举来产生城市基层自治组织,这是同时期在国内

---

① 李凡. 中国城市社区直接选举改革. 西安:西北大学出版社,2003:21-22.

② 邓敏杰. 令人关注的广西社区直选. 中国社会报,2003-03-22(4).

③ 邓敏杰. 社区直选成功靠的是什么. 社区,2001(9):12.

其他县级城市所没有的现象。① 中国城市社区直选改革的初期，各地的城市选举差别很大，甚至同一城市的选举中也是不同的制度规定，缺乏一个共同遵守的规范的选举制度。2002 年，广西自治区在首届社区居委会直选中基本统一应用了相同的选举制度安排，使得社区选举整体进行得较为有序，这在全国是首例。全程性和共时性的直接选举特征，在微观层面进一步扩大了社区直选规模，深化了社区直选改革成果。

（二）明确直选重点

在城市社区选举改革探索的道路上，广西将居委会直接选举的切入点定在中小城市（包括县镇）。以中小城市为社区直选试验重点，总结经验，并逐渐在全自治区推广。

2000 年广西在南宁新城区建立社区直选改革试验点并完成。不囿于试点社区直选的初步成功，2001 年 5 月自治区民政厅发出《关于社区居民委员会选举工作有关问题的通知》，要求进一步扩大直选试点。柳州柳南区、南宁武鸣县、桂林秀峰区等成为广西社区建设实验区，相继启动了居委会直选，选择不同类型的社区进行试点探索。5 月 25 日柳州市柳南区中山花园社区直选中启用了《社区居委会选举投票程序图》，引起各界关注。中山花园社区是居民商住区，属于城市小区型社区。② 武鸣县还被确认为国家民政部社区建设四个研究基地之一，成为全国第一个社区建设的县级试点县。7 月 19 日武鸣县所在地城厢镇 6 个社区同时对居民委员

---

① 陈伟东，胡宗山. 直接选举：社区民主建设的新进展. 中国民政，2001(10)：36－37.
② 邓敏杰. 广西社区直选　无人喝彩的辉煌. 社区，2003(12)：11－14.

会进行直接选举，取得了成功。① 11 月，柳州市柳南区新鹅社区居委会由直接选举产生，当选为主任和副主任的是两位女士。2002年 8 月 27 日桂林秀峰区辖区内全部社区选举工作结束。17 个社区中 13 个社区实行了直接选举，直接选举率 76％。② 中小城市的直选试点工作，为自治区县级以上城市全面开展社区选举改革提供了扎实的经验依据。自治区党委和政府强调，在整体推进社区居民委员会选举整体改革中，柳州、武鸣等中小城市社区直选的经验是自治区参照的主要依据。民政厅明确要求：县级、乡镇及城乡结合部的社区一般推行居委会直接选举方式。③ 试点直选时武鸣县制定了一个比较规范的选举制度。在民政部门的帮助下，该选举制度得到推广，应用于整个自治区的社区直选。

　　总之，广西积极推进社区选举改革，将居委会直接选举试点从省会南宁，转移到柳州、桂林和武鸣等中小城市。并将中小城市作为社区直选的试验重点，学习村民委员会直选的成功案例，逐渐探索到一条先在县乡镇试点、逐步向中小城镇推广，最后在大中城市广泛实施的城市社区直选选择性发展道路。准确把握直选的关键点，是广西在整个自治区范围内推进居委会直选成功的重要原因。广西在中国城市社区直选改革中取得了突破，渡过艰难期，为中小城市尤其是城镇社区直接选举拉开了序幕。它为推动中国城市社区自治发展战略提供了颇具价值的思路。

① 陈伟东等. 直接选举：社区民主建设的新进展. 中国民政，2001(10)：36 - 37.
② 黄洪斌. 社区自选应抓住哪些关键环节. 社区，2002(2)：23 - 25.
③ 广西民政厅. 创新社区居委会直选机制　推进和谐社区建设.（2005 - 10 - 14）http://www.sdpc.gov.cn/tzgg/shlygg/t20051014_45128.htm.

(三) 拟制直选原则

选举制度是现代民主政治的重要组成部分,它内在包含着一系列基本原则。这些原则是"主权在民"思想的现实体现,是指导具体选举活动的方针。[1] 从 1998 年到 2000 年社区直选改革的启动阶段,各地城市设计的选举制度较为简单不规范,城市之间的差异很大,总体上城市社区选举制度的规范化和制度化水平普遍程度较低。2001—2002 年广西形成相对规范的选举制度,这标志着中国的城市选举开始注重规范。[2] 广西选举制度的规范化建设走在全国的前列,最为突出的是拟制了城市社区直选的基本原则,具体如下:

1.普选原则,即年满十八周岁的未依法被剥夺政治权利的居民拥有选举权和被选举权。2. 平等选举权原则,即所有选民都是一人一票,一票效力等同于另一票。3. 直接选举原则,是指本居住区有选举权的全体居民直接投票选举产生社区当家人。4. 差额选举原则,候选人数的名额超过应选居委会成员人数。5. 竞争选举原则,是指候选人通过采取自我介绍、积极承诺等其他手段相互竞争。6. 无记名投票原则,即保证选民的投票投向的私密性。[3]

在这些原则的基础上,在城市社区直选中不享有选举权和被选举权的群体,仅只限于那些被依法剥夺政治权利的人,普选原则得到彻底的贯彻。每位选民在选举中只投一票,票值相等,体现了公民政治上的平等,强调不允许任何人享有特权。直接选举原则充分体现直接民主,这是社区直选最本质的原则。它的实施则要求区分户代表选举、居民代表选举、全体居民直接选举方式,不能

---

① 安德鲁·涨伍德. 政治学. 张立鹏译. 北京:中国人民大学出版社,2013:150.
② 李凡. 中国选举制度改革. 上海:上海交通大学出版社,2005:41.
③ 邓敏杰. 令人关注的广西社区直选. 中国社会报,2003 - 03 - 22(4).

将户代表选举混同于全体居民的直接选举。差额选举原则要求居委会内部三种职务分别进行差额。无记名投票原则是为了使选民能够消除顾虑和免于干扰,选民投票表达具有真实性。从保护选民考量,应设置秘密写票处。竞争选举原则是针对候选人活动的规定,鼓励多种方式展开竞争,但强调必须在居民选举委员会组织下有序合法地进行。

广西率先拟制的城市社区直选基本原则从内涵上大体与人大代表选举的基本原则相近,但有三点不同:第一,人大选举是等额与差额相结合,以差额选举为主的原则,居委会直选是差额选举原则。第二,人大选举是直接选举与间接选举相结合的原则,居委会直选是直接选举原则。第三,居委会直选增加了针对候选人之间活动进行规范的竞争选举原则。

广西模式形成中注重规范候选人竞争选举,贯彻竞争性原则,制订竞争选举程序和办法,形式多样地展开选举活动。为进一步完善竞争选举程序,广西在全国首次拟制社区委员会竞选施治演说规则。该规则强调,竞选演讲是社区居民委员会候选人推荐的必要环节,要求居委会所有正式候选人都应参加。演讲通常是在居民会议上集中举行,居民居住分散的社区可在居民小组会议上巡回演讲。主要采取自我介绍形式或采取组织介绍两种形式。正式候选人发表竞选施治演讲时,对选民的询问要做出积极回应,具体规定了演讲材料和演讲时间。[①]

在全国各地城市自我摸索的过程中,广西最早地较为全面地拟制了城市社区选举基本原则。根据这些原则,广西建立了完整

---

① 中共广西壮族自治区委员会组织部,广西壮族自治区民政厅. 阳光选举　和谐换届. 南宁:广西大学出版社,2011:86.

"十步"操作步骤与流程,有助于规范城市社区选举活动,推动着我国社区选举制度的规范化。2004 年 3 月民政部基层政权和社区建设司在广西桂林召开全国社区居委会选举分析研讨会,参加会议的有 22 个省、自治区、直辖市民政厅(局)和地级城市民政工作者代表。会议充分地讨论和研究了社区居委会选举的进展、存在的问题及相应对策等。在此基础上,专家起草了《社区居民委员会直接选举规程》,供全国社区居委会直接选举过程中参阅。《社区居民委员会直接选举规程》中第 1 章总则中第 2 条:基于民主公开公正,直选必须遵循的八大原则:普选权原则、平等选举原则、直接提名原则、直选原则、差额原则、竞选原则、秘密写票原则和公开计票原则。[1] 无疑,这是很好地借鉴了广西自治区之前倡导和拟制的社区居委会直选原则。

(四) 创新登记方式等

在规范选举的基础上,广西继续大力完善城市社区直选机制,主要体现在尝试"选民登记"的方式、实现差异性选举、改革居民代表的选举方法、创新提名候选人等。

第一,创新登记方式

广西自治区积极探索选民登记的新途径,改革传统"登记选民"方式,在全国城市社区选举改革中首次创新性尝试"选民登记"的方式。选民登记是确认公民选举权和被选举权、确定选民资格的重要法律程序,是选举制度中的基础环节。它是公民的选举权从应然状态向实然状态的过渡。《居委会组织法》及各省份相应实施办法中,对选民登记程序没再明确要求。民政部的《社区居民委

---

[1] 詹成付主编. 社区居委会选举工作进展报告. 北京:中国社会出版社,2006:34 - 35.

员会直接选举规程》第 3 章第 11 条对选民登记的设计是：选民应在其居住地的社区选举委员会登记，选民登记在选举前 40 日进行。社区选举委员会负责公布在社区登记的时间和地点，居民在社区选举委员会规定的时间内完成登记。[①] 在各省、自治区、直辖市的选举办法、规程和规范性文件中关于选民登记的规定与《社区居民委员会直接选举规程》的要求一致：选民在居住地进行选民登记，强调"登记"过程中选民的自觉自愿性。但是，由于历史和现实的诸多原因，我国社区选举的实际选民登记方式是选举委员会成员主动登记选民为主，"选民登记"仅是停留在选举规范制定者的理性要求，选民在登记活动中处于被动状态，仍是传统的"登记选民"方式。选举委员会根据户籍将有资格登记的居民登记以编制基本选民名册。然后挨家挨户核实，根据换届选举期间选民的变化情况对基本选民名册做必要的增删工作。

2004 年 7 月广西南宁市兴宁区望州南社区采用"选民登记"的方式直接选举社区居委会，这是全国首次的尝试。"选民登记"的方式要求，具有选民资格的选民，必须在规定时间内到登记点进行登记，不登记的选民即被视为自动放弃选民资格。"选民登记"方法是民政部与美国杜克大学中国选举研究中心和卡特中心合作发起，在广西社区直选率先践行。望州南社区位于广西南宁市兴宁区朝阳街道望州南路 235 号，它是兴宁区第一个建成的社区居民委员会，社区居民 2081 户。为方便选民登记，望州南社区居委会换届改选前期在辖区社区内设了几个选民登记站点，并进行了"选民登记"方式的宣传工作，在规定的时间内登记过的选民才能投票选举。望州南社区共有 1280 个选民前来作了登记，选民登记率超

---

① 詹成付主编. 社区居委会选举工作进展报告. 北京：中国社会出版社，2006：36.

过 50%。[①]

　　传统的"登记选民"的方式较少考虑选民参与民主选举的主观意愿,而是通过动员选民登记和投票,选民的选举权利明显加强。"选民登记"方式会让选民了解自己的选举权利,让他们自主登记,才能更好地使选民把握和使用好自己的民主权利。登记和参加选举是公民主动选择的结果。登记和选举也是选民的民主权利。"选民登记"有助于促进社区居民参与,真正了解民主权利的意义,使社区居民是基于自己主观意愿来行使民主权利,从而提高社区选举的民主程度。[②] 总之,广西积极尝试选民登记的新途径,引导选民自主登记,将被动式登记转变成主动式登记,培养和促进居民参与选举的积极性,将"要我登记"转变成"我要登记"。

　　我国选民登记工作基本上是"登记选民"方式,[③]从 2000 年起人大选举中开始明确区分"登记选民"与"选民登记"两种方式的不同,并倡议从"登记选民"改为"选民登记",它有助于调动选区选民的积极性。[④] 广西是第一次在全国城市社区直接选举中进行"选民登记"方式的尝试,它引导了其他省份社区选民登记方式的创新。2007 年,黑龙江省启动了自愿登记试点,并对自愿登记选民率提出要求,"不少于社区内选民总数的 30%"。[⑤] 2008 年吉林省在实行直选的社区试行选民主动登记办法,将宣传点、选民登记点和分投

---

① 唐正芳. 有谁在乎社区直选. 社区,2004(8):12-14.
② 李猛,王冠杰等. 新中国选举制度发展历程. 北京:世界知识出版社,2013:361.
③ 白钢主编. 直接选举:制度与过程. 北京:中国社会科学出版社,1999:257.
④ 许尚森,王庆. "选民登记"与"登记选民". 人大工作,2005(1):31
⑤ 马述. 从哈市居委会"换选"看基层"民主实践". 黑龙江日报,2007-11-15(4).

票站合而为一,方便选民参加选举。① 规定或鼓励选民自愿进行选民登记的省区还有吉林、湖北、西藏等。② 2009 年民政部的关于做好城市社区居委会选举工作的相关通知中正式规定了人户分离的城镇居民登记的经常居住地原则。③

第二,实行差异性选举

社区直选改革探索之初,广西注意处理好点与面的辩证关系,有意识地选择不同类型的社区进行试点。④ 直选试点社区大致分为五种类型:混合型社区、小区型社区、单位型社区、散户型社区、城镇混合型社区。不同类型的社区居民有不同的社会背景和群体结构,导致多样化的选举效果。在此基础上,广西社区直选进程中进行分类和引导,整合不同需求,实行差异性选举。⑤

混合型社区是由自然区域为主的单位和住宅区的混合体。与单位型社区相比,混合型社区的居民社区直接选举热情度高些。因为生活条件和单位福利的不同,社区居民对居委会选举的关注度是不同的。所在单位效益欠佳或面临倒闭的居民对社区有一定的依赖性,他们对社区选举的关注度将会增加,希望新一届社区居委会成员能够代表自己的利益,获得工作机会或经济来源,能够较好实现从单位人向社会人的过渡,是这些居民积极参与竞选的主

① 吉林省民政厅.吉林省第七届社区居民居委会换届选举工作通知.(2008-05-27) http://mzt.jl.gov.cn/mzyw_74261.
② 史卫民,郭巍青等.中国社区居民委员会选举研究.北京:中国社会科学出版社,2009:153.
③ 基层政权和社区建设司.民政部关于切实做好城市社区居民委员会换届选举工作的通知.(2009-02-06)http://www.mca.gov.cn/article/xw/tzgg/200902/20090215026382.shtml.
④ 王杰秀,闫晓英.广西城市社区治理创新的成效与启示.中国民政.2014(7):37-41.
⑤ 李凡主编.中国基层民主发展报告:2000—2001.北京:东方出版社,2002:21.

要动力。混合型社区直选中出现一定程度的竞争,催生了广西第一个严格规范的社区预选。南宁新城区商业大院社区和柳州市中山花园社区等试点选举是混合型社区直选改革的典型范例。[①]

小区型社区是由住宅开发形成的居民商住区为主的封闭型城市小区,包括原"纯居民"和不同单位居民。不同单位的社会影响力相近,即没有一个"主要"单位。单位居民意识到社区和自己生活利益的关联,希望本单位的人进入居委会,积极参与社区选举。社区直选中注重强调社区与居民生活利益的联系,善于把握居民对原居民委员会与物业部门的心理认同程度,通过宣传植入社区自治理念,让居民在心理上认同依法规范的民主选举。柳州市柳南区中山花园社区居委会的选举试点可作为该类型社区直选的典型案例。社区居民委员会初步候选人由选民提名产生、候选人发表竞选演讲、居民代表投票方式确定正式候选人,投票过程中启用投票程序图,设立秘密划票间等。社区选举投票流程依法规范,居民在实践中学习与参与。

单一单位型社区是以某单位职工家属聚集区为主体的社区,大多是从原单位的家(居)委会转变而形成,社区的部分工作是从单位工会划拨过来。这些单位往往有很好的经济效益,社区自治运作要依赖于单位的资金支持和物质提供。因此,该类型的社区自治管理与原单位工会工作有交叉,社区直选任务较容易落实,单位工会的负责人常被选为社区居委会成员。总体上居民对居委会直选的关注度往往不高,所在单位的大力宣传、社区与单位工会的关系是选民积极投票的主要原因。南宁市新城区广西人民医院社区居委会选举,是纯单位型社区直接选举的典型案例。

---

① 邓敏杰.来自一个省级区域的社区选举.社区.2003(5):9-12.

城市散户型社区是在城乡一体化过程中以散户居住的城市社区。该社区里一部分居民是进城做生意的农民,没有大型单位进驻。该类型社区的居住环境和治安问题突出,居民们有较强的建立社区居委会的愿望。社区选举受到的关注较多,居委会职位的竞争较为激烈。柳州市柳南区新鹅社区居委会的选举是城乡结合部社区直选的典型范例。

城镇混合型社区是以乡镇及以上机关驻地为主的社区,又可分为县级社区和一般乡镇级社区两种。县级社区的大多数居民从事非农产业,属于是非农居民。他们的生活方式乃至生活水准接近城市。该社区进驻有政府机关和企事业单位,属于准城市化社区。大多数乡镇型社区以农业人口为主,是村改居或村居合并的产物。他们与农村的联系紧密,很多人亲历过村民自治实践。武鸣县和来宾县的社区直选成功,是城镇混合型社区选举改革的先行典范。[①]

不同类型的社区直选试点为全面启动广西城市社区居委会选举改革提供了充分的经验依据,也为分类引导和实行差异性选举打下扎实的基础。

第三,创新居民代表选举方式

居民代表是行使民主自治权利的居民的代表,是社区居民会议的成员。居民会议是居委会选举的决策机构,对直选后社区居委会的工作具有重要的监督职能。广西模式形成中对选举居民代表的产生程序做出具体规定,并创新居民代表选举方式,推动实现社区直接选举的全程性。

《居民委员会组织法》有一般性规定,居民代表由居民或居民

---

① 邓敏杰. 令人关注的广西社区直选. 中国社会报,2003 - 03 - 22(4).

小组选举产生。《社区居民委员会直接选举规程》第 4 章第 16 条涉及居民代表的产生方式：在选举社区选举委员会的同时，社区居民小组会议选出新的社区居民代表和社区居民小组长。居民小组会议由现任社区居民小组长主持，小组成员投票选举产生社区居民代表。《社区居民委员会直接选举规程》为居民代表的产生方式进行了设计。[①] 但从已有的省区选举规定看，除西藏采用联户派代表的方式，其他省区均明确要求以选举或推选方式产生居民代表。但只有 9 个省区市（包括北京、广西、浙江、天津、辽宁、上海等）对居民代表选举作出程序上的具体规定，其中广西明确规定：居民小组成员按照直接差额和无记名投票方式选举产生。[②]

目前我国城市社区直选基本上是以居民小组为单位来召开户代表会议选举产生社区居民代表。[③] 九道湾社区在关于社区自治组织正式候选人产生办法中提到，社区代表候选人提名方式是直接报名和联合提名两种方式。宁波直选中要求：居民代表以居民小组推选产生。盐田区是在居民小组会议上通过投票或举手表决方式产生，辅以户代表方式选举产生居民代表。在城市社区直选主要模式中，只有广西模式中全体居民的直接选举是居民代表产生的重要途径。这是对居民代表产生方式的创新，有助于让选民全过程参与选举，实现社区直接选举的全程性。（见表 2）

① 詹成付主编. 社区居委会选举工作进展报告. 北京：中国社会出版社，2006：37.
② 史卫民，郭巍青等. 中国社区居民委员会选举研究. 北京：中国社会科学出版社，2009：161.
③ 许义平，何晓玲. 现代社区制度实证研究. 北京：中国社会出版社，2008：123.

表2　主要直选模式中关于居民代表产生方式的规定

	居委会选举办法、规程、文件
北京九道湾社区	每个居民小组选举 2—3 名居民代表。 ① 居民代表条件。（略） ② 选举方式有两种：召开居民小组会议投票或举手表决，或直接发送选票给居民后回收计票进行确定的方式。　（规程） 居民代表两种产生方式：候选人直接报名，或 10 名以上选民联合提名。　（办法）
广西	社区居民代表由社区选举委员会召开小组会议产生，通过直接差额和无记名投票的方式产生，其总数一般为 50—100 人。社区选举委员会担负居民代表资格审查的责任。　（选举工作手册）
浙江宁波	社区居民代表产生的主要方式是居民或居民小组推选，此外对驻社区单位代表、社区社会组织代表和社区专职工作者代表的产生方式进行了规定，主要方式是推荐或联合推荐。　（试行规程） 直选前应产生新一届社区代表。居民代表的产生方式一般是居民小组推选。　（直选规程）
广东盐田	居民代表由居民小组会议推选产生，具体名额由社区选举委员会配置。　（选举规程指引） 居民代表的产生方式主要有两种：居民小组会议投票或举手、直接发送选票给居民后回收计票的方式。社区党组织有提出建议名单的权利。　（直选方案）
其他	居民代表的产生方式是居民小组会议投票，居民小组会议由选举委员会或居民委员会负责召开。　（上海　流程） 居委会选举总结完善阶段中进行新一届居民代表的推选，要求居民代表要具有广泛的代表性。　（南京　规程） 居民代表产生方式主要两种：以 20—40 户为单位进行推选，或由居民小组选举产生。其他驻社区的单位、团体、物业公司等社区代表的选举方式主要是推选。　（沈阳　实施细则）

资料来源：各省民政部门网站颁布的居委会选举的"办法""规程"或"方案"等。史卫民，郭巍青等.中国社区居民委员会选举研究,中国社会科学出版社,2009 年版；李凡.中国城市社区直接选举改革,西北大学出版社,2003 年版；许义平,何晓玲.现代社区制度实证研究,中国社会出版社,2008 年版；中共广西壮族自治区委员会组织部,广西壮族自治区民政厅.阳光选举　和谐换届,广西大学出版社,2011 年版.广东省村(居)民委员会换届选举规程指引,中山大学出版社,2017 年版.

第四,创新候选人提名方式

广西率先进行居委会委员初步候选人提名方式的改革,是我国最早尝试初步候选人由居民一人一票直接选举产生的省区。

《居委会组织法》中第八条:居民委员会成员,由本居住区内全体选民、或者户派代表、或者由居民小组选举产生。[①]《居委会组织法》对居民委员会产生方式进行了一般性规定,但对于候选人产生方式没有提及。在我国城市社区居委会的换届选举实践中,候选人的产生方式主要有街道办事处指定、居民小组推荐、居民10人以上联名推荐和自荐四种。2001年广西直选试点改革中首先进行了候选人提名方式的改革,即社区居民直接提名候选人,按差额原则采用简单多数方法进行初步候选人的确定。在此基础上,经过居民代表大会无记名投票,按差额原则,确定正式候选人。在2005年第二届的广西社区居委会选举中,组织提名候选人方式取消。

广西大力改革初步候选人的产生方式,最早尝试初步候选人由居民一人一票直接选举产生。这种方法的运用,有助于提高选民的积极性,提高基层民主的水平,充分体现居民自治原则。[②] 候选人产生是居委会选举程序中重要的环节,有学者依据候选人产生方式和投票环节将我国城市社区居委会选举划分为三个阶段:第一阶段:1999年4月至2001年7月,政府招募候选人,居民代表或每户家庭代表投票产生居委会成员。第二阶段:2000年5月至2001年6月,政府招募候选人和居民直接投票确定初步候选人。第三阶段:从2001年7月广西武鸣县社区选举开始,居民

---

① 全国人民代表大会. 中华人民共和国城市居民委员会组织法. (2019 - 01 - 07) http://www. npc. gov. cn/n pc/xinwen/2019-01/07/content_2070251. htm.

② 王华,李奋发. 城市社区居民委员会直接选举研究. 厦门特区党校学报,2008(3):31 - 35.

提名候选人,居民直接投票。这三个阶段也生动地展现了我国城市社区居委会选举改革的稳步推进的发展策略,从间接选举到准直接选举,再到直接选举。可见,居委会候选人是否由居民提名和选举产生,是社区直接选举的不可或缺的构成要素之一。如果"没有候选人的直选,就没有真正的直选。"[1]广西率先创新候选人的提名方式,是我国城市社区居委会选举改革中浓墨重彩的一笔。

第五,其他

广西是全国最早提出城市社区直选秘密写票规定的省区。[2]无记名投票原则是广西倡导的社区直接选举六项原则之一。根据无记名投票原则,广西要求必须设立秘密写票处,选民秘密填写自己的选票。[3] 设立秘密写票处,有助于减轻和消除选民的思想顾虑,更好地保证选民不受他人干涉影响,真实表达投票意愿。无记名投票原则是《选举法》规定的各级人民代表选举的方法要求。广西最初启动城市社区选举改革时就提出要设立秘密写票处,将之作为社区直选无记名投票原则的内在要求。

广西重视党内民主与基层民主的互动。"两委联动、公推直选",它是 2008 年广西在村委会选举时一种创新模式,即村党支部、委员会同步换届,实现了两委选举程序的交叉与联动。全体选民同时推荐村党支部、委员会成员初步候选人。村党支部、委员会正式候选人确定后,村委会成员由全体选民直接差额选举产生,村支部由全体党员直接差额选举产生。2011 年,广西第四届城市社区居委会选举启动,此次换届选举借鉴村委会选举经验,提出在坚

---

① 陈伟东.以程序启动直直选,靠直选推进民主.社区,2007(9):12-14.
② 李凡.中国选举制度改革.上海:上海交通大学出版社,2005:37.
③ 张涛,王向民等.中国城市基层直接选举研究.重庆:重庆出版社,2008:174.

持发扬民主规范程序的基础上推行两委联动与公推直选。[①] 2014年广西第五届社区居委会选举进一步完善了"两委联动"和"公推直选"制度,实现党内民主与基层民主的良性互动。[②] "两委联动、公推直选",这是广西社区选举改革中的又一创新性举措,它有助于:第一是有助于降低选举成本,节约选举时间,减少选举环节,提高选民选举积极性;二是有助于增强了社区党支部的群众基础,推动党内民主与群众自治的有效衔接与良性互动,扩大了城市基层民主;第三是推动协调好两委关系,有助于"两委"班子主要领导"一肩挑"和交叉任职的实现。

中国第一个村委会是在广西宜州市屏南乡合寨村诞生的,广西是我国村民自治发祥地。[③] 广西城市社区直选成功的重要原因在于,直选程序中大胆借鉴了村民委员会直接选举的成功经验和国际上的民主技能,探索战略性的城市社区直选发展道路。[④] 沿着这条道路,广西社区直选工作逐渐变得规范化和制度化,并稳步推进。目前自治区已成功完成六届的社区居委会选举,社区直选已成为广西城镇居民基层民主政治生活的重要组成部分。广西经验已被北京、宁波、武汉等城市采用,为中国其他城市的大规模社区直选改革提供了方向。

---

① 自治区村(社区)两委换届选举工作指导组:详解 2011 年广西村(社区)两委换届选举政策十七问. 广西日报,2011 - 08 - 30(3).

② 乔晓莹. 选贤任能孚众望 风正气顺展新貌——2014 年广西村(社区)"两委"换届选举工作综述. 广西日报,2014 - 11 - 13(1).

③ 杨志华,吴国富. 村民自治与当代广西政治文明发展研究. 兰州:甘肃人民出版社,2015:1.

④ 解红晖. 中国城市社区直选的实践模式研究. 宁波大学学报(人文版),2013(1).

第二节　北京九道湾模式

一、北京九道湾模式的形成概述

2000 年,北京尝试社区选举改革,进行社区直选的试点工作,但直选试点总体上不是很成功,例如石景山区园北社区通过协商方式提名候选人,所有居民投票产生居委会成员,但候选人提名的等额,选举竞争不足,选举程序也不严格。① 因此,九道湾社区是严格意义上的北京第一个进行城市居委会直接选举的社区。

九道湾社区位于北京市北新桥地区西南部,管辖面积 0.175 万平方米,由 2 条大街、2 栋楼房、296 个平房院组成。这是北京市中心一个典型的老式平房密集社区。目前九道湾社区有 2028 户,常住人口 2028 人。社区居委会人员 7 人,社区服务站 4 人,社区网格员 3 人,社区各类群团组织 19 支。社区党委组织 7 个,党员 192 人。九道湾社区自 2008 年起连续获得全国示范和谐社区、全国社区志愿者注册工作先进单位、北京市先进社区居委会、北京市首都平安示范社区奖、北京市智慧社区、东城区市民中心优秀组织奖等荣誉称号。②

2000 年,中共中央办公厅、国务院办公厅转发民政部城市社区建设推进意见的相关文件后,社区建设成为城市管理和建设的重点,首都北京市积极响应。首次实施"民选街道聘用",加强居民委

---

① 李凡. 中国选举制度改革. 上海:上海交通大学出版社,2005:34.
② 2015 年课题组进入九道湾社区调研,社区工作人员给我们展示的材料。

员会的建设。东城区吸纳 400 名新的社区建设力量进入居委会班子,曹建军①是其中的一名。② 2001 年北京市开始将居民委员会调整为社区居民委员会,为探索社区居民委员会的选举改革铺平了道路。2002 年,九道湾社区成为北京市最早进行居委会直接选举的城市社区之一。③ 九道湾社区直选筹备工作持续两个多月。2002 年 6 月,北京东城区北新桥街道办事处成立了选举工作机构以保证直选工作的顺利推进。7 月 24 日,社区选举委员会由居民代表推选产生。选举委员会公布候选人名单,并组织候选人的选民见面会,包括竞选演讲等。④ 8 月 17 日九道湾社区居委会直接选举投票日,现场有东城区公证局的公证员对选举结果进行公证。⑤九道湾社区首次居委会直选的参选率高达 95%,选民 1990 人,收回选票 1881 张。候选人曹建军高票当选,成为北京市第一位严格意义上的直选居委会主任,九道湾社区直选是北京社区居委会全面换届前的民主实验,它是 2002 年中国城市社区居委会选举中一件受人瞩目的改革事件。⑥ 九道湾社区所在城市——北京,其独特的地位引起了新闻媒体和期刊连续介绍和评论九道湾社区的直接选举,"这是北京市第一个由普通群众直接选举产生的居委会,是中国基层民主政治建设过程中一个里程碑式的实践"⑦;"从诸多方面来看,这更像是一次颇具象征意义的'民主演练'"⑧。各地基层

---

① 曹建军:九道湾社区直选的首任居委会主任。
② 张美荣,李慧等.北京首位直选社区主任的十年.北京社区报,2011 - 01 - 28(8).
③ 何晓玲主编.社区建设模式与个案,2004.北京:中国社会出版社,2004:103 - 109.
④ 薛凯等.城市迈向直选时代.半月谈,2002(6):64.
⑤ 卢嵘.北京社区居委会选举直击.南方周末,2002 - 08 - 24(4).
⑥ 潘洪其.从直选居委会看城市社区自治.北京青年报,2002 - 09 - 20(4).
⑦ 林育栋.九道湾里话"直选".社区支部生活,2003(1):56 - 57.
⑧ 孙亚菲.北京的一场"民主演练".新闻周刊,2002(25).

政府、社区工作者前来参观学习，深入了解社区选举过程。九道湾社区多次登上中央电视台和北京电视台，取得了很好的社会效益。① 九道湾社区直选试点成功不仅引起了国内媒体的关注，也引起国外媒体和知名人士的关注。2002 年 10 月，时任联合国秘书长安南的夫人访问了北京，九道湾社区是安南夫人北京访问的第一个地方；加拿大国际开发署副署长对九道湾社区进行了考察。这些重要国际人士的到访对北京九道湾直选产生一定的国际影响。②

在九道湾社区直接选举试验成功后，北京市居民委员会第五届选举于 2003 年启动。东城区藏经馆社区等参照九道湾经验，启动居委会的选举改革。③ 8 月 18 日，九道湾社区居民们欢聚共庆祝社区直选一周年，全体居民表决通过《九道湾自治章程》。④ 2004 年 8 月 17 日，是北京市东城区北新桥九道湾社区直选两周年的纪念日子，北京新时代致公教育研究院邀请政府官员、专家学者、企业界人士、新闻界朋友及外国友人在九道湾社区居委会召开了《中国社会转型论坛》第三期特别专题会议，居委会主任曹建军介绍了两年内的社区工作情况。⑤ 与会者们深入探讨，积极为九道湾社区民主自治出谋划策，为中国基层民主建设提出了宝贵意见。

2005 年 12 月，北京市第六届社区居民委员会换届选举启动。全市 2313 个社区参加了这次选举，历时 8 个月。北京市民政局发

---

① 李凡. 中国选举制度改革. 上海：上海交通大学出版社，2005：38.
② 徐一龙. 直选社区九道湾. 京华时报，2008 - 03 - 06(10).
③ 栾春晖. 北京社区居委会差额直选　目击居民选举当家人. (2003 - 03 - 31)http://www. southcn. com/news/china/zgkx/200303310545. htm.
④ 王润. 九道湾社区庆祝直选一周年. 北京日报，2003 - 08 - 19(8).
⑤ 新时代研究院. 中国社会转型论坛第三期. (2008 - 07 - 14)http://www. southcn. com/news/china/zgkx/200303310545. htm.

布《北京市社区居民委员会选举工作规程》。[①] 全市社区居委会直选的社区共 16 个,九道湾社区继续推行直选。[②] 2006 年 8 月九道湾社区居委会直选顺利完成。居委会主任、副主任、委员等 7 名成员通过直选产生,其中主任候选人曹建军在 2460 张选票中获得2360 票,以高票连任社区居委会主任。在 2006 年的九道湾社区选举中,居委会委员实行 5 选 4 的差额选举。[③] 2009 年 9 月北京市第七届社区居委会选举工作基本结束,北京市共有 2633 个社区居委会,2538 个社区参加了选举。居民参与程度有所提高。全市有282 个社区使用直接选举和户代表选举方式,占参选社区总数的11％。[④] 九道湾社区直选结果:在选举中发出选票 2696 张,收回2694 张,投票率 95％,曹建军再次被选为社区居委会主任。[⑤] 2011年 8 月北京发布针对全面加强城乡社区居民委员会建设的规划,并要求扩大社区居委会的直选覆盖面。[⑥] 为平衡社区资源,让更多社区推广基层民主自治的直选改革做准备,北京东城区内社区再度调整,相邻的板桥社区大部分融合到九道湾社区。调整后的九道湾社区占地和居民比之前多了近一倍,给社区工作带来一定挑战。2012 年,北京市第八届社区居委会换届选举工作正式启动。全市共有 2634 个社区居委会参加换届。此届社区居委会选举最

---

① 北京市民政局. 我市第六届社区居委会选举工作圆满完成. (2006 - 08 - 29)http:// www. southcn. com/news/china/zgkx/200303310545. htm.

② 史卫民,郭巍青,王金华等. 中国社区居民委员会选举研究,2009. 北京:中国社会科学出版社,2009:42 - 43.

③ 张美荣,李慧,梁爽. 北京首位直选社区主任的十年. 北京社区报,2011 - 01 - 28(8).

④ 民政部. 北京市第七届社区居委会选举基本完成. (2009 - 10 - 13)http://www. mca. gov. cn/article/zwgk/dfxx/200910/20091000039344. shtml.

⑤ 张美荣,李慧等. 北京首位直选社区主任的十年. 北京社区报,2011 - 01 - 28(8).

⑥ 赵慧丽,张岩,王燕. 北京社区直选. 人民日报海外版,2012 - 04 - 24(4).

大的亮点和创新就是社区直选书记和拓宽选举范围。① 九道湾社区率先以差额直选方式选举出新一届党组织领导班子成员。它扩大了党内的基层民主，加大社区直选深度。在全市换届选举中，党员大会直选的社区党组织书记、副书记的比例达到 75％左右。② 5月九道湾社区居委会直选顺利完成，社区居民登记数 4516，有效票数 4248 张，投票率 90％以上，曹建军高票连任居民委员会主任。③

2015 年 4 月北京市人民政府办公厅发布《关于第九届北京市社区居民委员会选举工作相关意见》的通知，要求依法依规开展社区居民委员会选举，并部署了选举工作各阶段安排，④社区居委会换届选举工作 5 月正式启动，历时 3 个月。⑤ 该过程中九道湾社区居委会有条不紊地展开新一轮的居委会直选。社区选举结果：现任书记兼主任王淑梅连任。⑥ 第 14 届北京市人大常委会第四十一次会议于 2017 年 9 月 22 日召开，会议决定调整北京市第十届社区居民委员会选举时间，以与北京市第 11 届村民委员会选举同步开展。⑦ 北京九道湾社区直选历时十二年，共有五届社区居委会成员通过直接选举产生，城市社区直选的"九道湾模式"在实践中已逐渐形成。

---

① 孙乾.北京 8 成社区直选书记 居委会选举放宽地域限制.京华时报,2012 - 02 - 22(2).
② 魏铭等.北京东城 7 社区差额直选党组织领导.新京报,2012 - 03 - 21(A11).
③ 刘芯邑.直击九道湾"直选".民生周刊,2012(22):12 - 13.
④ 北京市人民政府办公厅.北京市人民政府办公厅印发《关于北京市第九届社区居民委员会换届选举工作的意见》的通知.(2015 - 04 - 16)http://www. . beijing. gov. cn.
⑤ 吴迪.北京市启动社区党组织和居委会换届选举.北京日报,2015 - 04 - 03(A1).
⑥ 2015 年课题组进入九道湾社区调研了解的情况.
⑦ 邹乐.社区居委会选举调至 2019 年.北京晨报,2017 - 09 - 223(A11).

二、北京九道湾模式的主要内容

作为北京市社区基层民主建设示范的九道湾社区,在 2002 年试点居委会直接选举,就全国来讲时间上不算最早。1998 年青岛市就拉开了城市社区居委会直选的帷幕。自 2000 年以来,武汉、南京、广西等省区市先后对社区居委会进行直选改革。九道湾社区直选试点成功,引起了我国基层民主建设专家们的格外注意,是国内媒体报道最多且是影响最大的城市社区直选,被国家民政部评为年度十大亮点之一,是中国城市社区选举改革进程中的重要事件。九道湾社区位于首都北京,北京是国家的政治中心,在国家政治中心进行城市基层民主建设的试验,其影响和意义较其他城市无疑要深远得多。促使九道湾社区直选成功的主要因素有:

(一)非政府组织的介入

北京新民教育研究中心[①],在九道湾直选的前期工作、选举进程、选举后社区自治组织的运作中,发挥着重要作用。北京新民教育研究中心是一个长期致力于农村选举研究和实验的非政府组织(NGO)。研究中心负责人周鸿陵是社会治理专家,对转型社会研究、公民教育、民主自治、地区治理等方面有独特的研究。新民教育研究中心在湖北沙洋进行农村民主实验,探究推动乡村自治的新路,获得学界、媒体和社会的肯定。[②] 在民政部举办的一次研讨会上,周鸿陵指出,农村基层民主实践已较为成熟,积累了许多宝贵的经验,势必影响和带动城市基层民主的建设。他的观点得到

① 北京新民教育研究中心,目前更名为北京新时代致公教育研究院。
② 王峰,李琳.北京基层民主十年推进.21 世纪经济报,2012 - 04 - 19(6).

了王时浩代表(时任民政部基层政权和社区建设司城市工作处副处长)的高度认可。王时浩是 2000 年中办、国务办转发的《民政部关于在全国推进城市社区建设的意见》(即 23 号文件)初稿的主要起草人之一。该文件明确指出城市社区建设的基本原则之一是扩大民主和居民自治。无疑,双方的认同与共识为九道湾社区直选"政治实验"赢得了高层的背景,为政府与非政府组织之间的合作铺平了道路。经由王时浩副处长介绍,周鸿陵认识了北京东城区民政局副局长符正成,达成了初步合作意向。北京东城区民政局下发了九道湾社区直接选举试点的批文,符正成副局长担当了实验项目协调人的重要角色,周鸿陵成为九道湾社区直选工作指导委员会的主要成员之一。北京城市社区选举改革实验的组织框架如下:直选工作领导小组由民政部基层政权和社区建设司、东城区民政局共同组成,北新桥街道办事处与九道湾社区成员组成执行小组。[①] 政府机构与非政府组织之间的合作正式启动,北京新民教育研究中心深入参与到北京市社区基层民主建设示范社区九道湾直选改革中。

良好合作背后是长时间的多次磨合,最初的磨合是在社区直选改革试点的选择。新民教育研究中心最初建议是在经济较为发达的中心城区的高档小区,以增加民主实验的可行性。政府工作人员则提出以老城区的社区(特别是平房型社区)为试点地,理由是老城区社区居民中失业下岗人员较多,居民与居委会的利益关联有助于增加社区居委会选举的吸引力;平房型社区居民之间较为熟悉,这是开展社区选举宣传工作的有利因素。民主实验点提

---

① 周鸿陵,张民巍.居民怎样拿选票圈点社区当家人?——北京市第一次社区居委会直选纪实.社区,2002(9):7-10.

议分歧的解决是展开进一步调查,而不是取决于一方的决定。新
民教育研究中心经过调查发现,较之中心城区居民,老城区居民的
社区依赖度高,居民关心社区建设,有强烈的民主参与需求。中心
城区居民的经济、政治、社会利益都不在社区内。在充分调查的基
础上,双方达成共识,以九道湾社区作为直选试点地。该社区的群
众基础好,居民对社区的认同感强,参与意识强,认可与信任社区
居委会的工作,很适合作为社区自治差额直接选举试点社区。接
下来的磨合聚焦于直选方案,直选方案历经三次修改。一位北新
桥街道干部(该干部直接参与了九道湾社区直选的筹备工作)在
2015 年接受课题组成员访谈时仍然清晰地记得双方首次合作的
场景:

> "我们街道办与新民中心有的时候就某个条款讨论很长时间,
> 甚至有激烈的争论,有好几次讨论到晚上九点多钟,印象很深的。
> 大家都很辛苦,但大家真的很投入,付出很多,都是想把社区直选
> 这件事做好。"(访谈资料:1 - Z - J)①

无疑,所有参与人员们的热忱投入,基于他们心中都有一个共
同的美好愿望:北京首个城市社区直选试验必须成功。

政府对新民教育研究中心在社区直选实验中的合作作用的期
待是:理论指导、制度设计、联系专家。可研究中心在实际合作过
程中的作用远远不止于此:编辑印刷社区直选培训教材、宣传公民
理念和选举知识、选举画册汇编和候选人选培训事宜等。2002 年
8 月 17 日上午 10 时,62 岁九道湾社区居民刘俊明把划好的红黄两
张选票轻轻投入选票箱内,这不仅是北京城市社区直选的第一票,

---

① 访谈资料中的数字代表访谈序号,第一个大写字母代表受访者的姓氏,第二个大写字
　母代表受访者所在街道或社区。

也是推进中国城市民主进程的重要一票。这是两个多月来各方人士(上至民政部,下至九道湾社区的全体居民)努力探索和共同合作成果的展现。①

同中有异。政府机构与非政府组织之间的合作,在一些具体问题上双方始终存在着分歧,如候选人资格、选区划分、成立监督委员会等等,但这不妨碍北京九道湾社区直选的成功,成为我国城市社区选举改革进程中的重要事件。九道湾社区直选引发社会的广泛关注,对中国城市基层民主自治产生巨大影响。九道湾社区数次登上中央电视台等权威媒体,并多次吸引了国外政要的造访。究其原因,除了九道湾社区所在的城市北京的特殊地位外,非政府组织的介入、特殊的政治合作是九道湾社区直选试验成功的重要原因。②

(二) 重视社区直选后效

九道湾社区首次直选重视前期的选举工作堪为典范。从城市社区基层民主培训项目策划、新民教育研究中心与北新桥街道办事处达成合作意向开始,为了确保社区直选的顺利进行,双方共同策划了九道湾社区老年人协会的直接选举。这实质是社区居委会差额直接选举的一次全程模拟,是九道湾社区选举准备工作的重要内容,九道湾社区老年协会选举成功举行,为两个月后的九道湾社区居委会直选实验顺利进行夯实了基础。随后,新民中心的相关人员和中华女子学院的志愿者们一起发放社区居民生活状况问卷及致社区居民的倡议信,问卷涵盖居民基本情况和居民自治意

---

① 邹阳辉. 社会主义民主的新亮点——北京东城区九道湾社区直接选举的前前后后. 人权,2002(5):22-26.
② 赵义. 政府为公众的民主权利买单值不值——对北京市九道湾社区直选的另一种注脚. 社区,2002(11):4-7.

识等内容的认识等,倡议信则详细阐述直选的价值、目的、方法和计划安排等。① 详细的调查及统计数据为制定适宜的培训计划打下了基础。

九道湾的直选选举不仅重视选举前的准备工作,而且非常重视直选后社区居委会的规范运作,监督其是否在民主决策和民主管理机制上运行,重视社区直选后效是九道湾直选的一个显著特征。九道湾社区改革中,不仅通过居民直选产生新一届居委会,而且同时以居民直选方式产生社区代表会议的代表。② 《北京市九道湾社区自治组织正式候选人产生办法》中第 1 条规定:社区居委会、社区代表会的候选人可以直接报名,或通过 10 名以上选民的提名。③ 九道湾社区以直选方式产生社区代表候选人,这是借鉴了广西模式的经验。2000 年广西武鸣县社区选举中率先进行了居民代表选举方式创新,打破传统的居民小组方式,尝试实现全程性直选。在广西模式经验的基础上,九道湾社区的直接选举进一步要求社区代表的正式候选人要进行选民见面活动、发表演讲。

九道湾社区选举改革中特别强调社区代表会议监督作用的发挥。社区代表会议是代表所有社区成员的利益的权威机构,社区代表会议每月召开一次例会反映民意,年底开会评议居委会工作,从德、能、勤、纪等方面对居委会成员进行综合考核。社区代表会议对居委会工作进行民主监督,提出质疑和批评,并有权对工作严重不称职的居委会成员提出罢免建议。当选的居委会委员在对记者谈起直选后的最大感受是,体味到前所未有的责任感,工作要处处为老百姓利益着想,因为要不辜负选民们的信任,因为社区代表

---

① 周鸿陵,张民巍. 居民怎样拿选票圈点社区当家人. 社区,2002(9):7 - 9.
② 董月玲,吴强. 九道湾居委会直选之后. 社区,2005(10):7 - 10.
③ 李凡. 中国城市社区直接选举改革. 西安:西北大学出版社,2003:413.

会议的代表在"看"着他们。[①]

九道湾社区直选改革后的第一年,社区代表和部分群众在北新桥街道办事处投票通过了《九道湾自治章程》。该章程草案酝酿达两个月,最终得到居民代表会议的通过,这意味着九道湾社区民主自治翻开了新的一页。该自治章程包括社区选举制度、成员会议制度、社区财务制度、公共决策制度、岗位责任制等等具体规定,涉及社区建设的几乎全部内容。该章程切实地将监督权移交给社区代表,规定社区代表拥有对居委会成员的罢免权。章程确定和完善了社区成员会议、社区成员代表会议、社区居民委员会的工作机制,创新了社区管理体制。《九道湾社区自治章程》是以民主选举为基础,真正实现了社区民主自治,提出了更具体的解决方案运用于民主决策、民主监督和民主管理中。九道湾社区的权力制约和监督机制的初步形成,有效保证了直选后社区自治组织的规范的良性运作。[②]《九道湾社区自治章程》草案的起草者是北京新民教育研究中心的研究人员。[③] 新民教育研究中心在九道湾社区首次直选后花近三个月的时间对社区自治机构进行跟踪研究,聚焦九道湾社区在自治过程中民主决策、民主监督和社区代表评议方面探索的具体情况,总结社区居民直选对社区建设的影响和作用,从而推动社区自治组织的良性运作。

居民代表会议不是九道湾社区的独创,但依据社区自治章程,居民代表真正实现其对居委会享有监督和弹劾的权利,推动直选

[①] 刘芯邑.直击九道湾"直选".民生周刊,2012(22):12-13.

[②] 朱鹰.北京首个居民自定自治章程表决　居委会主任旁听.北京青年报,2011-08-15(8).

[③] 王巍.北京首个自治社区周年　专家点拨九道湾自治章程.北京信报,2003-08-18(5).

后的社区居委会良性运作,夯实社区选举改革成果,九道湾社区在全国城市基层民主建设中率先迈开坚实的一步。据课题组的调研,在 2006 年、2009 年、2012 年、2015 年的四届社区选举中,直选新一届居委会通过直选产生的同时,社区代表会议的代表也均是以直选方式产生。居民代表会议更好地保证直接选举后社区自治组织的持续规范的运作。

(三) 创新维护投票秩序等

北京九道湾社区积极创新城市社区直选工作机制,主要体现在创新维护投票秩序、保障外来务工人口的民主选举权利等。

第一,创新维护投票秩序[①]

投票是选举进程中的核心环节,是选民行使选举权的主要形式,具有法律严格、程序规范、技术性强的特点。[②] 因此,应重视投票秩序的维护,规范投票程序的各个环节,以确保居民选举权的真正实现。北京九道湾社区主要通过两项创新性措施来维护投票秩序。

一是在投票日停止竞选活动。直接选举是差额的直接选举,差额选举会造成竞选局面。竞选会提升社区选民的参与热情,也能使竞争各方慢慢熟悉和掌握一些有效的竞争方式。竞选要遵循竞争选举原则。民政部的《社区居民委员会直接选举规程》中倡议的社区直接选举遵循的八大原则之一是竞争选举原则。[③] 候选人可以采取自我介绍、积极承诺等多样化方式赢得居民信任与选票,但必须在宪法和相关法律允许的范围内进行。发表竞职演说、相互竞争等竞选活动是遵循竞争选举原则的具体表现之一。

① 李凡. 社区直选:值得关注的基层民主现象. 中国社会报,2002 - 08 - 31(2).
② 白钢主编. 直接选举:制度与过程. 北京:中国社会科学出版社,1999:101.
③ 詹成付主编. 社区居委会选举工作进展报告. 北京:中国社会出版社,2006:34.

　　九道湾社区直选试点改革中率先将竞选活动安排在投票日的前3天(之前)进行,投票当日停止一切竞选活动以维护投票会场秩序。这意味着,竞选活动安排3天时间让候选人与选民之间进行相互沟通交流。选民们能充分地了解候选人,候选人也能更好地表达自己的意愿。这不仅有助于维护投票秩序,还有助于激发选民们的积极性。九道湾社区选举委员会在正式投票前组织两次见面会,候选人与选民面对面交流,并举行竞选演说。在选举辩论期间有选民的提问和候选人答辩环节。竞选辩论气氛热烈,选民们积极参与。[1]

　　在此之前在中国农村和城市举行的选举中,竞选辩论大多安排在投票日进行,即在投票前安排候选人向选民进行竞选演说。这往往导致竞选演说及紧随其后的选民提问两个环节均显匆忙,使得选民无法真正了解候选人,从而导致居民投票的盲目性和投票现场的秩序混乱。在投票当日停止一切竞选活动,给候选人和选民留出3天的时间相互接触与交流,增进选民与候选人的相互了解,这有利于维护投票秩序,推动选举竞争,有利于选出真正符合选民意愿的社区居委会成员。总之,九道湾社区通过投票日停止竞选活动创新性维护投票现场的秩序,在全国城市社区直选改革中起到了很好的启发与示范作用。民政部的《社区居民委员会直接选举规程》第6章第29条要求候选人在正式选举前7日内展开竞选活动。[2] 该要求的提出显然是对北京九道湾社区直选试点的创新性探索的肯定,并进一步将竞选活动在正式选举前进行的时间上从3天延长为7天,给予更充分的时间。

---

① 孙亚菲.北京的一场"民主演练".新闻周刊,2002(25).
② 詹成付主编.社区居委会选举工作进展报告.北京:中国社会出版社,2006:39.

二是在投票日不通过选务人员名单。

《社区居民委员会直接选举规程》中没有计票人和监票人产生等具体规定。从目前部分省份相关规定来看：计票人和监票人的产生有三种方式：一是选举大会当场推选；二是居民代表会议讨论决定；三是选举委员会确定。投票当日到场的全体选民在选举大会上"鼓掌"通过对总监票人和总计票人等选务人员的任命，是中国的基层选举中传统的颇为形式化的做法。

九道湾直选力求革新，扬弃了该传统，具体做法是：选举委员会提前2天公布总监票人和总计票人等选务人员的名单，给予选民充分的审议与建议时间。在投票日不通过选务人员名单而是提前公布，不仅在选举程序上更显民主，而且可以让投票日只进行投票活动，有助于避免投票现场的混乱，很好地维护了投票秩序。经本课题组调研，当前城市社区直选主要模式中，广西的做法是社区居民代表大会讨论推选产生计票人和监票人，选民大会上公布名单，公布时间有的社区定在投票日，有的社区定在投票前一日，没有统一规定选务人员公布的时间。盐田模式仍是在投票当日确定选务工作人员传统的做法。特别需要提到的是，宁波模式中在海曙社区直选试点阶段，借鉴了北京九道湾直选经验，在正式投票日前几天居民代表会议上推选出计票人和监票人并发布公告。选民大会不在投票日举行，保证投票日活动的专属性。这些做法不仅维持了投票秩序，而且给予选民充分投票时间。投票时间可以从早6点开始。[1] 2010年宁波民政局制定《宁波市社区居民委员会直接选举规程（试行）》，该规程的第6章第24条明确要求：社区居民选举委员会应当在选举日3日前张榜公布总监票人、监票人、总计

---

[1] 许义平,何晓玲.现代社区制度实证研究.北京:中国社会出版社,2008:116.

票人等选务人员名单。① 将选务人员名单公布时间定在选举日 3
天前,比北京九道湾社区提前了 1 天,选民有更充裕的审议时间。
(具体见表 3)可见,北京九道湾社区在维护投票秩序的探索性做法
影响了其他城市,并得到了进一步的完善。

表3 主要直选模式中关于选务人员产生和通过的规定

	居委会选举办法、规程、文件
北京九道湾社区	社区选举委员会提名监票人、计票人等名单,经选举大会讨论通过。正式候选人应回避。 (规程) 提前 2 天由选举委员会将总监票人和总计票人等名单公布出来。 (直选方案)
广西	社区居民代表会议讨论推选具有一定选举业务知识、公道正派的居民担任监票员、计票员、唱票员。 (直选工作规范)
浙江宁波	社区居民选举委员会在选举日三日前确定监票人、计票人和其他选举工作人员,并公告。 (试行规程) 社区成员代表会议讨论通过监票人、计票人等选务人员名单,由社区选举委员会在正式投票 3 天前公示。 (直选规程)
广东盐田	计票员、监票人、唱票人等选务人员经居民代表会议讨论表决通过,并由社区选委会在选举大会上宣布。(2016 选举规程指引) (投票当日)确定工作人员。提名、推选监票、唱票、计票。正式候选人及其配偶、直系亲属应回避不得做此项工作。 (2014 选举方案)
其他	监票人、计票人等由社区选举委员会确定。 (上海 暂行规定) 选举委员会提名,选举大会通过,候选人回避。(沈阳 实施细则)

资料来源:各省民政部门网站颁布的居委会选举的“办法”“规程”或“方案”等。史卫民,郭巍青等.中国社区居民委员会选举研究,中国社会科学出版社,2009 年版;李凡.中国城市社区直接选举改革,西北大学出版社,2003 年版;许义平,何晓玲.现代社区制度实证研究,中国社会出版社,2008 年版;中共广西壮族自治区委员会组织部、广西壮族自治区民政厅.阳光选举 和谐换届,广西大学出版社,2011 年版.广东省村(居)民委员会换届选举规程指引,中山大学出版社,2017 年版。

---

① 邵建鸣主编.宁波年鉴 2011.北京:中国书局,2016:147.

第二,保障外地人口的民主选举权

2002 年九道湾社区第一届直选方案明确指出,年满 18 周岁的社区常住居民(一年以上)享有选举权和被选举权。这意味着在社区居住一年以上的外地务工人员拥有与本地居民同等的选举权。只要本人申请登记,就可以在社区选举委员会确认后参与选举,这是全国城市社区直选方案中最早的规定。这会有助于消除外来人口在社区自治进程中可能面临的歧视,实现户籍与选民的分离。[①]特别需要指出的是,九道湾社区居民通过直选方式产生新一届居委会的同时还产生了社区代表会议的社区代表。在社区选举委员会发布的关于社区自治组织正式候选人产生办法的文件中还规定了居民代表会议的正式候选人的人数以及外来人口代表数 26 名,其中外来人口代表正式候选人 2 人。九道湾社区首次直选中两名外地务工者顺利当选为社区会议代表。[②]

九道湾社区直选中注重保障外来人口的民主选举与参与社区管理的权利,这为北京市以及全国其他城市起到很好的示范和引领作用。外来人口在社区各项事务中的合法权利如选举权、被选举权、参与权等,得到越来越多的尊重,并成为城市社区直选改革进程中发展趋势,这为打破长久以来城乡二元体制下的城市居民和农村居民的划分界限,并从根本上保障公民参与政治、参与社会管理权利的实现夯实了基础。

之后的 2003 年宁波海曙区、2005 年深圳盐田在全区推行居委会直选中对选民资格认定上学习了九道湾社区直选的经验,采取宽松的方案,积极引导农民工主动参加选民登记。(详见表 4)民政

① 王义.中国城市社区居民政治参与的特点.攀登,2003(3):38-41.
② 邹阳辉.社会主义民主的新亮点——北京东城区九道湾社区直接选举的前前后后.人权,2002(5):22-26.

部拟制的《社区居民委员会直接选举规程》第 3 章第 13 条：户籍不在本社区但选举前居住在本社区一年以上的居民，具备登记资格。2009 年民政部关于做好城市社区换届选举工作的通告中有规定：对在本社区居住一年以上的外来务工者中有意愿参加本社区居委会选举的，都应在本社区选举委员会同意下进行登记。① 无疑民政部出台的这些规定和要求，是对北京九道湾社区直选进程中创新性探索的肯定。

表 4　主要直选模式中关于外来人员选民登记的规定

	居委会选举办法、规程、文件
北京九道湾社区	户口所在地与居住地不一致，但在居住地居住一年以上的居民具备选民登记资格，在居住地的社区选举委员会登记。　（规程） 年满 18 周岁的常住一年及以上的居民享有选举权。　（选举方案）
广西	对居住在本社区一年以上的外来务工者，经社区选举委员会同意下予以登记。　（实施意见）
浙江宁波	户籍不在本市，在本社区居住一年以上的户籍不在本市的居民具备选民登记资格，提出申请经居民代表会议同意后参加选举。户籍和居住地不在本社区的社区专职工作者、驻社区单位代表等规定略。　（试行规程） 在本社区居住一年以上的非本市居民具备选民登记资格。　（直选规程）
广东盐田	户籍不在本社区，在本社区居住满一年以上，自愿申请，在社区选举委员会同意下享有参选权。　（选举规程指引） 在本社区居住一年以上的非本地户籍居民，提供未参加户籍所在地居（村）民委员会选举的相关书面证明，在居民选举委员会同意后登记。　（方案）

① 基层政权和社区建设司.民政部关于切实做好城市社区居民委员会换届选举工作的通知.（2009 - 02 - 06）http://www.mca.gov.cn/article/xw/tzgg/200902/20090215026382.shtml.

续　表

居委会选举办法、规程、文件	
其他	居住一年以上的有暂住证的外来人口,有原户口地的身份证明,可要求登记参选。　　　　　　　　　　　（上海　规则） 居住在本社区一年以上的有意愿参加居委会选举的外来人员,经社区选举委员会同意后可以进行选民登记。　　（沈阳　实施细则）

资料来源:各省民政部门网站颁布的居委会选举的"办法""规程"或"方案"等。史卫民,郭巍青等.中国社区居民委员会选举研究,中国社会科学出版社,2009年版;李凡.中国城市社区直接选举改革,西北大学出版社,2003年版;许义平,何晓玲.现代社区制度实证研究,中国社会出版社,2008年版;中共广西壮族自治区委员会组织部,广西壮族自治区民政厅.阳光选举　和谐换届,广西大学出版社,2011年版.广东省村(居)民委员会换届选举规程指引,中山大学出版社,2017年版。

(四) "小巷总理"个人魅力

九道湾社区是北京城市社区自治建设的示范点。当初民政部基层政权、社区建设司和北京新民教育研究中心为什么把如此重要的民主试验项目放在九道湾社区呢? 社区规模适度,外来务工人员不太多,社区居委会人员工作能力强等诸多原因中最重要的是群众基础好。课题小组在对九道湾社区居委会成员进行访谈时,他们多次提到,"我们社区群众基础好!""社区居民他们真的来投票,有的是家人扶着来投票的老人,挺让人感动的"。九道湾社区的群众基础好,是社区直选试点确立和得以维持的重要原因。对于这一说法,九道湾社区居委会成员的看法几乎一致。这是课题组在社区访谈时最深的印象之一。循着他们的语境,课题组尝试探析有利于社区直选的群众基础得以夯实的诸多因素。首要的原因,也是最为重要的原因是"小巷总理"的个人魅力,即连任四届社区居委会主任的曹建军个人的感召力和影响力不容忽视。

2015年初课题组访谈时有多名居民坦言,参加了几次社区居委会选举,是"冲着曹书记去投的。她做了好多工作,真不容易"。

"小曹常来,她很关心我们这些老人。她工作很有热情,印象深的。现在的居委会书记是谁,我都不太清楚,当然我也不关心!"(访谈资料3-L-J)

这位70多岁的姓吕的居民在访谈中如是说,他称呼曹建军为"小曹",言语中流露出的是对曹建军的赞许与想念。

社区居委会同事对曹建军的评价是:

"曹书记,你别看她个儿不高,一米六不到,劲头可足,都不知道她咋有这么大的精力,是真厉害。小区的人她大多都能叫出名来。"(访谈资料4-W-J)

直选前,曹建军曾做过纺织品批发、商场收款员、卖过图书等。1999年,在北京市首批社区事业编制干部招考中,曹建军从北新桥1000多名申请人中脱颖而出,成为32名社区干部之一。2000年曹建军被街道安排到九道湾社区工作,不久担任居委会主任。2002年曹建军参加居委会选举并以1494票当选为居委会主任,是北京市首位直选的社区居委会主任。[①] 2006年、2009年、2012年曹建军都是以高票当选为社区居委会主任,连续四届成为社区当家人。2013年因病辞去社区工作。曹建军始终持着这样的理念:对选民负责也是对上级负责。社区是一个温馨的充满亲情的大家

---

① 徐一龙. 直选社区九道湾. 京华时报,2008-03-06(10).

庭,大家应彼此体谅关心。① 研究居民的心理,关注居民的利益诉求,抓住居民社区生活中的兴奋点与关注点,所有这些是曹建军工作的出发点,也是她工作的动力。② 曹建军走入街巷里了解居民情况,经常召开民主会议,搜集群众建议与需求,帮助解决问题,如为聋哑夫妇找住宿,修建社区老人活动场所等。她常说:"居民就是我的亲人。"曹建军的付出得到了社区居民的高度赞许。曹建军将民主自治摆到一个很重要的位置,努力提供和创造居民参与和管理社区事务的机会。处理很多事情她常要开会以协商方式解决。当第四次被选为居委会主任后,曹建军坦言,社区带头人是荣誉,更是压力和责任,她要认真思量"直选"后的居委会工作。③ 她最迫切的就是要了解刚刚合并过来的老板桥社区居民的想法,由九道湾党委开创的365阳光驿站和"民情日记"能够得到推广让更多的社区居民感到幸福并建立社区归属感。居民是这样描述曹建军:"瘦小,有亲和力,责任心极强,方方面面都考虑得周全。让每个人都说你好,那是不可能的。我们主任能做到这份儿上不容易。"④总之,"小巷总理"曹建军以其对社区群众的满怀关爱、对社区工作的极大热忱、解决社区问题的出众能力等赢得了社区群众的交口赞誉,构筑了九道湾社区选举改革得以成功的群众基础。

　　社区直选的群众基础得以形成的其他因素还有:社区居委会工作机制的创新。2002年九道湾社区创建发展了民情日记工作法,受到上级领导和群众的认可,民情日记工作法逐渐在东城区推

---

① 新时代研究院. 中国社会转型论坛第三期. (2008 - 07 - 14) http://www. southcn. com/news/china/zgkx/200303310545. htm.

② 张美荣,李慧等. 北京首位直选社区主任的十年. 北京社区报,2011 - 01 - 28(8).

③ 刘芯邑. 北京社区直选再启. 民主与法制时报,2012 - 05 - 15(A26).

④ 徐一龙. 直选社区九道湾. 京华时报,2008 - 03 - 06(10).

广。民情日记工作法是九道湾党委首创,它已成为九道湾居委会的日常工作机制。社区以民情日记为依托,开展了以真情服务凝聚民心的"十送"服务,深受居民欢迎。目前九道湾民情日记已延伸走进家庭,广大的居民得到了更好的服务。

目前九道湾社区居委会的工作人员每天要抽出至少 2 小时进户访查,在民情日记里记录下居民们口中的大事,特别是居民对社区建设的意见与需求。在此基础上,他们凝练出居民迫切要解决的事项,通过召集居民会议或联络政府部门等方式协调解决。社区居委会主任在接受记者采访时说,"'民情日记'的意义在于社区工作从管理转向服务的转变。它已从记录民情拓展到胡同式谈话、干群座谈会、社区公共服务联盟等服务社区的新功能"。[①]

目前社区居委会工作小楼二层的靠楼梯口设有一间恳谈室,主要接待居民,这间恳谈室约 6 平方米,有一个小茶几,一个木制沙发,两把椅子。2017 年九道湾社区居委会成员也是在这间恳谈室里接受了课题组成员的访谈。我们在主任办公室等候了近半小时,原因是她们正在恳谈室接待一位居民。在访谈的过程中我们还被打断了近 15 分钟。小区的一对小夫妻因医保定点医院意见不一致,吵到了居委会,丈夫还生气摔了居委会的杯子。接受我们访谈的两位居委会成员马上下楼着手解决,约 20 分钟后事件得到了平息。[②]。学者于燕燕认为:社区居委会从居民沟通开始,实现工作方式的民主化,逐渐减褪居委会的行政色彩,这是社区选举的重要意义之所在。[③] 创新社区居委会的工作机制,不断巩固社区群众基础,是社区直选的成功背后因素之一。

---

① 刘芯邑. 直击九道湾"直选". 民生周刊,2012(22):12 - 13.
② 2015 年课题组在九道湾社区的访谈。
③ 于燕燕. 社区治理的瓶颈如何突破. 人民论云,2016(15):48 - 50.

　　社区直选的群众基础得以形成的因素还有就是社区居民本身（包括居民本人际遇与居民间的交往情况），社区居民的民主参与需求强烈。九道湾社区下岗失业的人员较多，申请和领取低保等都要与社区居委会打交道，他们对社区的依赖程度高。九道湾社区是典型的平房型社区，平房型社区居民间的交往程度要比高楼群里的居民高得多，彼此之间十分熟悉，社区的社会资本较高。居民们关心社区，社区事务往往会成为他们茶余饭后讨论的公共话题。

　　九道湾直选是北京首次进行的城市基层社区民主直接选举，它对其他城市社区民主自治产生巨大的推力作用，被国际媒体评为"中国民主进步"的标志。① 目前北京九道湾社区顺利地完成了6届居委会直选工作，非政府组织的介入、重视社区直选后效、创新社区直选工作机制、"小巷总理"的个人魅力的作用等是九道湾社区直选成功的主要因素，其中非政府组织的深度参与是九道湾直选模式的最大亮点。

第三节　宁波模式

一、宁波模式的形成概述

　　改革开放四十多年来，浙江省从穷困小省跃迁成为富裕之地。浙江省在经济社会文化全面进步的同时，民主政治建设成果突出，

---

① 新时代研究院. 中国社会转型论坛第三期. (2008－07－14) http://www. southcn. com/news/china/zgkx/200303310545. htm.

尤其是在基层民主建设方面,^①社区直选的宁波模式是其中的成果之一。宁波城市社区直选改革始于海曙区。海曙区位于宁波市中心,辖 8 个街道办事处 75 个社区,人口 29.89 万人。海曙区是宁波市的政治、经济、文化中心,其主要经济指标均位居宁波 11 个县(市)区前列。2003 年 3 月,海曙区在联南、平桥和澄浪社区试点居委会直选。社区直选试点顺利完成后,海曙区决定全面实施社区居委会直选,推动基层民主政治建设的制度创新,完善社区治理结构,提高社区工作效率。海曙区历时 8 个月成功地完成了全区 59 个社区居委会的直接选举,共有 167693 名选民参加了选举,参选率达 88.5%,海曙区成为中国首个社区居委会全面实行直选的行政区,^②是我国社区直选取得深入发展的重要标志之一。

在海曙区直选经验的基础上,2007 年底宁波市在所有城市社区居委会实行了直选,将直选的范围扩大到该市 11 个县(市)区的 235 个城市社区,成为中国第一个城市社区全部实现直选的地级市。该届直选中选出 2266 名社区居委会成员,选民参与率 92.6%。^③ 新华社、人民日报、中央电视台、民主与法制报等权威媒体对此进行了报道,有关专家认为此举"是中国基层民主从农村向城市转移的根本标志","这对于扩大城市基层民主,创新社区管理模式,规范城市社区选举程序,推进我国城市基层民主政治建设,有着极其重要的借鉴作用",并被誉为中国城市社区选举的"宁波模式"。^④ 宁波荣膺首届中国(大陆)最具幸福感城市之一,与社区

---

① 房宁.浙江基层民主建设的典型经验.人民论坛,2018(5):110.

② 何伟.宁波海曙:59 个居委会全部直选.人民日报,2003-12-09(6).何晓玲主编.社区建设模式与个案.北京:中国社会出版社,2004:111-113.

③ 卢磊.宁波:开全国社区直选先河.宁波日报,2008-11-1(10).

④ 陈伟光.宁波:城市社区居委会全部直选.人民日报,2008-01-15(10)

直选改革也是息息相关的。①

2010 年 10 月,宁波市第 8 届社区居委会选举工作基本完成。在此次选举中,宁波市首次制定了《宁波市社区居民委员会直接选举规程(试行)》,社区直选的机构设置、选民登记、候选人产生方式、投票选举、委员罢免辞职等内容和程序都有明确规定。本届直接选举有 330 个社区,占换届社区总数 76.7%。直选居委会的社区数量比上一届增加了 95 个,增幅 40%,外来务工选民为 12823人,2553 名社区居委会成员当选。新的社区居委会成员在其代表的广泛性、文化水平、年龄结构等方面较上届更为合理。②

2013 年 9 月,宁波市第 9 届社区居委会选举工作顺利完成。全市 506 个应换届的社区居委会,除 14 个因社区拆迁安置等特殊原因延期换届外,其余全部完成换届选举并实现一次选举成功。该市 492 个换届社区中,采用全体居民直接投票选举产生居委会的社区达到 418 个,占换届社区的 85%,直选社区数量比上届增加了 88 个,社区居委会直选覆盖面扩大。此届选举中全市共登记1391267 名选民,比上届增加 7.7%;参加投票的选民 1157173 名,参选率 91.3%;共选出社区居委会成员 2852 名。本届社区"两委"成员交叉任职比例进一步提高,高学历成员人数增加,社区居委会成员属地化率明显提高等。本届在 157 个社区探索建立了选举观察员制度,聘请居住在本社区的各级党代表、人大代表、政协委员、

---

① 童俊. 浙江首个直选的小巷"总理"5 岁了. (2008 - 10 - 30) http://zjnews. zjol. com. cn/05zjnews/system/2008/10/30/010085325_04. shtml.

② 宁波市民政局. 我市第八届社区居委会换届选举工作基本结束. (2010 - 11 - 03) ttp://www. gtog. ningbo. gov. cn.

离退休老同志等担任选举观察员。① 10月宁波市开始推行"一委一居一中心"的社区服务管理体制,加强社区党组织建设,加强社区居委会建设,加强社区便民服务中心建设,进一步提高全市社区居委会直选率。②

2017年1月,宁波市启动社区居委会选举工作。2月27日作为省、市社区换届选举试点单位的文教街道7个社区率先完成居委会选举工作。试点社区选举的最大亮点是引入"三项承诺",即公开竞职、创业、辞职。③ 在选举试点经验交流与总结的基础上,3月17日宁波市全面推进社区居委会选举改革,并从班子成员、未来发展、运行机制、选举风气四个方面制定工作目标。6月宁波市555个社区居委会顺利完成换届,进一步完善了选举方式,520个社区实施直选,直接选举率为93.6%。选民参与度扩大。社区书记主任"一肩挑"比例、党员社区居委会主任比例、大专以上学历社区居委会成员比例提高,社区居委会班子进一步优化,基本实现了所拟定的工作目标。④

二、宁波模式的主要内容

从海曙区联南、澄浪等社区进行社区居委会直选试点至今,宁波社区直选历时十年,共有四届社区居委会成员通过直选产生。在十年的社区直选试点、启动和推广进程中,城市社区直选的"宁

① 宁波市民政局. 我市第九届社区居委会换届选举工作顺利结束. (2013 - 09 - 22) http://www. nbmz. gov. cn.
② 滕华,邓天武. 宁波市社区建设将推行"一委一居一中心". (2013 - 01 - 23)http://news. cnnb. com. cn/system/2013/01/23/007607752. shtml.
③ 徐欣. 文教街道7个社区完成换届选举. (2017 - 02 - 27)http://http://news. cnnb. com. cn/system/2017/02/27/008605938. shtml.
④ 王佳;甬珉宣. 选好"当家人"找准"带头人". 宁波日报,2017 - 06 - 05(A12).

波模式"在实践中逐渐形成,应全面审析和总结作为全国第一个全面实施城市社区直接选举的宝贵经验。宁波直选模式的主要内容有:

(一)选聘分离体制

所谓"选聘分离",是一种实现社区居委会的"选"和全职社工的"聘"进行分离的体制。在社区党组织的领导下和社区成员代表大会的监督下,选聘分离体制把社区居委会的产生和社区工作者的就业区分开来。[1] 依据选聘分离体制,居委会成员由本社区成员组成,由社区居民差额直接选举产生。居民对社区居委会候选人拥有完全提名权,摈弃街道指定、推荐等传统方式。居委会成员(除主任外)兼职工作,无薪酬,不从事行政性工作,主要利用休息日处理本社区公共事务、接待社区居民的来访等。委员们对社区重要事件进行协商讨论,代表社区民意进行决策。民主选举的社区居委会设有办公室,办公室里的专职社工由社区居委会聘用,聘用费用属于公共财政支出。社区工作者主要承担政府指定的公共管理服务事项和居委会交办的自治性工作。

2003年,宁波市海曙区率先在全区居民委员会直选中实行"选聘分离"制度,2007年"选聘分离"制度在宁波所有城市社区推行。2003年前宁波社区都是靠街道招聘的人对社区进行管理,即街聘民选。街道办事处从社会招聘人员并推荐参加社区选举,作为居委会的候选人。候选人当选后即与街道办事处签订聘用合同,这是当时全国各大城市社区管理的主要做法。聘用人员当选为社区

---

① 胡文木.合作主义视角下的社区共治——以宁波市为例.人民论坛,2012(10):24-27.

居委会成员,实施"选聘结合"。街聘民选体制最早在上海实施,是"两级政府、三级管理"的社区管理体制改革的产物,对提高居委会成员的素质和引进人才进入社区工作等方面起到了一定的作用。随着街聘民选体制的运作,问题逐渐凸显。街聘民选体制下社区民主自治的空间逼仄,一是提名及确定候选人缺乏民主。候选人提名权主要在街道办事处,选举中行政干预痕迹重。二是会滞阻社区成员参与社区建设的渠道。街聘民选体制下,街道不予聘用,意味着不具备居委会候选人资格,这会剥夺了一部分没被街道聘用的社区成员参与社区建设的机会。此外,外聘来的社区干部不是真正意义上的自治组织成员,他们候选人资格的合法性受到质疑。[①] 总之,街聘民选体制下,"街道招聘"是实质,"民选"流于形式,许多居民对社区居委会缺少认同感,社区居委会仍有很强的"行政化"趋势。这些是学者们的困惑与担忧。[②]"选聘分离"是对我国城市社区善治探索进程中的成果,是对街聘民选体制的扬弃,主要表现为两个方面:

第一,选聘分离体制从制度层面上深刻地改变传统社区自治组织与政府之间关系的依附性。在启动直选前,宁波市所有城市社区委员会的"三产"都移交给街道,社区没有任何收入。选聘分离体制下的居委会成员没有薪酬,是"义工",主要负责社区大事的讨论和决策等。他们不像直选前的居委会干部往往忙于行政日常事务而无暇于自治工作。选聘分离体制下,居委会成员着眼于为社区居民服务,社区的日常事务由居委会招聘的职业社会工作者来做。[③] 选聘分离体制对社区居委会的实际功能进行了调整,将社

① 许义平.社区直选引发制度之变.中国社会报,2005-05-01(T00).
② 许娓.街道民选还是议行分设.中国社会报,2003-01-08(A12).
③ 卢磊.宁波:开全国社区直选先河.宁波日报,2008-11-1(10)

区居委会从被动的执行者向社会基层治理主体转变，这是社区实现民主自治的基本方向。它从根本上改变了城市社区居委会的运作模式，有效地减轻了居委会成员的工作量，使他们致力于社区自治事务，回归了基层群众性自治组织的应然面貌。[①] 选聘分离的直选体制对一些发达国家的社区自治体制经验有很好的借鉴。如由居民直接选举出来的居委会相当于美国社区管理组织中的社区董事会。美国社区里的事务通常由社区最高权力机构——社区董事会自主管理，市政府可以就某项工作向社区董事会提供政策指导与专业建议，社区董事会对市政府任务没有执行的义务。[②] 此外，"选聘分离"还可以避免在街聘民选体制下聘用人员未当选的尴尬，减少行政干预选举的机会。[③] "选聘分离"将有助于加快社区居民委员会成员属地化建设的进程，建构起社区居民委员会成员"兼职"和定期更换相结合的队伍形态。[④]

　　第二，"选聘分离"体制有效整合社区内各种资源，大力发挥社区治理功能，促进城市基层民主发展，拓展社区民主的生长空间。"选聘分离"体制下的兼职居委会成员不坐班，不承担政府的行政工作，主要利用休息日来讨论或决定社区公共事务。这为在职人员参与社区治理提供机会，社区直选为他们服务社区搭建舞台。以高票当选为联南社区（宁波最早推行直选的社区之一）居委会委员的沈瑞龙坦言，正是选聘分离制度，他才有可能来竞选居委会委员。在第八届社区居委会换届选举中，宁波市澄浪社区选出的委

① 解红晖. 城市社区直选的宁波模式研究. 社会工作，2010(7)：41－44.

② 谢芳. 美国社区. 北京：中国社会出版社，2008：59.

③ 谌详文. 实施"选聘分离"促进基层管理服务改革. 中国社会报，2014－07－23(007).

④ 史卫民，郭巍青等. 中国社区居民委员会选举研究. 北京：中国社会科学出版社，2009：369.

员中有海曙区机关工委副书记1人、教师1人、宁波日报记者1人、银行职员1人、公安局在职干部1人、企业高管3人等。^① 选聘分离体制下选出的社区居委会成员来自于社区里不同的社会阶层，其中有社会精英人物。他们有较强的社会影响力和业务能力，有奉献精神，热心于公益活动和社区事业。社区出现问题时，他们能通过自身资源来帮助解决问题。问题解决后居民给予的尊重，往往成为他们继续为社区作贡献的动力。

"选聘分离"体制可以吸引在职的社区精英参与社区治理，改善社区治理结构，有助于促进社区居委会的良好运作，提高社区自治的质量和水平。选聘分离体制是通过拓宽居民参与社区自治的渠道，创新了社区居委会的运作模式，将不断出现的矛盾化解在基层，推进基层民主政治建设的制度创新。^②

2004年，湖北省宜昌市五家岗区和西陵区着手大力推行社区"选聘分离"的直选与管理新体制。社区组织的重组书写了城市社区管理改革的新篇章。^③ 需要指出的是，这两个区实行的是户代表直接选举，不是严格意义上的社区直选，其所倡导的"选聘分离"体制中"选"的内涵与宁波模式中的"选聘分离"体制中的"选"的内涵不同，其民主程度是不如宁波模式中的"选聘分离"体制。2006年，福建省厦门市思明区嘉莲街道龙山社区直接选举产生的居民委员会负责参与决策社区事务，社区事务工作站负责执行社区居民委员会的决策与社区日常的行政事务。龙山社区选举试点中尤为强

① 傅剑锋.从宁波直选看选聘分离.社区.2004(3):4-6.
② 陈伟东,张大维.实行选聘分离构建新型社区管理体制.当代世界与社会主义,2008(3):139-144.
③ 蔡建国.实行选聘分离构建新型社区管理体制.红旗文稿,2005(3):45-49.

调"议行分设"原则。① 2008 年辽宁省大连市第七届社区居委会换届选举中推行半志愿半招聘的新体制。民主选举产生居委会成员,居委会成员职责是"议事",是义务性工作;社区工作人员由政府公开招聘。② 大连市的半志愿半招聘体制类似"选聘分离"体制,但有重要区别。半志愿半招聘体制下的社区居委会成员由居民代表大会差额选举产生,其产生方式不是居民直接选举方式。2016年,"选聘分离"体制在海宁农村展开了实践与探索。③ "选聘分离"对改革现行农村管理服务体制、提升农村管理服务水平具有较强的现实意义,在海宁的实践中也取得了较好的成效,表明了我国城乡经济社会一体化发展的新形势。

简而言之,"选聘分离"体制通过赋予居委会权力而开辟社区自治的民主空间,社区直接选举的性质发生了根本性改变。它有利于实现从程序民主向实质民主的过渡,对推进城市基层民主政治建设具有重要意义。④

(二) 社工的职业化

社会分工越来越细化和专业化是现代社会的基本特征。社区工作的职业化反映了现代社会发展要求,直接受"选聘分离"体制的推动。"选聘分离"体制中的聘用制度对社区工作者提出职业化要求,社工职业化是"选聘分离"体制应有之义。

---

① 厦门民政局. 千人投票直接选举产生"小巷总理". (2006 - 04 - 23) http://www..sina. com. cn/zt/hcb/hcbtp/200604/t20060423_001244963. shtm.
② 张山. 大连社区换届选举　成员将半数志愿者. 大连晚报,2008 - 03 - 12(2).
③ 中共海宁市委组织部. "选聘分离"体制在海宁农村的实践与探索. (2013 - 01 - 23) http://www. zjdj. com. cn/zt/hcb/hcbtp/201608/t20160825_1870875. shtml.
④ 厉云飞,黄瑞瑞. 选聘分离:我国城市社区治理的体制创新. 宁波大学学报(人文版), 2009(6):94 - 98.

在传统的选聘相结合的社区管理制度下,政府大量的社会化行政事务被分派到社区,社区自治受到严重影响,社区自治与政府管理产生矛盾。在"选聘分离"体制下,居委会代表民意,社区工作者完成居委会指定的自治任务,同时承担政府分配的公共管理事务。政府的公共管理事务在社区有了更科学的安排,得到更好的贯彻实施。通过向社区工作者支付薪酬,政府基本上是通过从社会购买服务来实现政府的基层管理职能。社区工作者的职业化为直接选举后的政府行政与基层自治的直接联系和互动相长提供了重要的制度保障,有助于提高城市社区直选制度的绩效。

宁波社工职业化建设有一个发展的过程,这一发展过程即是城市社区直选推进的过程。它大致分为三个阶段,每个阶段有一些特征:**第一阶段(2002年—2004年)是起始阶段,其特征是局部性和探索性,是全面推行城市社区直选的前期准备。**2002年,宁波海曙区民政局与文明办联合开展社区工作者系统培训。培训分为9期,400多名学员获得《社区工作者专业资格证书》。[①] 2003年11月,海曙区完成了区内59个社区居委会的直接选举,成为中国第一个城市社区居委会全面实施直选的行政区,这是我国城市社区直选取得深入发展的重要标志之一。海曙区规定,直接选举的所有社区工作者获得证书后具备到居委会办公室工作的资格,并出台《海曙区社区专职工作者管理办法(试行)》,规范了社区工作者的就职条件、聘用式、工资标准和竞争机制等。该管理办法的执行旨在建设稳定的职业化社区工作者队伍,为进一步深化海曙区城

---

① 厉云飞,黄瑞瑞.选聘分离:我国城市社区治理的体制创新.宁波大学学报(人文版),2009(6):94-98.

市社区管理体制改革和做好社区居委会换届选举工作奠定良好的基础。为了吸引和储备优秀人才,宁波海曙区还尝试一些针对考核优秀者的社会工作者们的优惠政策,如解决编制等。[①] 该阶段中,明确了社区工作是一种职业,建立职业化社区工作队伍是适应现代社会发展的必然选择,社区工作在社区自治建设中的特殊意义逐步得到重视。这一阶段的特点是局部性和探索性,是全面推行城市社区直选的前期准备。**第二阶段(2005 年—2009 年)是发展阶段,该阶段的特征是全局性和制度性。**宁波市基于海曙区经验,逐步推行全市社区工作的职业化,加强社区专职工作者的管理,建设高素质的社区工作者队伍,助力宁波城市社区全面实施居委会直选。2005 年,宁波市民政局采纳上海市社工职业资格认证制度,通过前期培训和考取享受补贴等办法,提高了社区工作者的参考积极性和考取通过率。[②] 参照上海的做法,宁波市已将社区专职工作者纳入"社会工作师"范畴,这在全国是走在前列的举措。社区是社会的细胞,城乡社区是社会工作就业的重要阵地,社区工作具有社会工作的性质,社区社工成为社会工作人员队伍建设的重点。2006 年,宁波市颁布《宁波市社区专职工作者管理办法(试行)》(甬党办[2006]45 号),对专职社工的基本职责、人员聘用、考核激励等进行了规范,并要求民政局统一专职社工招录办法,公开招聘,严格遵循公开公平竞争的原则。[③] 2007 年宁波市建立了统一的社区专职工作者职务等级工资制度,实行财政保障,稳定专职社工队伍。2007 年底,宁波在所有城市社区居委会施行直接选举

---

① 傅剑锋.宁波市海曙区社区专职工作者管理办法(试行).社区,2005(2):4-6.
② 刘华宁.宁波社区直选:候选人允许"拉选票".21 世纪经济报道,2008-01-10(4).
③ 市委办公厅,市政府办公厅.关于《宁波市社区专职工作者管理办法(试行)》通知".宁波日报,2006-11-20(1).

并顺利完成,成为全国第一个实现全部直选产生城市社区居委会的城市。2008年,宁波市民政局发布关于加强社区社会工作者队伍建设的相关文件(甬民发[2008]69号),[①]为进一步推进社区自治建设夯实了基础。总之,社区专职工作者建设在全市范围内展开,构建了较为完备的社区工作制度体系,从招录、评估、薪酬等多方面加强社区专职社工队伍建设,这一阶段的特征是全局性和制度性。正是在该阶段,宁波市在所有城市社区居委会实施了直接选举并成功完成。

第三阶段(2009年—至今)是成熟阶段,该阶段的特征是稳步性与治理性。宁波市社工职业化建设稳步推进。党的十八届三中全会提出,要把推进社会治理体系和治理能力现代化作为全面深化改革的总目标,推进社会治理体系和治理能力现代化建设的立点在基层。宁波市强调从基层社会治理能力的角度来提升社区社会工作专业水平,培育社区社会工作项目,突出项目的专业性,加强项目的创新,加大项目的推广力度。2018年3月16日,宁波市社会工作协会正式成立,标志着该市的社会工作事业、社工人才队伍建设稳步推进,进入一个新的阶段。[②]

为建立职业化的社会工作者,宁波借鉴了上海的经验。2003年3月,上海市人事局和民政局联合制定的《上海市社会工作者职业资格认证暂行办法》,是国内各省市出台的第一个有关社会工作者职业制度的文件。[③] 宁波市借鉴上海经验,同时赋予社区职业化

---

① 市民政局.关于加强社区社会工作人才队伍建设 推进社区社会工作的意见.宁波日报,2008-12-18(1).

② 宁波市民政局.宁波市社会工作十年发展报告.(2016-11-06)http://mzzt.mca. gov.cn/article/sggzzsn/jlcl/201611/20161100887291.shtml.

③ 上海市民政局等.中国民政,2003(6):14-16.

更多直选意义。"选聘分离"体制下的社工职业化和专业化,有助于提高社区服务效率。直接选举后居民对居委会的评价得到全面提升,激发了居民参与社区自治的热情。[①]

(三) 公民社会组织的发育

公民社会组织是独立于政治国家的民间公共领域,其主体是形式各样的民间组织,是民主制度的社会根基。[②] 公民社会组织发育的社区有较高的社会资本,社会资本是民主制度运作的关键因素。[③]

自 1999 年青岛直选作为起步,全国范围内逐渐开展社区居委会直接选举和社区制度改革。社区选举的高成本往往成为制约社区居委会直接选举改革进一步推进的瓶颈。民间社会组织的发展将提高社区的自组织程度;社区的合作规范会有助于提升社区社会资本和居民公民意识。社区居民在信任与合作的基础上,最终走出"集体行动的困境",积极参与社区直选,认真对待社区选举,大大降低了宣传费用等前期直选成本。澄浪社区和柴东社区分别是宁波市和武汉市社区直选改革进程的试点社区和示范社区。相关调研结果显示,宁波海曙区百丈街道澄浪社区居委会直接选举成本为 9400 元,而武汉市柴东社区居委会直选成本为 80666 元,近 9 倍。澄浪社区共有 12 个文化体育和艺术团体,成员 151 人;除此之外,澄浪社区还有 27 人的高血压俱乐部和 778 名成员的"红帽子"志愿者协会。这些社群组织和负责人的产生并不依赖于居委

---

① 许义平,何晓玲. 现代社区制度实证研究. 北京:中国社会出版社,2008:93.

② 张勤. 中国公民社会组织发展研究. 北京:人民出版社,2008:2.

③ 解红晖. 城市社区直选制度绩效影响因子探究. 宁波大学学报(社科版),2014(5):96-101.

会,他们自主开展活动,活动经费大多自行筹集,社群组织的独立性较强。柴东社区有 2 个社群组织,总计 32 人:一个是腰鼓队,12 名成员;一个是志愿者服务团队,有 20 名成员。社区居委会常安排腰鼓队的活动,并提供经费,社群组织的独立性较弱。综合两个典型社区社群组织的量、质、公共精神等方面得出结论:宁波社区的自组织度高,社区的公共精神高于柴东社区。① 本课题组调研的宁波市海曙区鼓楼文昌社区居委会直选成本约为 1.5 万元,社区有 8 个文化体育和艺术团体,共有成员 122 人,还有一个 17 名成员的计生协会和一个 180 名成员的志愿者协会。

要真正将民主的直选制度建立和运转起来,社区建设必须以现代公民社会的发展为基础。据民政局统计,在全面启动城市社区直选前,宁波市有 1748 个社区民间性组织,包括学习、服务、文体、安全和公益志愿等多个种类,参与社区民间组织活动的有 50 万人。在社区的社会、经济和文化等活动参与中,他们发挥才能,促进社区服务和自治水平的提高。② 在市政府的推动和指导下,宁波市社区民间组织建设取得很大的进展。2006 年,全市 50％的登记管理机构建立了民间组织管理数据库,65％社区民间组织建设达到"布局合理、功能齐备、活动正常"的要求。自 2007 年始宁波市以争先创建"十好百佳"活动为契机进一步创新社区社会组织,活动两年一届,目前举办了五届。宁波市共有 174 家社区社会组织被授予市级"十好百佳"荣誉称号。③ 通过系列的创建活动,大力

---

① 陈伟东等.社区自组织与直选成本——以武汉市柴东社区和宁波市澄浪社区为个案.当代世界社会主义问题,2005(2):11-18.

② 陈志卫.宁波民间组织成为社会发展的和谐细胞.宁波通讯,2006(10):22-23.

③ 民政部.宁波"十好百佳"创建活动力促社区社会组织健康发.(2011-09-09).http://www.mca.gov.cn.

培育组织健全、制度规范、功能完善的社区社会组织,宁波市社区社会组织的整体水平得到提高。2010 年,全市 100％的登记管理机构建立管理软件和数据库。民间组织登记和管理具备"数字化"特征,年度审查电子化,工作效率得到提高。通过建立服务民间组织的专门机构,逐步与国际管理模式相接轨。[①] 2018 年我市街道(乡镇)级社会组织服务中心建成率达 45％以上,通过多种措施有效提高社区服务群众的水平。[②] 无疑,宁波市公民社会组织的发展、社区社会资本的增加,是宁波城市社区直选模式的形成和顺利运作的重要基础性条件。

(四) 创新候选人产生方式等

宁波在城市社区直选工作机制的创新主要体现在初步候选人产生方式、候选人资格认定、选民资格认定、设置半透明投票箱等。

第一,创新初步候选人产生方式

广西在社区选举改革中率先尝试初步候选人由居民一人一票直接选举产生,充分反映居民的意愿,彰显初步候选人产生环节的民主原则。选民直接提名候选人和选民联名是广西模式中初步候选人产生的两种主要方式。宁波借鉴广西模式经验但有所不同。

宁波直接选举中初步候选人的产生方式是自我推荐加选民推荐方式,即是候选人自愿报名并得到 10 名选民的共同支持。该提

---

① 国家民间组织管理局. 浙江宁波充分发挥民间组织　积极构建和谐社会. (2011 - 03 - 12). http://www. chinanpo. gov. cn/web.

② 龚哲明,史思琪. 宁波每个城市社区有 15 个以上社会组织. 宁波日报,2018 - 07 - 18 (10).

名方式已成为宁波市社区直选模式的文件性规定。在初步候选人提名方式上加入"本人报名",强化了初步候选人产生环节上的自愿性和主动性原则,凸显候选人资格认定的软条件。居委会候选人应能热心为居民服务、主动参与社区事务、愿意为社区建设做贡献。在初步候选人产生方式上,宁波借鉴广西模式经验但有所不同,广西模式强调了初步候选人产生环节的民主原则,同时引发对于选民直接推荐产生候选人是农村海选方式拿来主义的产物能否适应城市社区的思考。宁波模式努力实现了民主性与主动性相结合。在民主性与主动性原则的基础上,宁波进行严格的候选人资格审查,通过区县(市)纪检监察、组织、政法等多个部门的联审,把好社区居委会成员的"入口关"①。

第二,宁波在候选人资格认定条件上采取较为宽松的方案

选民具有选举权和被选举权,这意味着所有候选人都必定是选民。但是,候选人是由选民选举产生,因此,候选人不等同于选民,两者之间存在着差异,主要表现为候选人的资格要比选民资格要高。宪法规定,居民委员会是基层群众性自治组织,其主要职责是办理本居住地区的公共事务和公益事业,调解纠纷,协助维护社会秩序,反映人民群众的意见、要求和建议。② 因此当选为居民委员会成员,胜任岗位职责的候选人需要具备一定的资格或条件。适当提高被选举权的资格,使候选人的资格比选民资格更加严格,这对于完善中国社区直选制度具有重要意义。一是可以提高候选人的素质;其次,它可以反映出被选举权的神圣性,从而增加选民对候选人的关注度。候选人资格或条件,目前全国没

---

① 黄合,勇祖轩. 宁波市完成村(社区)组织换届试点. 宁波日报,2017-03-22(A2).
② 全国人民代表大会. 中华人民共和国城市居民委员会组织法. (2019-01-07) http://www.npc.gov.cn/n pc/xinwen/2019-01/07/content_2070251.htm.

有统一规定,各地有不同的做法和要求,但大体上包括两方面:软条件和硬条件。软条件主要针对候选人的态度、意识、行为方式等,如《居委会组织法》对居民委员会成员提出的要求,即属于软条件。《居委会组织法》对居民委员会成员提出了要求(见第 12条),可分三部分:首先,遵守宪法、法律、法规和国家政策;第二,办事公道;第三,热心为居民服务。民政部的《社区居民委员会直接选举规程》第 17 条规定:候选人应能认真落实国家的法律、法规和国家政策,热心公益事业,有奉献精神,对居民自治有引领带头作用。① 直接选举规程中对居民委员会成员候选人的要求与《居委会组织法》中的规定相近。这些都属于候选人资格认定的软条件的内容,目前城市社区直选的主要模式中都有相近的规定或要求。

候选人资格认定的硬条件,主要指可以量化的指标如年龄、学历、居住地等,也是在社区直选实践中最常涉及和关注的问题。宁波对候选人的年龄和学历采取了更为宽松的方案。(1)候选人的年龄限制。中国公民选举权与被选举权的年龄资格是 18 周岁,意指候选人的最低年龄是 18 周岁。城市社区直选中候选人的年龄限制主要针对的是最高年龄限制。在城市社区直选主要模式中,盐田模式中要求候选人一般不超过 60 岁,这也是整个广东省的要求。北京九道湾社区首次直选的候选人不超过 55 岁,但目前的要求是候选人须取得社区专职工作者资格证书,②而社区专职工作者报考的年龄条件是 45 周岁以下,这意味着北京城市社区居委候选人一般不超过 45 岁。广西社区选举的相关文件中对候选人最高

---

① 詹成付主编.社区居委会选举工作进展报告.北京:中国社会出版社,2006:37.
② 北京东城区公开招聘系统.2017 年北京东城区招聘社区工作者 596 人报考条件[EB/OL].(2017－05－17)http://shequ.offcn.com/2017/bktj_0517/9945.html.

年龄没有设定限制,但在实际运作中是设有候选人最高年龄限制。社区党组织书记往往是"一肩挑",同时担任社区居委会主任。社区党组织书记是干部编制,这意指着社区居委会主任年龄设置应用了党政干部的条件。除居委会主任外,广西居民委员会其他成员要具备社区专职工作者的招聘条件。[①] 另外,吉林、重庆对候选人年龄提出明确要求,分别限制在 60 岁、50 岁以下。沈阳则是对候选人年龄要求较为含糊。[②] 宁波城市社区直选实践中对候选人最高年龄没有设定限制。(2)候选人的学历限制。深圳盐田模式、广西模式中要求候选人应具有高中以上学历。九道湾模式中要求候选人具有高中学历。宁波模式中对居委会候选人的学历没有在程序上设定限制,采取的是较为宽松的政策,主要基于两点考量:一是社区建设的衔接性。在社区选举改革实践中,社区改组后的一部分前委员会成员成为候选人。他们年龄较大,学历不高,但他们经验丰富,在社区颇受欢迎。显然过于严苛的年龄学历条件会将这部分人从社区居委会候选人中排除出去,不利于社区工作的开展和衔接。二,扩大参与主体。采取稍宽松的报名条件,扩大候选人范围,提高社区选民的积极性。[③]《居委会组织法》中对社区居委会候选人学历条件没有明确规定,第 8 条中对候选人法定条件有原则规定,即年满 18 周岁的本居住区居民,都有选举权和被选举权,不因民族、种族、性别、宗教信仰、教育程度、财产状况、居

① 中共广西壮族自治区委员会组织部,广西壮族自治区民政厅. 阳光选举 和谐换届. 南宁:广西大学出版社,2011:71.
② 史卫民,郭巍青等. 中国社区居民委员会选举研究. 北京:中国社会科学出版社,2009:175.
③ 许义平,何晓玲. 现代社区制度实证研究. 北京:中国社会出版社,2008:112.

住期限等不同而有不同的要求,但依据法律被剥夺政治权利的除外。① 对候选人提出法外条件,初衷在于保证候选人的质量,但同时也意味着一部分选民的被选举权可能被剥夺,损害了公民的基本政治权利。社区居委会是基层群众性自治组织,对候选人年龄和学历不应有太多法外的限制性规定。② 它同政府机关等其他行政组织(党政干部的应用条例的规定)有着性质的不同,不应把行政机关和其他组织的任职条件简单复制应用到社区居委会。社区居委会成员具备什么条件,应由社区居民自己决定。当然,具备了候选人资格并非意味着成为候选人,还要经过特定的法定程序。总体上,从中国社区的实际情况和法治的角度看,今后应将年龄条件和学历条件逐渐放宽。③ 宁波模式在候选人年龄和学历宽松方案的做法,应是当前环境下的最佳选择。(见表5)

表5 主要社区直选模式中关于候选人学历、年龄等规定

	《居委会组织法》实施办法、居委会选举办法、规程、文件
北京九道湾社区	公开招聘的社区工作者在取得社区专职工作者资格证书后,通过选举可担任居委会主任、副主任和委员。 (通知) 不超过55岁,具有高中或相当高中(中专、中技)学历。 (方案)
广西	一般应有高中以上学历。候选人之间有夫妻、父母子女、兄弟姐妹关系不得竞选同一社区"两委"职位。 (通知)
浙江宁波	候选人提名,应当从全体居民利益出发,推荐具有一定文化水平和工作能力的居民为候选人。 (选举规程) 社区居民委员会成员候选人从登记的选民中产生。 (直选规程)

① 全国人民代表大会. 中华人民共和国城市居民委员会组织法. (2019-01-07) http://www.npc.gov.cn/n pc/xinwen/2019-01/07/content_2070251.htm.
② 詹成付主编. 社区居委会选举工作进展报告. 北京:中国社会出版社,2006:24.
③ 李凡. 中国城市社区直接选举改革. 西安:西北大学出版社,2003:307.

续　表

《居委会组织法》实施办法、居委会选举办法、规程、文件	
广东盐田	一般不超过 60 岁,高中以上学历。　　　　　　　　　（选举规程指引） 居委会成员候选人条件按省市区居委会选举工作相关文件执行。 　　　　　　　　　　　　　　　　　　　　　　　（2014　方案）

资料来源:各省民政部门网站颁布的居委会选举的"办法""规程"或"方案"等。史卫民、郭巍青等. 中国社区居民委员会选举研究,中国社会科学出版社,2009 年版;李凡. 中国城市社区直接选举改革,西北大学出版社,2003 年版;许义平,何晓玲. 现代社区制度实证研究,中国社会出版社,2008 年版;中共广西壮族自治区委员会组织部,广西壮族自治区民政府. 阳光选举　和谐换届,广西大学出版社,2011 年版. 广东省村(居)民委员会换届选举规程指引,中山大学出版社,2017 年版。

第三,选民资格认定上尝试更为宽松的方案

在确定选民资格环节上,宁波在中国城市社区直选模式形成中尝试了更为宽松的设计。只要年满 18 周岁(依法被剥夺政治权利的人除外),在本社区居住半年以上的居民(包括外来务工者)都享有选举权。本人要求参加,在社区选举委员会确认后进行登记。与九道湾模式相比,该方案进一步强调了社区管理的广泛民主参与,重视确保外来务工者(特别是农民工)的民主选举权,积极引导他们自愿参加选民登记,增加他们的社区归属感。宁波第一次社区直接选举中,当选居委会委员或社区居民代表的外来务工者达950 人。[①] 宁波市江北区甬江街道梅堰社区是外来人口集中居住的典型社区。2007 年梅堰社区采取直接选举的方式,成立了由 5人组成的新一届居民委员会,其中 2 名委员为外来人员。[②] 宁波市第八届城市社区直选中参加社区选举的外来务工人员选民为12823 名,占选民总数的 1.3%。在访谈中本课题小组了解到,在

[①] 陈伟光. 宁波社区居委会全部改直选. 人民日报,2008 - 01 - 15(10).
[②] 胡晓芸. 江北务工人员社区直选居委会目击. 宁波日报,2007 - 08 - 27(10).

第九届和第十届社区居委会选举中,外来务工人员的民主选举权继续得到重视和保障。外来务工者选民率逐届上升,对社区选举保持较高的参与热情。

第四,全面规范候选人的竞选活动

广西模式率先拟定直选原则,强调了规范竞选人活动的竞争选举原则,并在全国首次制订竞选施治演说规则。宁波在社区直选实践探索中,在广西模式的基础上,进一步全面规范候选人的竞选活动。民政部的《社区居民委员会直接选举规程》[①]第 29 条对社区选举竞争设计的要求是:候选人竞争选举活动可以在正式选举前 7 日内进行,主要有组织和自我介绍两种方式。目前我国城市社区直选实践中,候选人的竞选活动则大多采用的是组织向选民介绍候选人情况和候选人与选民见面的方式。宁波模式实现全面规范候选人的竞选活动,针对的是初步候选人和正式候选人。首先是对初步候选人的要求。初步候选人必须向居民代表、辖区单位代表作竞职演说,正式候选人名单在居民代表大会上推选产生。正式候选人按照居委会不同职位分别进行差额竞选。其次是对正式候选人的要求。正式候选人最终确定后,社区居民选举委员会应在选举日前按照平等客观公正的原则向选民介绍正式候选人情况。社区居民选举委员会应组织正式候选人与选民见面、发表竞选演说、组织候选人和选民的选举辩论,并允许自发组成候选人支持团或智囊团、候选人到选民家上门沟通或张贴海报等。《宁波社区居委会直接选举规程》第 21 条明确要求:正式候选人发表竞职演讲、回答选民提问时,正式候选人不得违反宪法法律法规和国家政策的规定,不得侮辱诽谤他人。最后,宁波在社区直选竞选中出

---

① 詹成付主编.社区居委会选举工作进展报告.北京:中国社会出版社,2016:39.

现的一些新的做法值得关注。首次直选的澄浪社区介绍正式候选人的做法,安排正式候选人登上彩车,配上学生的乐队。彩车在社区范围内绕行宣传,增加选民对候选人的了解及对整个选举活动的关注。①

第五,其他

宁波直选在中国首次尝试采用半透明票箱。目前相关社区选举规程办法中没有关于投票箱的规定。2002年广西柳州新鹅社区选举中应用透明塑料制作的投票箱,是较早对传统票箱的改革。广西的做法重点是提高选举投票环节的透明度和开放度,减少作弊的可能性。② 宁波直选在广西经验的基础上加以改进。为了防止选票在透明票箱内张开后选民选择意向暴露的情形,选民的隐私权得不到很好的保护,宁波在澄浪社区进行直选试点时率先尝试性使用磨砂玻璃制作的半透明票箱。票箱半透明,选民可以确定票箱内是否有选票,有效防止作弊;同时,它可以保护选民隐私权,可以让选民真正按照自己的意愿进行投票,选择自己的合意的居委会成员,增加选举的公平性和合理性。

社区企业在社区直选中的作用值得关注。例如在联南社区直选中,驻社区的麦当劳快餐店在选举宣传和正式投票期间进行了场地布置和饮料赞助。商业性活动和基层民主选举相结合,促进了城市基层民主的发展。大力培育市场组织和社区中介组织,是使社区建设走出资源短缺,顺利运作直选制度,进行社区制度创新,开创社区建设新局面的根本出路。正如制度主义者认为,制度化是一个有条件的过程,制度本身也是一个开放的动态系统,不断

---

① 许义平,何晓玲. 现代社区制度实证研究. 北京:中国社会出版社,2008:140.
② 李凡. 中国城市社区直接选举改革. 西安:西北大学出版社,2003:285.

接受着环境的影响。宁波经济的发展、社会文化环境特质、城市的历史也深刻影响着社区直选制度的运作与有效性。

宁波是全国首个城市社区全部实现直选的城市,是我国社区选举改革深入发展的重要标志。选聘分离体制和社区工作者职业化是宁波直选改革进程中最为突出的内容,规范社区选举程序和创新直选工作机制有力支撑着宁波直选模式的运作,公民社会组织的发展是宁波直选扎根最深厚的民主土壤。宁波经验被国内许多城市借鉴学习,其中影响最大的是深圳盐田。从"选聘分离"到"会站分离",宁波直选的经验是深圳盐田直选模式形成的主要蓝本。

第四节　深圳盐田模式

一、深圳盐田模式的形成概述

1998 年 3 月盐田区正式成立,是深圳市最年轻的行政区。盐田区位于深圳市东部,辖区面积 74.99 平方公里,东接大鹏新区,西邻罗湖区,北连龙岗区,南接香港新界。盐田区的自然环境优美,地理位置优越。盐田区有 4 个街道(包括沙头角、海山、梅沙和盐田)和 22 个社区,常住人口 23.72 万。[①] (截至 2017 年)

自 1999 年起,盐田区在探索构建创新公共服务型政府和提高行政效率的过程中,对城市社区治理体制进行了三次创新改革。在改革进程中,2002 年盐田区社区居委会换届第一次尝试直选,居委会选举参选率 81%,直选率 35.2%,其中盐田街道率先实行了居

---

① 盐田区人民政府. 初识盐田. (2018 - 12 - 28)http://www.yantian.gov.cn/cn/zjyt/csyt/lsyg/t2018120425.htm.

委会直选。2005 年盐田社区居民委员会选举启动。在盐田区委和区政府的有关文件中,原则性要求采取直接选举方式,但以选民的选择为依据。在广泛征求居民的意见后,盐田区辖区内所有社区居委会选举委员会决定采取直选方式产生新一届居委会成员。[①] 5月 28 日,盐田区 17 个老社区居民委员会全部通过直选选举方式产生,居民平均投票率达 84%,产生居委会成员共 120 名,平均年龄为 43.6 岁,大专以上学历占 28.3%。新产生的社区居委会成员大多兼职,其职业结构或背景为:原社区居委会工作人员、驻社区单位领导干部、离退休干部等。[②] 沙头角街道办中英街社区居委会投票率高达 99.12%,是选举中最为竞争激烈的社区之一。[③] 盐田区成为深圳市首个社区居委会全部直选的行政区,是国内继宁波海曙区后又一个辖内社区居委会全面实行直接选举的行政区。在巩固社区选举成果的基础上,盐田区增设的 5 个社区也通过直接选举产生第一届居委会成员。

在 2008 年盐田区社区居委会选举中,登记选民有 17184 人,登记率 79.6%,投票率 91%,社区居委会的直接选举率 100%。新当选的 150 名社区居委会成员平均年龄 45 岁;文化程度结构改善,大专以上学历占 41.3%。此次居委会选举居委会成员连选和连任率高,社区居民参与居委会选举的积极性较强,选举制度和程序进一步规范。通过这次居委会换届选举,使"居站分设"的社区治理体制得到了巩固,社会结构和居民生活方式也发生了很大的改变。[④]为了进一步加强社区居委会自治,盐田区建立居委会"三会制度",

---

① 贾华越,滑翔. 盐田区居委会全部直选. 深圳特区报,2005 - 04 - 14(A6).
② 史维勤. 解读盐田居委会. 社区,2005(7):12 - 16.
③ 候伊莎. 透视盐田模式. 重庆:重庆出版社,2006:51 - 53.
④ 谭大跃. 盐田社区居委会直选率 100%. 深圳特区报,2008 - 05 - 29(3).

即民主评议会、民主协调会和民主听证会。①

2011 年 3 月,盐田区居委会换届选举率先结束,再次实现了100％居委会直选。22 名当选的居委会主任有 19 位连任,当选的非深户副主任、委员有 5 人。当选的居委会主任呈现年轻化、学历高等特点。② 辖内社区全部成立了社区综合党委,选举采取"三推三评双直选"的方式,并试验性探索"无候选人直选",将提名权移交到普通党员手里。③ 为进一步激发社区服务管理活力,深圳市提出了强化社区居委会自治功能。

2014 年 5 月 8 日,盐田区社区综合党委和居民委员会选举同时进行并顺利完成。新当选的"两委"成员有 180 名委员,书记和主任 23 人,一肩挑比例为 94.4％,交叉任职比例 87.6％。社区党组织领导作用凸显,"两委"班子成员呈现精简化、年轻化、专业化特征,基层组织建设效果良好。④ 盐田区还积极探索社区基金会的组建和运作,使之成为社区居委会的工作抓手,拓展社区居委会活动平台。⑤ 2017 年 6 月盐田区社区圆满完成"两委"换届选举工作,选出"两委"人员 189 人,"一肩挑"比例、"交叉任职"比例提高,呈现出选举参与率高、选举观察认可率高和班子结构优化等特点。⑥

① 刘伟红. 盐田模式:政府管理与社区自治. 特区实践与理论,2008(1):68-70.
② 张小玲等. 盐田区居委换届选举率先结束. 南方都市报,2011-03-07(A36).
③ 盐田区人民政府. 2011 年盐田区社区居委会成员名单. (2011-03-28)http://www.yantian. gov. cn/cn/zjyt/csyt/lsyg/t20110328. htm.
④ 潘峰. 盐田区新一届社区"两委"干部开展就职宣誓. (2014-05-08)http://iyantian.sznews. com.
⑤ 贾少强. 盐田今年将试点社区基金. 深圳商报,2014-04-11(A07).
⑥ 盐田区人民政府. 盐田社区"两委"换届选举工作圆满完成. (2017-06-30)http://www. yantian. gov. cn/cn/zjyt/jjyt/zwdt/201706/t20170630_7445002. htm.

二、深圳盐田模式的主要内容

(一)"会站分离"体制

"会站分离"体制催生社区居委会直选,搭建了社区自治平台。"会站分离"体制是深圳市社区管理体制创新的重要成果。1999年以来,盐田区对社区管理体制进行了三次创新性改革。第一次改革:居—企分离,使居委会与集体股份制合作公司进行分离。盐田区居委会在农村城镇化进程中从行政村演变而来,与集体股份制合作公司融为一体,居委会的重要职位往往由股份公司董事长兼任。[①] 1999年盐田区政府以居委会选举为契机实现了居—企分离。区政府制定居委会选举方案,要求初步候选人须由居民选举产生,改革居委会成员任命制。该届选举促进居委会选举工作的规范化和制度化,成功实现了居委会与集体股份合作公司的分离。独立出来的居委会职能由三部分组成:协助政府行政工作、服务工作和居民自治。如何使居委会有效运作并真正成为自治主体? 如何建立政府与社区的良性互动关系? 这成为居委会、街道和区级政府面临的又一新问题。2002年2月,盐田区委、区政府颁布关于推进城市社区建设的意见性文件,为第二次社区制度创新拉开了序幕。[②] 第二次改革:一会两站(居委会、社区工作站和社区服务站),是在议行分设的理念下建立的一种新型社区组织体系。社区服务站和社区工作站是社区居委会的两个工作机构。社区居委会的主要职能和任务是建立社区服务网络,履行社区服务及其他社区建设任务。社区工作站主要负责政府和相应职能部门分配的各

---

① 刑立达.盐田模式重塑社区治理体制.南方,2005(24):17-19.
② 王连喜.从协商民主视角看盐田区"会站分离"改革模式.特区实践与理论,2007(3):27-28.

类任务。区政府拨款作为居委会社区建设初始资金,同时建立了新的评估机制,明确规定社区服务站的发展。"一会两站"体制是对社区居委会担当的政府的"腿"和社区居民的"头"的两个角色职能不清问题的解决,但解决方案究其实质仍在传统的社区居委会框架之内,没有真正解决居委会行政化问题。"一会两站"制度运行三年后,社区居委会的行政化问题凸显。第三次改革:"会站分离"体制的建立。[①] "会站分离"体制是对"一会两站"体制的扬弃,旨在将社区工作站与社区居委会分开,具体而言:

首先,"会站分离"是从组织结构层面上化解社区居委会行政职能。社区工作站作为区建委在社区的工作和服务平台,它主要承担需要社区协助的各行政职能部门的行政事务,包括社区组织、社区卫生、社区警务、社区文化和其他社区建设内容,以及协助社区居委会处理居民事务。[②] 社区工作站实施雇员招聘制度,其行政关系隶属街道办事处。会站分离体制下的社区居委会必须由社区居民直接选举产生,社区居委会是社区的主体性自治组织,其主要功能是作为政府、社会组织和居民之间的互动桥梁,表达和维护居民权利,有推荐和建议解聘社区工作站人员的权利。通过社区居委会直选的还权、还利、还位于社区的重要举措,社区工作站职能和权责明确定位,社区居委会传统行政职能剥离,促使其成为真正意义上的群众自治组织。[③]

其次,从人事上使社区工作站和社区居委会相分开,两个组织人员任职不能交叉兼职。社区工作站人员由雇员和临时人员组

---

① 候伊莎. 透视盐田模式. 重庆:重庆出版社,2006:17-25.
② 王菁. 社区治理模式改革探索——基于新公共管理理论. 南京审计学院学报,2011(4):22-26.
③ 肖立辉. 中国基层民主创新研究. 北京:人民出版社,2009:137-139.

成,在各街道办事处申报,经审定考核后可聘用。社区工作站职业性质是事业单位雇员,行政关系隶属街道办事处,其业务由区民政局及相关职能部门指导,实现专业化和职业化发展。社区工作站的运作方式是以公共机构和政府工作部门工作模式为参照,进行规范运作。街道办事处与社区工作站人员签订聘用合同,实行三年聘期的流动管理。当选为社区居委会成员者,不担任社区工作站工作,社区工作站的工作人员不得参加社区居委会选举。社区居委会成员与社区工作站人员实行分离,最大限度地减少因交叉兼职而对社区组织自治运作带来的负面影响。

最后,在资金和财务上,将社区居委会与社区工作站完全分开。社区居委会在管理社区事务时具有经济自治权,有独立账户。社区居委会经费来源有:一是由区政府每年拨付的办公经费;二是社区居委会所属财产的收益;三是社区居委会向社区募集的经费。社区居委会有独立账户,对固有资产与非固定资产有自主使用权,所得收益归社区居民所有。社区居委会财务实行公开化和制度化,并接受社区居民的监督。社区居委会成员是兼职,不拿工资,区财政发放工作补贴。[1] 社区工作站的费用是政府全额拨款,由街道办事处加以安排和管理。社区工作站没有独立账户,不向社区居民收取任何费用。[2]

在"会站分离"体制下,盐田区在组织结构、人员安排、财务管理等方面真正将社区居委会与社区工作站分开,居委会的主要职能是发挥自治机构的作用,利用社区资源让居民受益,并将居民的意见和建议反馈给政府,真正回到法律规定的自治地位。这一过

---

① 候伊莎. 透视盐田模式. 重庆:重庆出版社,2006:41 - 43.
② 马卫红,李芝兰等. 中国城市社区治理改革研究:以深圳"盐田模式"为例. 中国治理评论,2013(2):87 - 94.

程中,两项措施最为关键:第一是选择和聘用社区工作站人员;第二是社区居民委员会的全面直接选举。可见,会站分离体制催生了社区居委会直选,社区自治进程得以推进。①

(二) 直选背景:城市化

在"会站分离"体制下,社区工作站作为政府派驻机构的设立和发展是盐田区社区管理体制改革的主要内容,是城市化趋势的反映和要求。② 改革开放以来,经济的快速增长要求改变革城乡户籍制度,从而推动着中国城市化政策的变化,主要具体表现在两个方面:一是人口流动管制政策放松。改革城乡分隔体制下对人口流动的过多限制,实行放松管制,允许农民进入城镇就业和迁住小城镇,带来城市社区结构开放性的变化。二是在小城镇积极发展基础上制定城市化政策。从 1992 年到 2000 年,中国城市化进入了全面推进阶段,从沿海到内地深入开展。据统计,从 1992 年到 1998 年,中国城市化率从 27.63% 增加到 30.42%,年均增长 0.42 个百分点。③ 中国城市化的突出特点是城市化及其基础工业化是由政府发动的。④ 沿海城市深圳处于中国改革开放的前列,其城市化率高于全国平均水平,城市化是深圳市 20 世纪 90 年代所经历的重要变化。社会经济的快速发展带来了土地和劳动力等资源趋于短缺,土地资源先天条件不好的深圳较早面临着经济发展的资源瓶颈。因此,必须放弃粗放型使用模式,打破资源的分散化与碎片

① 史维勤. 社区直选与议行分设:深圳市盐田区的最近范例. 上海政法学院学报,2008 (5):17 - 20.
② 解红晖. 中国城市社区直选实践模式研究. 宁波大学学报(人文版),2013(1):17 - 20.
③ 江流,陆学艺. 1996—1997 年中国社会形势分析. 北京:中国社会出版社,1997:194.
④ 荣玥芳,高春凤. 城市社会学. 武汉:华中科技大学出版社,2012:103.

化,提高资源的质量和利用率,促进资源的流动、竞争和整合。这是深圳市政府推动城市化的核心目标。

第一,社区工作站的建立是城市化进程的一个环节

1992 年深圳特区内实行全面的农村城市化。城市化有利于资源流动的充分性和竞争的合理性,从而实现资源的统一配置和有效整合。深圳政府通过转换土地、村改居、股份化、镇改街、城市建设等一系列工作来推动城市化进程,实现了土地资源与固定集体的分离,促进了资源流动。盐田区社区居委会是城镇化过程中的行政村演变而来,属于"村改居",即将农村基层群众自治组织的村民委员会改为城市性质的社区居民委员会。[①]"村改居"是中国城市化的重要路径之一,盐田社区居委会的建立是城市化的产物。1992 年 11 月,盐田区的 6 个行政村全部撤销,政府征收土地,农民以征地费作为股金成立集体股份制合作公司。在集体股份制公司的基础上设立居委会,初步实现了从农村向城市、从农民向居民的过渡。随着改革开放的深入,经济规模的翻番,城市人口的增长,居委会服务对象仅限于入股农民,已不能满足进一步城市化的要求。明确撬动城市化最重要的支点是社区,居委会的城市化与社区化提上议事日程。1999 年,盐田区政府利用居委会选举的机会成功地实现了居委会与集体股份制合作公司的分离,规范居委会组织建设。随后盐田区启动机构调整,成立 4 个街道和 17 个社区居委会,并设立社区工作站。社区工作站的主要任务是完成区和街道相关职能部门分配的任务。社区工作站的建立和发展是城市化进程的一个组成部分。

在城市化进程中,社区外来人口增加,人员流动频繁,社区开

---

① 杨贵华.城市化进程中的"村改居"社区居委会建设.社会科学,2013(1):76 - 84.

放性特征凸显,强调城市服务的公共性与高效性。以本区户籍居民为主的社区居委会难以满足统一高效的公共服务需求。社区工作站是政府的派驻机构,是政府设在社区的工作平台,其与固定集体的分离性决定了政府可突破户籍和地域的限制来进行统一招聘,可以在全区范围内配制安排,形成资源在不同地区的充分的流动和竞争。这有利于选拔高素质人才和激发工作人员的积极性,以统一高效的方式提供社区公共服务。顺应城市化趋势,政府力求以工作站的形式向社区延伸和实现其行政职能,有效实施各项政策措施。[①]

第二,推动社区直选改革,是对城市化的积极补充

政府推动城市化进程是提高管理效率和促进经济发展的要求。城市化改变了固定集体下资源的分割性与分散性,促进了资源的顺畅流动和有效整合,但它也割断了社区与其居住成员之间的利益关系带,影响居民的社区归属感。社区大量外来人员也使得社区成员之间的联系愈发松散,进而削弱社区居委会的影响力和凝聚力,城市社区面临消解、削弱和融化的潜在危险。

启动社区直选改革,推动城市基层民主建设,建立新型社区,是对城市化的积极补充(亦或是某种程度的对城市化问题的修复),是对城市社区面临诸多潜在危险的应对。新型社区对居住地基础的强调,有助于社区建设中吸纳容纳更多人员的加入。直接选举是社区居民参与的重要活动,可以成为社区居民的联系纽带。直接选举产生的社区自治组织通过为居民提供服务的方式,社区居委会成为居民的活动中心,使居民对社区产生广泛的归属感和

---

① 欧阳觅剑. 圳社区居委会直选的城市化逻辑. 南风窗,2006(8):21-23.

认同感。这些有助于提升社区的凝聚力,切实推动城市社区的发展。① 可以看出,开展社区直接选举改革,推进基层民主建设,是对城市化的理性扩展与积极补充。盐田模式得以形成的关键因子是城市化进程,政府以工作站的形式来延伸和实现其职能。在此基础上,政府积极推动社区居委会的直接选举,实现社区发展。

(三) 引入社区选举观察员制度

盐田模式率先将选举观察员制度引入城市社区直选,促进了中国城市社区选举的规范化建设。盐田社区选举观察员制度的建立与实施,不但在当时填补居委会选举中监督缺位的空白,还可帮助居民掌握民主选举的规则,是选举公正和政治稳定得以维护的有力保障。

观察员制度是在处理国际事务的实践中出现,后来被许多国际组织广泛应用并发展出颇具特色的制度安排。国际观察员最初是为了监督涉及某一地区主权和疆界的投票,如 1857 年摩尔达维亚和瓦拉几亚两个公国是否合并举行的投票活动。国际组织机构之间的合作需要推动了观察员制度的建立。二战之后,随着国际选举规范的完善,国际观察员在各国选举现场开始出现并渐成趋势。选举观察逐渐成为选举现场监督方式不可或缺的组成部分,它通常由国际组织派出观察员对选举国进行监督,已成为了一种国际惯例,并形成相应的选举监督模式。选举观察员制度的主要功能包括:有助于防止选举中舞弊行为、推动选举争端事件的解决、促进选举制度的进一步完善和推动国家政治进程的发展等。②

---

① 陈文新. 中国城市社区居委会直接选举:发展历程与现实困境. 学习与实践,2009(3): 77 - 83.

② 贺双朵. 国际选举观察:美洲国家组织在拉美的实践. 拉丁美洲研究,2006(2):21 - 23.

随着国际选举观察的发展,国际与国内选举专家、非政府组织开始对我国居(村)委会选举进行实地观察。2002 年由美国的共和国际研究所组织专家团到广西柳州柳南区居委会选举现场进行选举观察。① 2003 年,南京白下区 60 个社区居委会全部直接选举方式产生,其中南航社区选举的亮点就是选举观察员的现场观摩。联合国开发计划署的官员和来自中国各地方民政系统的 400 多名社区工作人员观看了整个选举过程。② 民政部在村民委员会选举中推行选举观察和选举监督工作,但当时在城市社区选举改革中还未将选举观察作为一种制度建立并运行起来。③

2005 年,盐田区首次社区居委会选举中引入选举观察员制度,聘请 7 位观察员负责观察整个选举过程,7 名观察员中有人大代表、政协委员、有关政府部门工作人员及研究基层民主的专家学者。选举当日,观察员需要对盐田区所有社区居委会选举会场进行走访,填写特制的观察项目记录表,并提交给社区居委会选举指导小组。④ 选举后,选举观察员需要对整个选举过程进行系列评估,包括改进的建议,形成书面观察报告。上级政府部门根据观察报告来确定本次选举是否有效。如果选举被确定无效,选举结果要推翻并重新组织选举,这是选举观察制度纠错功能最充分的体现。在盐田经验的基础上,2008 年广东省民政厅发布村(居)委会选举观察员制度的相关通知(粤民基[2008]2 号),就选举观察员的招募、培训、管理等做出明确规定。⑤ 盐田进一步完善了选举观察

① 李凡. 中国城市社区直接选举改革. 西安:西北大学出版社,2003:271.
② 李军,黄建伟. 观摩南京直选小巷总理. 扬子晚报,2003 - 07 - 28(A3).
③ Chen Sixi. The Gradual Reform of the Electoral System in China. *Social Sciences in China*,2006(1):95 - 101.
④ 候伊莎. 透视盐田模式. 重庆:重庆出版社,2006:51.
⑤ 李猛,王冠杰等. 新中国选举制度发展历程. 北京:世界知识出版社,2013:353.

员制度,除聘请区人大、区政协领导和专家学者等数名选举观察员外,各街道也建立了选举观察员制度。访谈中,课题组了解到盐田区直选中居委会选举观察员的培训考核、观察地的选择到实地观察的组织安排、交通等都是由各级民政部门承担,使省内选举观察员制度的顺利实施得到保障。① 2011 年盐田区正式建立和启动社区居委会换届选举监督观察机制,实现监督与观察相结合。督察组聘任了区人大法工委主任叶剑波等 8 名监督员,负责全程监督选举工作开展,收集选民意见与建议,并及时向区社区居委会选举领导小组报告。观察员小组聘任了深圳大学当代中国政治研究所所长黄卫平等 15 名观察员,负责审查被观察点的选举实施计划和日程安排。15 名观察员实地全程观察选举现场,如实记录选举各项程序,填写观察项目记录表后撰写观察报告,并提交社区居委会换届领导小组。②

在 2014 年的社区居委会选举中深圳市全面推行选举观察员制度。来自教育部门、民主党派、社会团体以及党政部门的 237 名选举观察员代表参加了集体培训。其代表的广泛性和民间性使得他们具有良好的素质和社会担当意识。③ 2017 年盐田区社区"两委"换届选举工作中将选举观察员的认可度作为社区选举的重要目标。④

在中国基层民主建设进程中观察式选举监督制度的建立和运

---

① 2018 年课题组在盐田区的调研所了解的情况。
② 唐捷等.盐田区建立启动社区居委会换届选举监督观察机制.(2011 - 10 - 26)http://www. yantian. gov. cn/icatalog/bm/mzj/08/gzdt/201102100114331. shtml.
③ 郝丹.深圳居委会选举首试观察员制度.新京报,2014 - 04 - 16(A07).
④ 盐田区人民政府.盐田社区"两委"换届选举工作圆满完成.(2017 - 06 - 30)http://www. yantian. gov. cn/cn/zjyt/jjyt/zwdt/201706/t20170630_7445002. htm.

行还在探索与改进阶段,①最初只着重于村委会选举投票日观察。盐田模式率先将选举观察员制度引入城市社区直接选举,并在实践中加以完善,有助于维护社区选举的公正和提升居民公民意识。之后南京、宁波等城市陆续建立起社区选举观察员制度。中共十八大提出进一步完善基层民主制度,重点是权力监督,要求积极创新民主监督形式。选举观察制度是一项对基层选举进行监督的创新性制度安排,有充裕的拓展完善空间。社区居委会选举领域引入选举观察员制度,符合居民自治制度发展和加强权力监督的现实要求。

(四) 创新选举委员会产生方式等

深圳盐田在城市社区直选工作机制上的创新主要体现在创新社区选举委员会产生方式、规范居民小组会议等。

第一,创新社区居委会选举委员会的产生方式

社区选举委员会主持居委会选举工作。社区选举委员会负责整个居委会选举的具体工作,在选举中发挥着宣传员、制定方案、组织实施、协调等重要功能,选举委员会能否切实代表居民利益会影响到整个选举的运作与成效。选举委员会的产生方式是决定选举委员会的居民代表性较为关键的环节。民政部《社区居民委员会直接选举规程》第二章第 6 条对选举委员会产生方式的设计是:选举日 45 日前必须成立社区选举委员会。社区选举委员会产生方式是召开居民小组会议,民主选举产生。② 在民政部关于做

① 马步广,高青莲.选举观察制度:基层选举监督新形式的探索与实践.江淮论坛,2017
(1):59-63.
② 詹成付主编.社区居委会选举工作进展报告.北京:中国社会出版社,2006:34-35.

好 2006 年社区居民委员会选举工作的相关通知的要求是：居民会议推选产生选举委员会。[①]

在我国城市社区直选改革实践中，盐田在全国率先要求，社区居委会选举委员会的候选人由各街道的社区党组织和社区选举工作指导小组提出建议名单。建议名单交由居民会议，在居民会议上以无记名投票方式选举产生选举委员会成员。（见表6）

表6　主要社区直选模式中关于选举委员会产生方式的规定

单位	选举委员会选举办法、规程、文件
北京九道湾社区	由居民会议推举选举委员会，推举工作由前任居民委员会主持。（选举规程法）居民会议推举产生。（直选方案）
广西	社区选举委员产生有两种方式：居民会议推选；居民小组推选。（实施意见）
宁波	社区选举委员会候选人一般由社区党组织提出建议名单，社区成员代表会议讨论产生。（直选规程）
广州盐田	居民会议或居民代表会议，以无记名投票方式推选。（选举规程）社区选举委员会候选人由各街道社区党组织和选举工作指导小组提出，候选人名单移交居民会议，以无记名方式选举产生选举委员会正式成员。（实施方案）
其他	居民会议或居民小组推选产生。（上海　暂行规定）

资料来源：各省民政部门网站颁布的居委会选举的"办法""规程"或"方案"等。史卫民，郭巍青等. 中国社区居民委员会选举研究，中国社会科学出版社，2009 年版；李凡. 中国城市社区直接选举改革，西北大学出版社，2003 年版；许义平，何晓玲. 现代社区制度实证研究，中国社会出版社，2008 年版；中共广西壮族自治区委员会组织部，广西壮族自治区民政厅. 阳光选举　和谐换届，广西大学出版社，2011 年版；广东省村（居）民委员会换届选举规程指引，中山大学出版社，2017 年版。

---

① 基层政权和社区建设司. 民政部关于切实做好城市社区居民委员会换届选举工作的通知.（2006－01－17）http://www. mca. gov. cn/article/xw/tzgg/200601/2006011715523750. shtml.

　　盐田社区居民委员会的选举创新了社区居委会选举委员会的产生方式,具体表现为:(1)创新了选举委员会候选人的产生方式。在北京九道湾社区直选模式形成中,社区选举委员会由居民会议推举。这意味着九道湾社区直选中没有设置选举委员会委员候选人推荐环节,直接通过居民会议完成了社区选举委员会成员的推荐和选举工作。在广西社区选举改革前期,社区选举委员会成员的产生由居民会议或居民小组推选,即社区选举委员会成员的推与选的两项工作全部通过居民会议或各居民小组推选来完成。2008年,广西汲取盐田经验,要求社区党组织和居民委员会提出选举委员会候选人建议名单。在宁波社区选举中,社区选举委员会成员候选人一般由社区党组织提出建议名单,然后召集社区代表会议讨论确定正式成员。盐田模式明确将社区居委会选举委员会产生划分为两个过程:推与选。推,即社区居委会选举委员会候选人的推荐;选,即选举委员会正式成员的选举。在盐田模式中,社区党组织和社区居委会选举工作指导小组联合提出社区选举委员会候选人名单。这种方式保证了社区居委会选举委员会的产生过程中党的领导和政府意图的体现,又使民意得到充分体现,为顺利完成社区居委会选举工作奠定了坚实基础。[1] 选举委员会由公务员、物业管理人员、现任居委会成员、社区单位代表和居民代表组成。委员会组成人员构成的广泛性,较好改善了选举委员会组成人员构成。(2)盐田模式规范了社区居委会选举委员会的产生程序。在盐田直选中,明确要求社区居委会选举委员会正式成员在居民代表会议上遵循秘密投票原则选举产生,这在全国是最早做出规定,有助于规范社区居委会选举委员会的产生程序。其他城

---

[1]　候伊莎.透视盐田模式.重庆:重庆出版社,2006:49.

市社区直选主要模式中,广西模式、北京九道湾模式没有相关规定,宁波模式中要求社区成员代表会议讨论方式通过。显然,盐田模式更能从程序上规范社区居委会选举委员会成员的产生。但是在全国范围内,还没有普遍实行居民选举或直接推选社区居民委员会选举机构的规定和实践,[①]今后仍有必要进一步完善社区居委会选举委员会的产生方式。概言之,盐田模式中率先创新社区居委会选举委员会产生方式,有助于规范选举委员会产生程序,改善了选举委员会组成人员的构成。

第二,鼓励与规范外地户籍者参与居委会竞选

盐田区不仅鼓励外地户籍者参与社区投票选举"当家人",还鼓励他们参与居委会竞选,让更多常住的外地户籍者参与到社区管理中。

首先是鼓励外地户籍者进行选民登记。在盐田区社区居委会选举中,所有生活在社区半年以上的人口都被登记为选民。社区居委会主任和委员也不限于本地户籍居民,而是扩大为社区全体居民。鼓励外地户籍者进行选民登记,非本地户籍居民参选积极性得到提高。通过制定统一格式的选民登记函,居委会选举委员会负责将选民登记函发给外地户籍居民,敦促他们联系户籍所地村(居)委会,并尽可能协助外地户籍者邮寄等事宜。[②] 选举工作者的周到细致工作是盐田区直选社区外来人口参与率在深圳市名列前茅的主要原因。[③]

---

① 史卫民,郭巍青等. 中国社区居民委员会选举研究. 北京:中国社会科学出版社,2009: 143.

② 谭大跃. 盐田社区居委会直选率100%. 深圳特区报,2008 - 05 - 29(3).

③ 史维勤. 社区直选与议行分设:深圳市盐田区的最近范例. 上海政法学院学报,2005 (5):17 - 20.

其次，大力鼓励外地户籍者参与居委会竞选。盐田社区首次直选中，当选社区居委会成员中 4‰ 为非本地户籍居民，参加了选举的居民中 1/5 是非本地户籍居民。2005 年，王钦武是盐田直选的第一个外地户籍委员。在被问及当选居委会副主任的感受时，王钦武的回答是，找到"家"的感觉。[①]"家"的感觉就是王钦武对社区的归属感。外地户籍者参与社区居委会的竞选并成功当选，这在全国尚是首次。盐田区社区建设中始终注重本地户籍居民与非本地户籍居民的和谐关系构建。通过开展一系列服务居民的活动，调和本地居民与外地居民的关系。2008 年，盐田社区直选中共有 5 名非本地户籍人员当选居委会成员，其中包括一位居委会主任。[②] 2011 年仍有 5 名非本地户籍人员当选为居委会成员。[③] 盐田区在鼓励与规范外地户籍者参与居委会选举方面处于全国前列。

第三，规范居民小组会议

居民代表和居民小组长在居民小组会议上产生。居民小组长是社区选举中的积极成员，社区居民代表会议在社区重大事务决策和监督居委会运行中发挥着重要的作用。因此，规范居民小组会议，完善居民代表产生机制，对于建立健全居委会权力运作机制，完善城市社区自治建设具有重要的意义。

在北京九道湾社区直选中，居民小组会议由居民小组长主持。宁波模式要求居民代表一般以居民小组为单位推选产生，但对居民小组会议本身没有规范性要求。在广西直选中，居民小组会议由社区居民选举委员会成员召集和主持居民小组会议。经本课题

---

① 史维勤. 解读盐田的居委会. 社区，2005(7)：12-16.
② 侯伊莎. 透视盐田模式. 重庆：重庆出版社，2006：53.
③ 张小玲，陈思福等. 盐田区居委会换届选举率先结束. 南方都市报，2011-03-07(A36).

组调研,目前城市社区直选的具体实践中,居民小组会议主要是由现任居民小组长召集和主持,以投票选举方式产生新一届居民小组长。以现任居民小组长作为主持,一些居民会碍于情面或利益考虑而不能真实地表达选择意愿,而使推选出来的居民小组长不能更好的代表民意,进而影响居民代表的产生结果。广西模式的做法,让选举委员会主持居民小组会议,但由于选举委员会成员结构的多样性和广泛性,会带来实际操作的难度,得不到真正落实。(见表7)

表7　主要社区直选模式中关于居民小组长产生方式的规定

	居委会选举办法、规程、文件
北京九道湾社区	居民小组长由居民小组推选。居民小组长主持居民代表选举工作。　　　　　　　　　　　　　　（选举办法） 无相关规定。　　　　　　　　　　　　　　（直选方案）
广西	社区居委会选举委员会成员召集和主持居民小组会议,投票选举产生居民小组长。　　　　　　　　　　　　　　（实施意见）
浙江宁波	本小组居民推选产生居民小组长。　　　　　　（选举规程） 居民代表一般以居民小组为单位推选产生居民代表。　　　　　　　　　　　　　　（直选规程）
广州盐田	居民小组会议推选产生居民小组长。　　　　　（选举规程） 社区居委会主持召开居民小组会议,推举居民小组长。　　　　　　　　　　　　　　（实施方案）

资料来源:各省民政部门网站颁布的居委会选举的"办法""规程"或"方案"等。史卫民,郭巍青等.中国社区居民委员会选举研究,中国社会科学出版社,2009年版;李凡.中国城市社区直接选举改革,西北大学出版社,2003年版;许义平,何晓玲.现代社区制度实证研究,中国社会出版社,2008年版;中共广西壮族自治区委员会组织部,广西壮族自治区民政厅.阳光选举　和谐换届,广西大学出版社,2011年版;广东省村(居)民委员会换届选举规程指引,中山大学出版社,2017年版。

深圳盐田区社区直选实践中居民小组会议是由现任社区居委会主持,居民小组会议推举居民小组长和居民代表。居民代表选举产生居委会选举委员会,居委会选举委员会负责居委会换届选举工作,居民代表大会监督居委会工作,建立健全社区居委会运作机制。[①] 不同于其他直选模式,盐田模式中明确要求现任社区居委会主持居民小组会议。该做法较好地实行选举回避原则,具备可操作性,有助于居民选出合格的更能代表他们利益的居民小组长。盐田模式对居民小组会议规范的创新性尝试,有助于彰显社区直接选举过程中的民主性和自治性原则。

深圳盐田是我国继宁波海曙区后实行全面直选的行政区。盐田模式是对宁波模式的借鉴与发展,其形成的关键是城市化进程的推动,会站分离体制、引入选举观察员制度和创新社区居委会选举委员会产生方式是盐田模式形成的主要因素。

第五节　其他社区直选模式

一、南京模式

2000 年,南京市社区选举改革启动。白下区淮海路街道游府西街社区委员会直接选举,成为南京最早"吃螃蟹"的城市社区。2003 年南京市完成第二届社区居委会的换届选举工作,共有 579个社区居委会进行了此次换届选举。[②] 游府西街社区所在的白下

---

① 民政部办公厅. 深圳市盐田区 2008 年居委会换届选举全面完成. (2008 - 05 - 30) http://www.mca.gov.cn/article/zwgk/dfxx/200805/20080500015777.shtml.

② 王芳. 南京市社区换届选举全面完成. 社会科学报,2003 - 06 - 15(3).

区 60 个社区全部采取直接选举方式产生新一届社区委员会成员。① 2006 年南京市居委会选举采用海选方式的社区比例为16％,远高于全国 10％的平均海选比例。此届换届选举中南京市还积极推广社区自治工作协会的模式,以提高社区工作者的归属感。② 2009 年,南京市第四届社区居委会选举中有 6 个城区试点无候选人直接投票选举。③ 社区自治建设不断深化,2012 年 10 月南京市第五届社区居委会换届投票选举开启,共有 730 个社区居委会完成了选举。社区选举示范城区白下区 58 个社区居委会全部通过直选方式产生,其中 20％的社区实行了无候选人的直接选举。④ 此届社区选举在选民登记和投票环节尝试采用了网络、手机短信等多样化方式。2016 年 10 月,南京市第六届城市社区居委会选举启动。这是"十三五"时期开展的首次换届选举,换届选举工作会议中特别强调了要严格依法办事,加大督查力度等。⑤

　　南京模式中最大的亮点是在社区居委会选举中较早尝试并积极推广海选。海选是村民委员会选举改革中创造的选举方式,其主要特征是全体选民以一人一票方式参与提名和确定初步候选人,正式候选人根据简单多数的原则确定,该方式逐渐适用到其他领域的选举中。"无候选人选举"方式是海选的一种形式。1998年—2006 年,民政部在江苏、湖南、河南、江西四个省份进行城市社

---

① 李军,黄建伟. 观摩南京直选小巷总理. 扬子晚报,2003 - 07 - 28(A3).

② 冯智勇,殷文静. 江苏省南京市推广社区自治工作协会. 社区,2006(6):11.

③ 练红宁,唐悦. 南京一人一票直选"小巷总理". 新华日报,2009 - 03 - 27(06).

④ 倪萌,马道军. 南京市启动社区居委会换届投票选举. 南京日报,2012 - 10 - 01(1).

⑤ 南京市人民政府. 关于做好全区第十一届村民委员会、第六届社区居民委员会换届选举工作的意见的通知. (2016 - 11 - 02)http://www. nanjing. gov. cn/xxgk/qzf/lhq/lhqrmzflcjdbsc/201611/t20161102_4780707. html.

区居委会海选试点。① 2006 年南京直选中的海选比例达到 16%，远远高于其他城市。南京市政府和民政部门拟制无候选人直接选举比例目标。2009 年社区居委会换届顺利完成 20%的任务。在 2012 年和 2016 年的居委会选举中，无候选人直接选举比例稳步提高。政治民主首先是集中体现为社会政治生活中每个公民拥有自由的权利、公民政治人格具有独立性和公民之间政治权利具有平等性。② 社区海选中公民权利的自由和平等得到充分体现。社区直选实践中包括居民联合提名候选人，海选提名候选人比联名提名方式更具有民主性。直接民主的本质是由社会所有政治成员直接管理或决定公共事务。社区海选不仅在投票环节体现全体选民的参与，而且在候选人提名和确定环节上实现全体选民的参与。社区海选是直接民主的实现形式。社区海选在南京的实践与推广，是中国特色社会主义基层民主发展的重要成果。

二、沈阳模式

1999 年沈阳在全国率先进行了社区体制改革，社区居委会选举改革是社区体制改革的重要内容。③ 沈河区文化路街道今生社区是沈阳市最先进行选举方式改革的社区。此次选举是由户代表对正式候选人进行差额投票产生社区居委会，④ 还不是真正意义上的社区直选，但为沈阳市推进社区选举改革奠定了基础。2002 年，沈阳市社区居委会选举启动。全市 10%的社区开展直接选举，其中作为单位型社区的和平区二〇二社区率先举行，拉开沈阳市新

---

① 史卫民，郭巍青等.中国社区居民委员会选举研究.北京:中国社会科学出版社,2009.
② 王浦劬.政治学基础.北京:北京大学出版社,2014:337.
③ 中共沈阳市委组织部.构筑沈阳社区模式.组织人事报,2000-11-30(1).
④ 李凡.城市社区直接选举五年.新民周刊,2003(9):85-87.

一轮社区选举改革的帷幕。[①] 2005 年,沈阳市启动了新一轮社区居委会选举工作,基本完成了民政局规定的各区户代表选举和直接选举社区的比例之和应不低于全区总数 30% 的选举目标。[②] 2007 年,沈阳市对社区进行了规模调整。2008 年,沈阳市举行第七届社区居民委员会选举。此届选举中,社区对选民登记工作和社区工作者聘用方式进行了改革试验,居民直选或户代表选举的社区达到社区总量的 1/3。[③] 2010 年 11 月沈阳市即开始进行社区"两委"换届选举的摸底调查,为全市社区换届选举做充分的准备。2011 年,社区居委会选举中沈阳市仍稳步推进居民直选和户代表选举方式改革,全市有 35% 的社区居委会通过直接选举方式产生。[④] 2015 年 3 月,沈阳市启动新一届城市社区居民委员会选举工作。此次选举进一步完善了社区居民代表大会制度、社区居民委员会制度和社区协商议事监督委员会制度等。[⑤]

沈阳模式最大的特点是:**构建新型社区组织体系,强化居委会的自治职能**。首先是重新定位社区,将社区定位在街道办事处与原居委会之间,通过适当地调整社区规模,以更好发挥社区功能。在此基础上,构建新型社区组织体系。新社区组织体系分为四个部分:社区成员大会、社区委员会、社区协商议事委员会和社区党组织,它们分别作为决策层、执行层、议事层和领导层。作为执行

---

① 沈阳市民政局. 沈阳市社区居委会换届启动. 沈阳日报,2002 - 05 - 11(1).

② 沈阳市统计局. 2005 年沈阳市国民经济和社会发展统计公报.(2007 - 5 - 9)http://www. shenyang. gov. cn/zwgk/system/2007/05/09/000028158. shtml.

③ 谭皓. 沈阳 879 个社区换届选举. 沈阳日报,2008 - 03 - 11(1).

④ 肖春苹. 今年沈阳社区换届 35% 采取居民直选.(2011 - 08 - 06)http://www. syd. com. cn.

⑤ 沈阳市法制办. 沈阳市社区居民委员会换届选举工作实施细则.(2014 - 9 - 16)http://www. syd. com. cn/doc/system/2016/08/02/011137414. shtml.

层的社区委员会主要成员由居民直接选举产生,其他成员是户籍民警和物业负责人。社区委员会的职能是听取民意开展社区的日常管理、动员和组织社区成员共驻共建执行社区成员大会的决定、动员和组织居民共驻共建、协助维护社会保障、环境卫生、计划生育等工作、监督社区内物业管理、及时反映居民意见等。简言之,通过扩大社区居民委员会职能范围,培养社区自治能力,确立社区委员会在社区建设的主体地位,从而调动居民参与社区选举的积极性。

三、上海模式

　　1999 年初,上海市启动社区居委会直接选举试点工作。卢湾区瑞金二路街道长二社区是上海市第一个通过直接选举产生居委会成员的社区。[①] 在试点经验的基础上,上海开始推行居民直接选举。2000 年全市居委会进行了换届选举,共有 58 个社区居委会通过直接选举产生,由此拉开了上海市社区民主自治建设的序幕,其中以上海浦东新区居委会选举在制度设计上较为规范。学者林尚立认为,它标志着上海居委会发展史的一个转折,"即从传统的权力主导性的选举转向依法自治性的选举"。[②] 将全面培育和提高居委会自治功能作为社区选举改革的价值取向和未来发展的立足点,是该转折最为重要的意义所在。2003 年,上海市居委会选举启动,31.38%的社区以直选方式产生。[③] 2006 年,上海市社区选举

① 何明锐. 对上海市八个直选委员会的调查. 上海市建设学报,2001(3):34-36.
② 林尚立. 社区民主与治理:案例研究. 北京:社会科学文献出版社,2003:69-70.
③ 李凡. 中国选举制度改革. 上海:上海交通大学出版社,2005:242.

的居委会直选率为 53％。① 2014 年,上海市社区居委会直选比例
保持在 50％以上,嘉定等区还采取了海选形式。2018 年上海市居
民委员会和村民委员会选举工作启动,共有 4373 个居委会进行换
届,其中普陀区 255 个居委会全部通过居民直接选举产生。②

在中国城市社区建设过程中,上海市发挥积极的带动作用,并
确立"两级政府、三级管理、四级网络"的管理体制,推动着城市社
区居委会建设进入一个新的发展时期。在城市社区直选实践中,
上海模式的特点主要有:第一是注重发挥党组织的领导作用。上
海社区选举进程中,党支部书记专职担任社区居委会政治指导员。
在选举工作的每个阶段都有支委会研究意见纳入其中,把控和提
高居委会选举的政治质量。多次召开党员大会,发动党员积极参
选,发挥选举委员会中个体党员的先锋模范作用,将党支部的意见
贯彻到选举工作中,从而保证正确的政治方向。总之,上海直选大
力发挥领导核心作用、党员的先锋模范作用,确保社区直选的政治
方向。**第二是协商确定正式候选人,**即"两上两下"的候选人产生
过程。具体而言,选举委员会将候选人条件、名额和产生方式等进
行公示。接着召开第一次居民会议,居民会议以楼或幢为单位,采
取居民 10 人以上联名方式提名初步人选。选举委员会召开候选
人座谈会听取候选人意愿后,形成全部候选人名单。此名单要经
过第二次居民会议的充分讨论后确定小组层面上候选人名单。选
举委员会汇总各居民小组提交的名单,召开居委会会议征求意见,
同时进行候选人的资格审查,最后,选举委员会在综合意见的基础

① 史卫民,郭巍青等. 中国社区居民委员会选举研究.北京:中国社会科学出版社,2009:
242.
② 单冉. 2018 年上海市居民委员会和村民委员会换届选举启动.(2007－5－2)http://
shzw. eastday. com/shzw/G/20180502/u1ai11405748. html.

上提出正式候选人名单。选举委员会层面上的正式候选人名单还要在居民代表会议上讨论,以民主协商方式最终确定正式候选人名单。[①] **三是国际化色彩。**上海素有国内移民城市之称。[②] 2002年12月,浦东新区梅园新村街道仁恒滨江园小区新当选的六位居委会成员中有两名外国居民,这在全国是首次,引起社会关注。"他们热忱社区公益事业,帮助搭建沟通桥梁",是小区选民给出的解释。仁恒滨江园是国际社区,小区40％住户是来自德、英、美等30个国家的外籍人士。[③] 上海是国内率先尝试通过合法透明的选举程序,引入"老外"出任居委会委员的城市。这有助于引进国外社区管理的先进经验和管理理念。总之,上海市注重总结国际社区自治经验,为中国社区自治建设提供了宝贵的经验。

[①] 李凡.中国城市社区直接选举改革.西安:西北大学出版社,2003:222 - 223.

[②] 林尚立.社区民主与治理:案例研究.北京:社会科学文献出版社,2003:3.

[③] 余瑞冬.上海浦东"小联合国":外国人当上居委会干部.(2002 - 12 - 10)http://www.chinanews.com/2002-12-10/26/251733.html.

第四章 城市社区直选
模式的比较分析

随着城市社区选举改革的推进,社区直接选举制度应用的多元化过渡到城市社区直选模式的多样化,一些具有代表性的社区直选模式逐渐形成。前一章梳理了我国城市社区主要直选模式的形成概况和主要内容,在此基础上本章从共同之点、各自特色和存在的问题等方面对城市社区主要直选模式进行较为深入的比较分析。

第一节 城市社区直选模式的共同之点

社区居委会直选模式是在中国城市社区自治过程中一些典型经验的总结。它们各具特色,也有一些共同的特征。城市社区直选模式的共同之点主要表现在指导思想、动力机制、发展策略等方面。

一、指导思想相同:依法规范,积极创新

民主化必须以民主程序的制度化为基础,而规范化是任何一

项制度能够持续贯彻实施的基本要求。① 社区选举的规范化不仅是社区选举和社区民主的基础性条件，而且往往决定着社区选举的实效和社区民主的可持续发展之径。

(一) 重视选举程序，依法规范

从以上社区直选主要模式的形成和经验分析中，可以看出这些城市社区直选过程中都重视选举程序的规范有序。具体而言：**第一是规范制度，即从规范选举程序入手。** 在社区直选制度设计中，这些城市都依照《居民委员会组织法》及实施办法等相关法律法规，并结合实际情况制定出一套社区居委会直选程序和方案。整个选举过程分为筹备阶段、选举阶段、总结阶段；在此基础上，明确部署每个阶段，制定切实可行的选举工作方案。从选举工作机构的设立、社区选举委员会的推选、资格认定、选民登记到初步候选人提名、正式候选人的确定、竞选演讲、投票计票等方面，各城市的社区直选方案都作了具体规定。虽然细节上有所不同，但都严格遵循法律法规的要求。以选民资格认定和选民登记后形成选民名单后应张榜公布为例，宁波模式的做法是选民名单在选举日15天前在社区公示。广西直选中则要求，社区居民选举委员会应于选举日前20天在社区公布选民名单。② 在选民名单公布时间的细节上虽略有不同，但都遵循《居委会组织法》和相应实施办法的对选举委员会职能的一般性规定。2017年宁波市民政局发布关于居委会换届选举实施方案的通知中再次明确了依法规范的指导思

---

① 袁达毅等. 中国选举制度建设中的若干问题研究. 北京：中国社会科学出版社，2016：301.

② 中共广西壮族自治区委员会组织部编. 阳光选举　和谐换届——广西社区两委换届选举手册. 南宁：广西人民出版社，2011：85.

想:严格依法办事,规范选举,按照公开、公平、公正和直接差额选举、无记名投票的原则,把优秀人才选进来,提高社区居民委员会成员的素质,从而为宁波市新时代全面深化改革夯实基层组织基础。[①]

第二是注重培训,即注重选举培训和指导。在城市社区直选主要模式的形成和运作过程中,他们都注重社区直选的培训和指导。培训工作有助于增加选举工作人员对法律法规和政策精神的理解,提高他们的选务实践能力,这是选举工作得以依法规范进行的人力保障。

广西在全国较早地提出了分层培训,全自治区推行社区居委会直选试点前的准备阶段中就开展了三个层次的培训工作,一是对党政系统的领导,培训内容侧重于社区直选的基本原则、方针和选举程序;二是对民政部门人员,社区直选规程是培训的重点;三是对基层选举工作人员,让他们掌握具体的操作程序,并要求每个社区在正式选举前 10 天做好社区选举活动的预案。[②] 分层培训,突出各层级培训重点,注重规范,形成党委领导、人大监督、民政负责、有关部门积极配合的选举工作机制,[③]为社区居委会直选全面实施和持续运行奠定了良好基础。据课题组调研了解到,在此后的五届社区居委会换届选举的准备阶段中都开展了分层次的培训工作,实现了培训工作常态化。在宁波模式形成中,直选试点时就强调培训选举工作人员是社区选举成功的前提条件。注重培训,

---

① 宁波市民政局.关于印发《宁波市社区居民委员会换届选举工作实施方案》的通知. (2017 - 04 - 2)http://www.nbmz.gov.cn.

② 邓敏杰.令人关注的广西社区直选.中国社会报,2003 - 03 - 22(4).

③ 梁罡.广西民族地区基层民主管理创新的探索与实践.经济与社会发展,2016(5):65 - 67.

通过讲课、学习观摩、讨论研究等多种方法展开培训，培训分级进行。行政区负责培训本级和街道级工作人员，街道负责培训本级和社区选举委员会成员。[①] 培训的内容包括：居委会选举相关法律法规、上级相关文件、试点经验、工作方案、具体程序和操作技能等。[②] 北京九道湾模式在形成之初，选举工作培训组发放调查问卷，基于调查统计资料来制定切实可行的培训计划，对社区积极分子、志愿者、社区居民分别进行了培训，还编印了社区直接选举培训教材。[③] 盐田直选中，选举指导小组逐级召开动员大会，通过各个层面的选举培训班的开设来提高工作人员的服务水平。[④] 盐田区还通过专家讲座、主题培训等方式提升社区"两委"的能力，促进直选后自治组织居委会的良性运行。[⑤]

第三是试点先行，总结经验并统一进行。 在社区选举改革正式启动前，广西开展多个社区试点，先后在南宁、柳州、桂林和武鸣等城市的 20 多个社区开展社区居委会直接选举。所有这些社区试点均取得成功，为 2002 年全自治区城市社区换届选举做好充分的准备工作。试点社区类型较多，试点社区的数量甚至超过在此之前全国直接选举的城市社区总数。[⑥] 宁波直选是从海曙区开始。海曙区以联南、平桥和澄浪三个社区为试点对居委会进行直接选举。社区直选试点的成功，使海曙区决定全面实施社区居委会直

---

① 王佳. 甬珉宣. 选好"当家人"找准"带头人". 宁波日报，2017 - 06 - 05(A12).

② 许义平，何晓玲. 现代社区制度实证研究. 北京：中国社会出版社，2008：118.

③ 周鸿陵. 居民怎样拿选票圈点社区当家人. 半月谈，2002(17)：7 - 10.

④ 马卫红，李芝兰等. 中国城市社区治理改革研究：以深圳"盐田模式"为例. 中国治理评论，2013(2)：87 - 94.

⑤ 盐田区. 盐田社区"两委"换届选举工作圆满完成. (2017 - 06 - 30)//www. yantian. gov. cn/cn/zjyt/jjyt/zwdt/201706/t20170630_7445002. htm.

⑥ 李凡. 中国选举制度改革. 上海：上海交通大学出版社，2005：34.

接选举,海曙区成为中国第一个城市社区全面实行直选的行政区,①是我国社区直选取得深入发展的重要标志之一。依据海曙直选成功经验,宁波市于 2007 年底在所有城市社区居委会实施直接选举。

总之,在社区居委会直选的主要模式中,广西选举制度规范化建设走在前面,宁波将城市社区直选规范化方面推到一个新的高度,引领着我国城市社区居委会选举的规范化建设。广西在社区选举试点工作中就强调社区直选必须体现公正、公平、公开原则。广西武鸣县试点社区直选时所制定的直选方案,被专家誉为"当时最详细的城市社区居委会直接选举方案",该方案在民政部门帮助下修改后推广到全自治区居委会换届选举中,并在此基础上建立了一套完整的社区直选"十步"操作程序和流程。2010 年,宁波市制定《宁波市社区居委会直接选举规程(试行)》。② 该规程在直选原则与现实性、可操作性结合的基础上,建立了完整规范的社区直选运用流程,并以文件的形式提供了统一指导和具体规范。

(二)创新直选机制,示范引领

我国城市社区直选主要模式的形成和运行过程中,都注重规范选举,并在依法规范的基础上积极创新直选工作机制,在全国发挥了良好的示范性作用,推动了城市社区选举改革的深入发展。广西社区直选中在全国首次采用"选民登记"方式,引导选民登记,将被动登记转为主动式登记。"选民登记"有助于培养居民社区参

---

① 何伟. 宁波海曙:59 个居委会全部直选. 人民日报,2003 - 12 - 09(6).

② 基层政权与社区建设司. 宁波市社区居民委员会直接选举规程(试行). (2010 - 10 - 07) http://mzzt. mca. gov. cn/article/nzfxh2010/fgzcylcx/jczq/201007/20100700086565. shtml.

与的积极性和真正了解民主权利的意义,让社区居民根据自己的主观意愿进行民主选举。广西模式中"选民登记"方式的创新性尝试,带动了其他省份的社区选民登记方式的创新。广西明确规定,通过直接差额和无记名投票方式选举产生居民代表,推进了居民代表选举方式创新。城市社区直选主要模式中只有广西是明确要求以直接选举方式产生居民代表。居民代表产生方式的创新,有助于社区直接选举全程性的实现。广西还大力改革初步候选人提名的方式,在全国最早尝试了初步候选人由居民一人一票直接选举的方式产生。这种方式的应用有助于提高选民的积极性,扩大基层民主的水平,充分体现了居民自治的原则。2001年广西民政厅颁布的《社区建设试点预案》的第四章"民主选举自治组织",是全国最早系统地阐述社区居民委员会直接选举遵循的基本原则,即普选原则、平等原则、直选原则、差额原则、竞争原则、秘密原则,这是2004年民政部起草拟制的《社区居民委员会直接选举规程》中第一章第二条所规定的居委会直接选举八大原则基本内容的主要来源。

北京九道湾直选中对选民条件的创新性规定,有助于扩大选民范围,特别是保障外来农民工的选举权。2002年首次直选方案明确规定,社区常住一年以上的年满十八周岁居民享有选举权。这意味指着社区居住一年以上的外地人口与本地居民享有同等的选举各项权利。该规定有助于保障外来务工人员的民主选举权利,为北京市以及全国其他城市起到很好的示范和引领作用。

① 解红晖.我国城市社区直选实践模式研究.宁波大学学报(社科版),2013(1):118 - 123.
② 邓敏杰.令人关注的广西社区直选.中国社会报,2003 - 03 - 22(4).
③ 周鸿陵.居民怎样拿选票圈点社区当家人.社区,2002(9):7 - 9.

　　宁波社区直选中创新初步候选人提名方式,确定"选民推荐加自我推荐"的方式,即候选人本人志愿报名与 10 名选民联名支持相结合的办法。① "选民推荐＋自我推荐"的方式已成为宁波市社区直选制度的文件规定。宁波候选人提名方式的创新,很好地借鉴了广西社区直选实践中的候选人提名交给选民的经验,并有所完善。要求当选的候选人有一个自我推荐的环节或步骤,有助于体现选举的自愿性和主动性原则,宁波在提名环节上增加了社区直选中居委会候选人的主观条件。宁波社区直选首次采用半透明的票箱等。这些措施有利于确保投票秩序性,并实现选民秘密划票的目的。它有助于矫正社区直选过程中的信息不对称问题,充分体现了公平公正的原则。②

　　深圳社区直接选举中率先引入选举观察员制度。盐田区在首次社区直选中聘请观察员对整个居委会选举过程进行观察,对选举观察员走访选举现场、填写观察记录表、选举过程评估和撰写书面观察报告等都进行了制度化安排。③ 盐田社区选举观察员制度的建立与推行,不但可以填补当时居委会选举中监督缺位的空白,而且有利于居民民主监督意识的提升。这些是选举公正和政治稳定得以维护的最有力保障。

　　城市社区直选主要模式的运行过程中,还注重在创新中辅以技巧,较好地处理选举过程中的实际问题。如针对选民有较多的老人、文化程度不高的实际情况,广西武鸣县在选票设计上将居委会三个职位分别设计成三种不同的颜色,并印好候选人的姓名。

---

① 解红晖.城市社区直选的宁波模式研究.社会工作,2010(7):41-44.
② 许义平,何晓玲.现代社区制度实证研究.北京:中国社会出版社,2008:124.
③ 候伊莎.透视盐田模式.重庆:重庆出版社,2006:51.

特殊设计的选票,给选民提供了方便,同时还有利于计票。[①] 为增加选民对候选人了解,宁波市澄浪社区在划票间内贴上候选人照片和竞选口号等,有助于选民做出理性的选择。[②]

二、动力机制近似:政府推动社区直选

(一) 城市社区直选动力考察的向度

对城市社区直选动力的考察应基于两个向度:第一是社区直选的内在动力,它来自于社区,包括居民公民意识的提升、社区建设的实践推动等。随着改革开放的深入,社会主义市场经济体制的建立,市场竞争成为资源配置的重要方式,经济类型呈现出多元化,推动着市民社会发展。基层社区公共生活空间的扩大,社区居民的权利意识和参与意识会增强,他们有自发参与社区选举的积极性。尤其是社区公民领袖的出现,他们有更强烈的社区凝聚力和出众的政治沟通能力,带动社区居民的自治意识。[③] 通过直接选举产生的居委会是居民争取国家"赋权"(empowerment)的结果,它比以往的社区组织拥有较强的自主权。城市社区居委会竞选现象的出现,是社区居民公民意识提高的生动体现。[④] 与此同时,城市居民住房的商品化又加速传统单位制的解体。社会流动人口增加,人口流动速度加快,城市社会结构发生了巨大变化。社区需要承接"单位"所释放的各种社会职能,而旧的行政管理体制下的社区功能有限,根本无法满足这些需求。如何解决社区负担过重的

① 陈伟东等.直接选举:社区民主建设的新进展.中国民政,2007(10):36-37.
② 许义平,何晓玲.现代社区制度实证研究.北京:中国社会出版社,2008:138.
③ 马卫红,李芝兰等.中国城市社区治理改革研究:以深圳"盐田模式"为例.中国治理评论,2013(2):87-94.
④ 张涛,王向民等.中国城市基层直接选举研究.重庆:重庆出版社,2008:192.

问题,促进社区健康发展。回应这些问题,迫切需要社区体制改革深化创新。社区居民自治、居民委员会法律角色的回归、社区选举的改革启动,反映着社区建设的实践需求。

二是社区直选的外部动力,它来自于社区外,包括政府、政党、农村基层民主建设的推动。1. 政府的力量。社区直选是政府力量向基层社会渗透的过程,是政府的新型行政动员机制,有利于政府政策的执行和实施。社区选举改革某种程度上满足了转型期国家政权建设的需要。选举后的居委会不能在居民与政府之间扮演良好的中介角色,自治功能会弱化,究其实质是代表政府行使管理权,这是国家以新的方式实现了对基层社会的介入。这主要是行政建构论者所持的观点。① 2. 政党的力量。社区中党的基层组织是推动社区直选的主要动力。党的基层组织是基层群众自治的重要政治保障。② 党的组织建设与居委会的组织建设是社区体制改革进程中的两个核心问题。党、国家与社会三个层面的政治发展过程有着深刻的内在联系,也是基层群众自治存在和发展的政治背景。党的基层组织在基层社会中的强大的影响力和凝聚力,是基层群众自治和基层民主实践发展的主要动力。③ 3. 农村基层民主建设的推动。1987 年全国人民代表大会通过《村民委员会组织法(试行)》,农村村委会开始逐渐摆脱乡镇政府的垂直性管辖,走上村民自治的发展道路。农村的一系列制度创新促进了民主选举、民主管理和民主监督的发展。这些不仅发展了农村村民自治,

① 参见刘春荣.中国城市社区选举的想象:从功能阐释到过程分析.社会,2005(1):11 - 14.
② 汪仲启.互动与聚合:当代中国基层民主发展的动力与边界.学术月刊,2019(3):82 - 94.
③ 林尚立.基层民主:国家建构民主的中国实践.江苏行政学院学报,2010(4):80 - 88.

也使城市居民自治正式提上了社区建设的议事日程。在这一过程中,适合城市社区自治的制度结构与实施得以提出,其中包括社区选举改革。[①]

(二) 城市社区直选模式形成的主要动力

广西自治区是在城市推进社区体制改革、调整社区、重组城镇社区自治组织的过程中,提出可以在条件成熟的社区居委会选举时采用直接选举方式。据广西自治区民政厅基层政权和社区建设处处长邓敏杰回忆,2000 年 12 月 6 日他赶到将率先进行社区直接选举的南宁建政街道的长堽西社区。在与社区选举筹备组成员的交谈中,邓敏杰发现工作人员对城市社区选举的规范程序的认识是模糊的甚至是缺失的,选举筹备工作中依据的是以党代表选举和人大代表选举中的做法和规程。针对这种情况,邓敏杰处长建议社区选举日适当推延,订办法补程序。当日城区四大班子和社区建设领导小组全体成员集中学习,解读法律。"十步走"的选举步骤的拟定、系列的选举公告的出台公示等,保证了长堽西社区直选的顺利进行,社区居民委员会新成员产生。[②] 广西自治区社区直选试点过程中的领导关注甚至亲力亲为,从一个侧面也表明了城市社区直选的动力主要来自于外部,即政府推动是社区选举的主要动力。[③]

北京九道湾直选模式的形成中,北京新民教育研究中心在九道湾社区直选前期、选举进程和选举后期的社区自治组织运作等

① 李凡. 中国选举制度改革. 上海:上海交通大学出版社,2005:27.
② 邓敏杰. 广西社区直选　无人喝彩的辉煌. 社区,2003(12):11 - 14.
③ 解红晖. 我国城市社区直选实践模式研究. 宁波大学学报(社科版),2013(1):118 - 123.

系列工作中发挥着重要的作用。九道湾直选成功是政府与非政府组织良好合作的成果。九道湾直选的启动,双方均视其为一次重要的政治实验。1999 年,新民教育研究中心主任周鸿陵在研讨会上认识了民政部基层政权和社区建设司的一位领导,并在这位领导引荐下结识了北京东城区民政局领导符正成。周鸿陵认为,较为成熟的农村基层民主的实践已积累了足够经验,为全面推进基层民主改革夯实了基础。这一观点得到了符正成的赞同,并表示愿意在老城区进行北京城市基层民主的开拓性试验,由此启动了九道湾社区直选试验。可见,没有政府的决心和正确的认识,北京九道湾直选实验是无法启动的。①

宁波的社区直选改革也是制度变迁的过程,是在政府主导下有计划地进行,具有"规划变革"和"政府主导"的特点。宁波直选模式中的"选聘分离"体制是政府及其部门领导和支持的产物。为了更好地借鉴农村基层民主的选举经验和其他城市基层建设的成果,政府部门领导邀请国内外有关专家来参与"选聘分离"体制的设计,并促成"选聘分离"体制的有效实施。宁波社区运行经费及社区工作者薪酬均享有政府财政预算保障。作为宁波社区直选制度的主要设计者、宁波市民政局某位领导在接受访谈中坦言,社区直接选举启动的最初动机是提高行政效率,加强社会管理。②

深圳市政府推动的城市化进程催生了社区自治的需要,盐田区直接选举是城市化趋势的反映,是城市社区管理体制改革的重要内容。城市化促进了资源的充分流动和有效整合,带来城市社

---

① 参见赵义.政府为公众的民主权利买单值不值——对北京市九道湾社区直选的另一种注脚.社区,2002(11):4 - 7.
② 解红晖.我国城市社区直选实践模式研究.宁波大学学报(社科版),2013(1):118 - 123.

会结构的巨变,传统社区面临消解、削弱和融化的潜在危险,原有的城市管理模式失灵。深圳盐田区政府决定建立新的城市基层社会管理模式,通过直接选举改革建立新型社区。直接选举产生的社区居委会的社会属性凸显,真正具备发挥其在社区自治中主体性组织作用的可能性。社区居委会通过为居民提供服务的方式来提升社区的凝聚力,有效整合优化社区自身资源,有助于应对城市社区面临的诸多潜在危险,从而推动城市社区的发展。同时,盐田区政府顺应城市化趋势,以工作站的形式扩展和实现其行政职能,有效实施各项政策措施。深圳盐田启动社区直选改革,推进基层民主建设,是政府对城市化进程的理性扩展与积极补充的产物。①

　　总之,各个城市开展社区直接选举改革,最初主要是为了满足政府对城市资源优化配置的需求,提高行政效率,改善社会管理。中国城市社区居民委员会直接选举的动力主要来自外部,政府支持是社区选举的主要推动力。② 在城市社区的主要直选模式中,深圳盐田社区选举改革对政府的依赖性最强,被视为是置入性建构。③ 总之,中国城市居民的自治水平总体不高,仍处于培育状态,来自社区内部的动力不足。④

(三) 城市社区直选是城市社区与政府力量双向互动的产物

　　实践表明,当代中国的大部分民主实践的发起方或主导者是

---

① 欧阳觅剑. 深圳社区居委会直选的城市化逻辑. 南风窗,2006(8):21 - 23.

② 解红晖. 我国城市社区直选实践模式研究. 宁波大学学报(社科版),2013(1):118 - 123.

③ 马红卫. 现代城市主区行政与自治权互构的模式和内动力. 上海城市管理,2009(8):10 - 14.

④ 闫健主编. 民主选举. 北京:中央编译出版社,2013:95.

地方政府,国家与社会的共同作用推动着中国的民主政治发展。[①]
制度变迁理论认为:作为公共产品的制度,是由组织或个人生产出
来的。[②] 制度的供给方可以是组织或个人,根据他们在制度变迁中
的作用,可分为"第一行动集团"和"第二行动集团",第一行动集团
发挥主要作用,是制度变迁计划的倡议者、评估者和选择者,并组
建第二行动集团。根据第一集团里各个主体的不同作用,制度变
迁可分为诱致型和强制型。诱致型制度变迁是一种"自下而上"的
制度变迁,是主体在新制度获利机会的引诱作用下自发地组织和
实施的制度变迁。强制性制度变迁则是一种"自上而下"的制度变
迁,是政府作为第一行动集团以政府命令和法律形式引入和实施
的制度变迁。[③] 从制度变迁理论的角度来看,中国城市社区居民委
员会选举制度的变革是强制性与诱致性变迁混合的产物,其中更
多是诱致性的,它是城市社区与政府力量双向互动的过程。[④]

　　总之,社区民主建设来自于两种力量的推动,一是社区自身的
力量,这是社区自治建设的内在动力;二是政府等机构的外部推
动。在我国社区自治建设的实践中,制度变迁是政府主导的结果,
城市社区直选模式的形成是政府主动地适应新形势的产物。政府
部门掌握着众多的资源,当前城市社区自治建设离不开政府的指
导和支持,仍然需要政府等外部力量的驱动与助力。政府的推动,
是当前城市社区居委会直选改革及其组织发展的社区自治建设的

① 汪仲启. 互动与聚合:当代中国基层民主发展的动力与边界. 学术月刊,2019(3):82 -
　　94.
② R. 科斯,A. 阿尔钦等. 财产权利与制度变迁——产权学派与新制度学派译文集. 盛洪
　　等译. 上海:上海人民出版社,1995.
③ 刘远航,黄立华. 国有企业制度成本的一般分析. 江汉论坛,2008(2):37 - 40.
④ 张涛,王向民等. 中国城市基层直接选举研究. 重庆:重庆出版社,2008:192.

主要力量。随着社区自治内部力量的强大,城市社区直选真正成为城市社区与政府力量双向且平衡互动的产物。

三、发展策略趋同:渐进式的发展策略

城市社区居委会直选的典型实践模式分析表明,我国城市居委会选举改革采取的是渐进式发展策略。

广西直选模式形成过程中,居委会直接选举改革从单一试点、扩大试点到全区推行。2000 年 12 月南宁市新城区建政街道长堽西社区成为广西自治区第一个居委会直接选举的城市社区。长堽西社区是一个典型的城市混合型社区,内有广西冶金研究院等 9个单位和以自然地域为主的居民区。社区基础设施差,居民民主选举意识较浓,其社区直选的成功经验具有推广价值。长堽西社区直选后,自治区民政厅基层政权和社区建设处总结经验,分析存在的不足,接着主抓两件事:扩大试点和加强规范。2001 年,自治区民政厅发布关于社区居委会选举的相关通知,强调选举程序必须依法、方案行文力求规范,并编制《社区居民委员会投票程序图》。2001 年 3 月柳州市柳南区中山花园社区直选中启用了投票程序图。广西不囿于此,继续选择不同类型的社区展开试点,扩大试点层面,提出要"三试成功,多树典型助推广",先后在南宁、柳州、武鸣等城市的 20 多个社区开展了社区直选试点工作。[①] 在试点工作基础上,自治区党委和政府决定整体推进全区城镇社区居民委员会的直接选举。2002 年采用直选方式选举的社区占应选举社区总数的 43%。[②] 2005 年自治区提出"创新社区居委会直选机

---

① 邓敏杰.广西社区直选 无人喝彩的辉煌.社区,2003(12):11-14.
② 李凡.中国选举制度改革.上海:上海交通大学出版社,2005:35.

制 推进和谐社区建设",城市社区直选率为 69.3%,增幅 25.7%。[1]2008 年社区居委会选举提出坚持党管干部、发扬民主原则、依法办事、因地制宜四大原则,"两委"选举中增加了化解基层矛盾、储备优秀人才等创新性做法。[2] 2011 年广西自治区明确提出"规范选举,和谐换届"的目标定位,并在规范程序的基础上全面推行公推直选。全区 1716 个社区完成了换届选举,选民参选率 87.9%,全部居委会选举实施公开竞选和竞职承诺。[3] 2014 年 5 月,广西自治区确定换届选举试点工作重点,并进一步完善两委联动、公推直选制度等。[4] 2017 年村社"两委"换届选举工作主题是"阳光选举,和谐换届",突出要严明纪律,畅通民主监督渠道,实现监督全过程全覆盖。[5] 可以看出,全区推行中社区直选率稳步提高,不断创新直选工作机制。社区直选的目标性主题从"规范选举,和谐换届"到"阳光选举,和谐换届",表明对于选举规范化建设要求的逐步提高。

宁波城市社区的直接选举改革始于海曙区。海曙区于 2003 年 5 月始在全区展开社区居委会直选并取得成功,成为中国第一个社区居委会全面实行直选的行政区。海曙区选举采取"试点先行,稳步推进"的原则,在总结联南、平桥等社区试点经验的基础

---

① 广西民政厅.创新社区居委会直选机制 推进和谐社区建设.(2005 - 10 - 14) http://www.sdpc.gov.cn/tzgg/shlygg/t20051014_45128.htm.

② 广西民政厅.广西村(社区)"两委"换届选举工作圆满结束.(2011 - 10 - 26)http:// guangxi.mca.gov.cn/article/gzdt/201110/20111000189576.shtml.

③ 广西民政厅.广西村(社区)"两委"换届选举工作圆满结束.(2011 - 10 - 26)http:// guangxi.mca.gov.cn/article/gzdt/201110/20111000189576.shtml.

④ 乔晓莹.选贤任能孚众望 风正气顺展新貌——2014 年广西村(社区)"两委"换届选举工作综述.广西日报,2014 - 11 - 13(1).

⑤ 李贤.广西村(社区)"两委"换届选举工作 7 月全面启动.广西日报,2017 - 06 - 08 (1).

上,海曙区社区居委会选举工作指导小组制定《海曙区社区居委会直接选举工作规程》对直选的每个步骤和环节都进行了具体的规定。① 根据海曙经验,宁波市于 2007 年底在所有城市社区居委会实施直接选举,参选率 92.6%,社区直选范围从海曙区一个城区扩展到 11 个县(市)区的所有城区,参选社区 235 个,直选社区数目比上届增长近 4 倍。近千外来人员当选为居民代表,比上一届增幅 1 倍。② 2010 年宁波市实行直选的社区共有 330 个,比上届增加了 95 个,增幅达到 40%。此届选举宁波市印发了《宁波市社区居民委员会直接选举规程(试行)》,全市统一应用规范化的选举制度。2013 年,宁波市第九届社区居委会选举中的社区居委会直选覆盖面进一步扩大,采用全体居民直接选举方式的达到 418 个,比上届增加了 88 个。此次选举中 157 个社区探索建立选举观察员制度,进一步确保选举公开公平公正。③ 2017 年宁波市社区居委会换届选举中,520 个社区实行直选,比上届增加 102 个,选民民主参与度扩大,选举方式进一步完善,其中最大的亮点是引入"三项承诺"制度,推进直选后居委会工作的良性运行。④

深圳盐田社区直选改革始于 2002 年。盐田区民政局在基层区划和社区调整的基础上推行"居改社"的换届选举。此次选举尝试居委会直选,直选率为 35.2%,但初步候选人提名主体是街道办事处。2005 年,在新的社区治理新组织框架下盐田区 17 个社区居委会全部直选,居民投票率达 84%,是广东省社区选举创新的典

① 许义平,何晓玲. 现代社区制度实证研究. 北京:中国社会出版社,2008:132..
② 宁波 235 个城市社区全实现直选. 宁波日报,2008 - 01 - 11(10).
③ 宁波市民政局. 我市第九届社区居委会换届选举工作顺利结束. (2013 - 09 - 22) http://www.nbmz.gov.cn.
④ 王佳,甫珉宣. 选好"当家人"找准"带头人". 宁波日报,2017 - 06 - 05(A12).

范,成为我国继宁波海曙区后又一个辖区内城市社区全面实行直接选举的行政区。此届选举对初步居委会候选人提名权主体和社区选举委员会成员产生方式等进行了创新,[①]包括增设的 5 个社区居委会选举。在 2008 年盐田区社区选举中居委会直选率保持100%,居民投票率增幅 7%,选举观察员制度逐步完善。2011 年盐田区居委会换届选举再次实现了 100%居委会直选,辖内社区综合党委尝试探索"无候选人直选"方式产生新一届委员。[②] 2014 年盐田区社区综合党委和居民委员会换届同时进行,当选为"两委"的 180 名成员有精简化、年轻化和专业化等特征。[③] 2017 年盐田区圆满完成"两委"换届选举工作,此次选举呈现出选举参与率高、选举观察认可率高和班子结构优化等特点。[④]

在我国城市社区选举改革渐进性发展道路上,北京社区直选进展相对缓慢。九道湾直选模式诞生在首都北京,对全国影响很大。九道湾社区首次直选后 10 多年,其直选模式并没有在全市推广。在 2009 年第七届北京市社区居委会选举中,居民直接选举和户代表选举的比例总和仅为 11%,许多社区采取的仍是传统的居民代表选举方式。[⑤] 以北京市西城区广外街道为例,2009 年,广外街道 29 个社区中 8 个社区实施户代表直选,21 个社区采取的是居民代表选举,辖区没有社区实施居委会直接选举方式。2012 年广

① 候伊莎. 透视盐田模式. 重庆:重庆出版社,2006:51 - 53.
② 盐田区人民政府. 2011 年盐田区社区居委会成员名单. (2011 - 03 - 28)http://www. yantian. gov. cn/cn/zjyt/csyt/lsyg/t20110328. htm.
③ 潘峰. 盐田区新一届社区"两委"干部开展就职宣誓. (2014 - 05 - 08)http://iyantian. sznews. com.
④ 盐田区人民政府. 盐田社区"两委"换届选举工作圆满完成. (2017 - 06 - 30)http:// www. yantian. gov. cn/cn/zjyt/jjyt/zwdt/201706/t20170630_7445002. htm.
⑤ 魏铭言,张婷. 北京超两成社区直选委员会. 新京报,2012 - 04 - 09(A26 - 27).

外街道13个社区采取居民代表选举方式,户代表直选方式有15个社区,只有1个社区实施了全体选民直接选举。2012年,北京2634个社区居委会选举中,20％的社区采取居民直选选举和户代表选举两种方式产生居委会。① 前面提到,户代表选举是我国社区居委会选举方式的改革,但不属于真正意义上的居委会直接选举,这意味着2012年北京居委会直选的社区是低于20％。2015年,北京西城区261个社区全部以户代表选举和居民代表选举两种方式产生新一届居委会委员,没有采取直接选举方式。②

以课题组调研的九道湾社区所在的北新桥街道为例,街道辖区内有12个社区(藏经馆社区、小菊社区、九道湾社区、前永康社区、后永康社区、十三条社区等)。2012年,北新桥街道的九道湾社区、前永康社区、十三条社区等4个社区实施了居委会直接选举,直选社区率33.3％。③ 北新桥街道是北京东城区的社区选举改革的示范街道,以此可以合理类推,2015年北京城市社区居民直选和户代表选举的比例40％中有相当大的比例是户代表选举。2020年社区居委会直接选举和户代表选举比例将达到50％。

由上可见,我国城市社区直选模式运作中实施的发展策略是渐进式推进,一般的做法:在选举的区域上,由点到面、由局部到整体;在选举的方式上,先试点再应用,从积极借鉴到着力创新;④在

---

① 王峰等.20％以上社区直选　北京基层民主十年推进.21世纪经济报道,2012-04-19(02).

② 杨二丽,费秋林.西城居民选出261个社区"当家人".(2015-07-20)http://www.people.com.cn/n/2015/0720/c82838-25649083.html.

③ 2015年课题组在北新桥街道的调研时从街道负责居委会选举的工作人员中所了解到的情况。

④ 解红晖.我国城市社区直选实践模式研究.宁波大学学报(社科版),2013(1):118-123.

选举的制度上，从简单设计到规范建立，从单一制度到配套制度体系；在选举目标上，从顺利换届到高质量换届。我国城市社区直选模式的运行中采取的渐进式发展战略，是由中国基层群众自治建设所具备的基础和条件决定的。中国社会缺乏民主的制度基础和文化土壤。根据"制度依赖"的理论，某种制度形成后，会发挥一种自生自护和稳定强化的本能性作用，被人们选择的某种制度在运行中会产生惯性的力量。"人们过去做出的选择决定了其现在可能的选择。"①。缺乏民主制度传统，决定了中国民主道路的艰辛与漫长。中国城市居民的民主意识、民主技能、宽容和妥协精神与理想民主要求相距甚远，需要在民主实践中缩短差距。但这个实践过程非一朝一夕能够完成，渐进式的发展策略是理性和正确的选择。因此中国基层民主的成长是一个长期的过程。邓小平曾明确指出："即使搞选举，也要有个逐步过渡，要一步一步来。"②中国改革和民主建设，必须立足现实的基础，不断稳步发展。③ 总之，城市社区直选实践模式均采取稳步推进策略进行社区居委会选举方式的改革，实现基层民主的发展。

第二节　城市社区直选模式的各自特色

　　我国城市社区直选主要模式在指导思想、动力机制、发展策略等方面存在着相似之处，又各具特色。广西模式最大的特色是将社区直选试验重点放到中小城市，从发展战略的高度探索了一条城市社

---

① 道格拉斯·诺斯. 经济史中的结构与变迁. 上海：上海三联书店，1994：1.
② 邓小平文选. 第 3 卷，北京：人民出版社，1994：220.
③ 张涛，王向民等. 中国城市基层直接选举研究. 重庆：重庆出版社，2008：182－183.

区直接选举发展路径。北京九道湾模式的最大特色是非政府组织的介入。宁波社区直选推动城市社区治理的创新,宁波模式中最大的特色是选聘分离体制,属于治理型直选模式。盐田模式形成的关键是城市化进程的推动,会站分离体制是盐田模式的最大特色。

一、广西模式的特色:战略型发展模式

广西模式最大的特色是将社区直选试验重点放到中小城市,从发展战略的高度探索了一条城市社区直接选举发展路径,有力地推动了我国城市社区选举改革的进程,属于战略型直选模式,具体而言:

首先,从战略高度探索城市社区直选的发展道路

我国城市社区直接选举改革早期,首次进行城市直接选举改革的城市是青岛,之后上海、南京、北京,这些试点社区都是民政部指定的实验社区。政府和民政部门最初的指导思想是首先在大型中心城市社区推行直接选举改革。基于几点考虑:经济上,城市社区居民生活水平高于农村农民,他们有较强的民主意识和经济条件介入社区基层民主建设;教育上,城市居民的教育水平高,基本没有文盲,代划票现象会少,容易开展竞选辩论等,利于选举程序的推广;信息上,城市居民获得的信息多于农民,电脑、电视、广告、演出方面的优势明显,城市居民应比农民更容易接受直接选举的方式。在大的中心城市推动社区直选的现实过程中,当时面临着一个主要问题:选民的积极性总体不高,除了中心大城市的蓝领社区(如九道湾社区)和理事会型社区(如上海浦东社区)。[①] 北京市在启动社区选举改革试验时,最初也设想在

---

① 李凡. 中国城市社区直接选举改革. 西安:西北大学出版社,2003:263.

经济较为发达的中心城区的高档小区。后经调查发现,中心城区居民与社区的利益关联度不高,老城区蓝领社区居民有较强的民主参与需求,最后民主试验点定在东城区九道湾社区。[①] 这些都是城市社区直选过程中的探索与经验。如何更好地解决这个问题,中国城市社区直选的发展道路在何方？这是所有关注和参与城市基层民主发展过程中人们思量的难题,广西在社区选举改革实践中提出了自己的解决方案,具有战略性启示意义。

2000 年至 2001 年,广西开展了多次社区居委会直接选举试点,这是为 2002 年广西城市社区换届选举所进行的准备。试点社区类型较多,社区所在城市包括大城市如省会南宁、中等城市如柳州,以及小城市如武鸣县等,第一个开展直接选举试验的社区是南宁市新城区建政街道长堽西社区。2001 年 12 月,长堽西社区新一届社区委员会成员通过直选方式产生。随后,广西扩大试点范围,有意识地选择不同类型的社区,开辟中国城市社区直选发展探索之路。城镇型社区和混合型社区选举中居民参与度高,广西城市社区选举的组织者们敏锐地把握和分析社区直选探索进程中的重要现象,意识到:随着中国加入世贸组织和经济体制改革的深入,社区的重要性将得到进一步增强,城市社区直接选举的社会基础将得到进一步巩固。因此,社区选举重点可以先放到城镇和中小城市的社区,包括乡镇居民委员会。注重从农村选举改革中借力,先在城镇和乡镇地区推动社区直选,实现城市社区选举的突破。赢得信心,总结经验,调动选民的积极性,然后逐步向中小城推进,最后在大中心城市推广,这将会稳步推动中国城市社区选举和基

---

① 何晓玲主编. 社区建设模式与个案,2004. 北京:中国社会出版社,2004:103-109.

层民主的发展。①

　　总之,广西通过多角度多层面的积极摸索,在认真总结经验的基础上,探索了一条中国城市社区直接选举的发展路径,具备战略的高度和深刻的启示:根据现实情况开展社区直接选举,稳步推进中国城市基层民主的发展。② 中国特色社会主义民主政治建设必须与现实条件相结合,才能在国家治理现代化宏伟目标指引下不断深化推进。③

第二,有力推动了我国城市社区选举改革的进程

　　广西在中小城市开展社区选举试点,拉开了中小城市(包括城镇)社区直选的帷幕,打破以前的社区选举试点是民政部实验区的先例,增强了政府对促进城市基层民主建设的信心,它大大加快了中国城市社区选举改革进程。④

　　2001 年,广西在县城所在地的乡镇开展居委会直接选举,包括县以下乡镇居委会,都基本获得成功。选举程序较规范,还开展了一定程度的竞争,居民们表现出较大的参与热情,最典型的例子是武鸣县,县政府所在城镇的 8 个社区都是通过直接选举方式产生新一届居委会。这是基于广西自治区城市社区选举组织者们清楚认识到民主方法在中国城市社区发展中的作用,以民主方式调动群众的参与热情和积极性是推动社区建设和民主发展的有效办法。通过开展民主选举,为民主管理和民主监督打下坚实的基础,

---

① 李凡. 中国选举制度改革. 上海:上海交通大学出版社,2005:35 - 37.

② 邓敏杰. 广西社区直选　无人喝彩的辉煌. 社区,2005(12):11 - 14.

③ 张力伟,陈科霖. 从"小豆选"见"大民主":中国基层民主的历史与经验. 理论导刊,2018(4):36 - 41.

④ 解红晖. 我国城市社区直选实践模式研究. 宁波大学学报(社科版),2013(1):118 - 123.

从而推动城市社区基层民主的发展。与大城市相比,中小城市里选民的参与热情比较容易调动起来。细究其原因,除了事先进行力度较大的培训外,与中小城市的特质有关。中小城市的社会人比例高于大城市,中小城市居民的社区需求较为强烈,参与社区选举的热情要比大城市的居民高些;在中小城市社区委员会有着较高的社会和政治地位,社区居委会成员的收入能够得到一些人的青睐,这是居民积极参与背后的重要原因。[①] 在中小城市促成真正的民主选举,并以此为基础不断地积累经验,发展中国特色的社区民主自治,推动了中国城市的社区改革进程。

2002 年,我国城市社区居委会直接选举从试点走向大规模推进,其突破性进展从广西城市社区直选开始,[②]这应归功于广西在城市社区选举改革进程的积极探索和理性选择,将社区直选试点放到中小城市举行,社区直选数量和规模实现突破,中国城市社区选举改革步伐得以加快。广西中小城市所获得的经验可以被全国其他中小城市学习借鉴,增加城市直接选举推广的可能性,这也表明居委会直接选举的改革是符合中国广大社区的需要。[③] 随着广西城市社区选举的改革,中国城市社区居委会直接选举开始在其他城市大规模开展,全国有 10 个省市开展了社区居委会直选,迎来了中国城市社区直选改革发展的第三个阶段。

第三,敏锐把握住中国城乡基层民主趋同的特征

广西在中国城市社区直选举步维艰之际,拉开了中小城市社区直选的帷幕,奠定了社区直选发展战略的雏型,这一战略架构的支撑点有两个:一是制度的规范与创新,二是把握城乡基层民主的

---

① 李凡. 从武鸣直选看中国社区的发展战略. 社区,2003(1):15.
② 张涛,王向民等. 中国城市基层直接选举研究. 重庆:重庆出版社,2008:174.
③ 李凡. 中国选举制度改革改革. 上海:上海交通大学出版社,2005:37.

趋同性。

对规则的重视程度强,选举制度执行较为认真,选举规则详细,是中小城市社区选举的一个特点。在社区直选试点期间,武鸣县制定的规范化的选举制度,专家认为是当时最详细和最完整的选举方案。该选举制度在广西民政部门的修改下推广应用到全自治区范围内的社区直选中,是广西社区选举规范化建设的重要标志。这套被专家称赞的社区选举办法是武鸣县在吸收农村村委会直接选举经验的基础上制定的,它创新性地糅合城镇社区选举和农村村委会选举的成果,促进广西社区选举的规范化,进而形成中国城市社区选举改革的规范化趋势。① 除了选举规则和选举办法的借鉴,选票的设计、代写处的设立、秘密划票间的设计、初步候选人的预选等都是对农村村委会选举技术和技巧的借鉴。

如来宾县良江镇社区直接选举中用一根红线明示投票路径,几组木制"活页"搭就秘密投票间。一根红线,克服有法难依和选举秩序混乱的积弊,几组活页,搭成秘密划票间,建立了易操作且有效率的"绿色投票流程",这是农村村委会选举中探索出的一个低成本的有效应对方法。亲临现场的专家称之,这标志着中国农村选举正渗透式地向城市社区选举演进和推广,是"农村包围城市"的中国基层民主发展战略的一个具体体现,②中国城乡基层民主趋同的特征凸显。随着城市化的推进,城乡基层民主理念互相渗透,实现共存。广西将社区选举试点重点放到中小城市,有助于借鉴农村村委会选举成果,把握城乡基层民主趋同的特征,实现城市居委会选举和农村村委会选举成果的有机整合,为中国城市社

---

① 张民巍,邓敏杰.广西选举为何能破坚冰和僵局.社区,2005(7):12.
② 邓敏杰.广西社区直选　无人喝彩的辉煌.社区,2003(12):11—14.

区自治发展提供了宝贵的思路。目前我国城市社区居委会选举在许多方面都有创新,但总体上未超越村级选举的水平,在制度规范、选举方法、操作技术、竞争程度及选民参与等方面仍然落后于农村选举,[①]仍需要进一步发展完善。需要指出的是,在吸收农村选举经验的同时,城市社区应该进行创新性探索并进行试点试验,使城市社区选举制度更加完善。

总之,广西在城市社区居委会直接选举改革进程中,在认真总结试点经验的基础上,决定将社区直选试验重点放到中小城市。以中小城市社区直选经验为基础,在全自治区范围内推行城市社区直接选举改革并取得良好效果,实现了我国城市社区自治发展中的一次重大突破,把社区选举发展提升到中国民主政治发展路径选择的战略高度,广西也因此走到中国城市社区民主发展的前列。

二、北京九道湾模式的特色:合作型直选模式

北京九道湾模式中最大的特色是非政府组织的介入,[②]九道湾社区直选的形成是政府机构与非政府组织之间良好合作的成果,属于合作型直选模式。

第一,实现直选制度制订主体的多元化

选举制度制定是选举活动开始的基础和前提,选举制度制定者是可以影响选举制度的有关组织、机构和人员。如何提高选举制度的质量和水平,保证良好的选举效果,是选举制度利益相关者

---

① 闫健主编.民主选举.北京:中央编译出版社,2013:14.
② 解红晖.我国城市社区直选实践模式研究.宁波大学学报(社科版),2013(1):118 - 123.

普遍关心的问题。[①] 一项科学的方案、制度的制定过程应是各方利益主体在平等的条件下，采取协商的方式讨论研究，在平衡各方利益的基础上制定行之有效的方案和制度。[②]

社区民主的发展必须以选举规则和程序的制定为基础。《居委会组织法》颁布后，各省、自治区、直辖市制订了相应的实施办法。北京、浙江、天津等省市已制订社区居委会选举办法或规程。这是城市社区直选实践中制度建设依据的基本法律法规。城市社区直选制度具体的制订和实施过程大体包括三个环节：首先，市人民政府统一部署本市的社区居民委员会换届工作。其次，各区党委、区政府和各街道党工委、街道办事处分别成立各级的社区选举工作指导组，社区层面上成立选举委员会。区级社区选举工作指导组统一制作选举工作文书，街道选举工作指导组依据法律法规负责指导各社区制定社区居委会换届选举工作方案。最后，社区选举委员会根据社区实际情况制定详细的直选实施方案，直选实施方案在街道选举工作指导组审核后实施。我国城市社区直选实践中，区级的社区选举工作指导组制作选举文书（包括通知、规程等）的主体是区民政局。街道层面的社区选举工作指导组制作选举工作方案等的主体是街道办事处人员。选举文书和选举方案的制定过程中会有专家的咨询和建议，但制定主体是政府工作人员。

北京九道湾社区直选试点之前进行了充分的准备工作，其中包括选举工作机构（即社区直选工作指导委员会）的成立，这是支撑九道湾社区直选实验的组织框架。北京新民教育研究中心是非

---

① 谷联磊. 城市社区居委会直选机制问题研究. 湖北：华中师范大学，2008：134.

② 柯武钢，史漫飞. 制度经济学——社会秩序与公共政策. 北京：商务出版社，2000：114.

政府组织,研究中心主任周鸿陵是社区直选工作指导委员会的成员。委员会其他成员包括民政部基层政权和社区建设司干部、北京市民政局基层处副处长、街道办事处人员等。社区直选工作指导委员会成立后的首要任务是制定九道湾社区选举制度。基于社区的实际情况,参照农村村委会直选和世界先进国家的选举经验、发扬依法规范和积极创新精神,社区直选工作指导委员会制定了九道湾社区直选工作的具体方案。该方案较好地解决了法规与政策的不衔接,并在扩大选民范围、候选人产生方法等方面进行了创新性探索,是北京市首次城市社区直选试验成功的制度性保障。北京九道湾社区直选方案历经三次修改,其间街道办事处与新民教育研究中心有多次的争论和磨合,最终的方案是双方协商妥协的结果。可见,社区直选方案的制定主体除了政府及其职能部门、政府派出机构外,还有非政府组织新民教育研究中心,九道湾社区居委会直接选举制度的制定主体具有多元化特征。

其他城市社区直选模式的制定主体总体上较为单一。在广西模式形成的过程中,南宁市新城区建政街道长堽西社区是第一个直接选举的城市社区。长堽西社区选举办法是在民政厅基层政权和社区建设处处长建议下,新城区四大班子和社区建设领导小组开会研讨,制定的社区直选办法案。① 在盐田模式中,盐田区社区居委会换届选举指导小组制定了选举规程并出台选举方案,制定主体是区民政局。② 宁波模式的形成中,从海曙区开始在试点工作基础上,海曙区民政局制定《海曙区社区居民委员会直接选举规程》。在此之后宁波民政局制定《宁波市社区居民委员会直接选举

---

① 邓敏杰.令人关注的广西社区直选.中国社会报,2003 - 03 - 22(4).
② 候伊莎.透视盐田模式.重庆:重庆出版社,2006:44 - 46.

规程(试行)》。课题组访谈了解到:宁波民政局制定直选规程过程中,积极吸收其他地区经验,多方听取专家的意见和建议。专家学者在选举制度制定过程中发挥咨询和建议的作用,但其制定主体仍是政府部门,具有单一性。

北京九道湾模式形成中,独立于政府部门之外的专家学者能够成为制度制定的主体人员,这相对于单一制定主体有了很大的进步,在一定程度上实现直选制度制定主体的多元化,但仍存在不足之处,如社区选举制度涉及到社区居民群众的利益,选民参与直选制度制定的平台和机制目前还没有建立起来。

第二,促进政府与公民社会的积极互动

北京九道湾模式的形成,新民教育研究中心起着不可忽视的重要作用。北京新民教育研究中心是一个非政府组织(NGO)[①],长期从事农村选举研究和实验。新民教育研究中心在九道湾社区直选中的作用,不仅是作为社区选举制度制定的主体,还有理论指导、培训候选人、宣传公民社会理念等,超过了北京基层政府对其合作角色的期待。非政府组织在社会政治生活的积极作用受到关注和重视,正如一位北新桥街道办事处的干部所说:非政府组织可以帮助政府做很多事情。[②] 非政府组织是西方社会应对"市场失灵"和"政府失灵"的组织创新和制度创新,有助于解决社会问

---

① 非政府组织(NGO)概念缘起于联合国宪章,基于不同的视角有不同的定义,其中颇具代表性的是美国学者莱斯特·萨拉蒙在《非营利部门》一书基于结构与价值导向视角的定义,"数量众多的自我管理的私人组织,它们不是致力于分配利润给股东或董事,而是在正式的国家机关之外追求公共目标"。该定义强调了非政府组织的非营利性、自治性、私有性等特征。在我国,非政府组织常被称为民间组织,包括社会团体、民办非企业单位和基金会。糅合多个视野,我们的界定是:它是相对于政府的有一定自主权的合法的非营利性的组织形式,主要开展各种志愿性公益活动。
② 参见赵义.政府为公众的民主权利买单值不值——对北京市九道湾社区直选的另一种注脚.社区,2002(11):4-7.

题。非政府组织在 20 世纪 80 年代在全球范围广泛兴起。相关研究结果表明,非政府组织在发展中国家中扮演着重要政治角色,促进着发展中国家的政治变革。[1] 中国作为发展中国家,上个世纪 90 年代经历着一场由经济体制改革和社会结构变迁所引发的城市基层社会组织的变革,社区民主选举是这场变革中的产物。

在九道湾社区选举改革前,社区直选是由政府主导的城市基层民主项目。然而在北京市基层民主建设示范社区的备受瞩目的直接选举改革中,非政府组织深入参与到直选前期、选举进程、选举后社区自治组织的运作中,促成了九道湾直选模式的形成。这说明,北京市基层政府以其敏锐的政治直觉,明晰非政府组织所拥有的独特优势,重视非政府组织在政治生活中的作用,积极推进双方合作。

社区直选启动是我国城市社区组织改革的内在要求,城市社区组织改革的核心目标是社区自治,城市社区管理权归回城市社区居民,有助于实现城市公共事务管理的民主化。这意味着政府需要及时回应社会公众的需求,并积极采取措施解决社会问题。由于各种历史和现实的原因,我国公民普遍政治参与意识不强,政治生活能力较弱,往往不能很好地表达自己的需求,维护自己的权益。非政府组织是公民自治性组织,它为公民参与提供了组织平台,有助于公民理性表达诉求,为维护权益采取联合行动。非政府组织有助于培养公众参与政治生活的能力和政治积极性;它还有助于政府能及时了解和回应公众的需求。[2] 可见,非政府组织对于

---

① 郭红岩. 试论中国非政府组织的兴起对民主政治进程的推动. 理论月刊,2009(2):155 - 157.
② 任金秋,刘伟. 非政府组织在我国社会政治生活中的角色与作用. 内蒙古大学学报(人文版),2008(5):107 - 111.

公民社会的建立起到很大的作用,有助于促进政府与公民社会的良性互动。许多公共事务、社会问题的解决,需要依赖于政府、社会、企业和自治组织之间的良好互动与合作,任何一方不能单独解决。发展和促进非政府组织参与社区自治,通过增加社区群体参与制度化的社区决策,可以增加社区群体间的信任,[①]促进政府与公民社会之间的有序良性互动。

第三,促进社区直接选举的规范化建设

九道湾直选模式重视选举前的工作,特别重视直选后社区居委会的规范运作,监督其是否在民主决策和民主管理的机制上运行。重视社区直选后效是北京九道湾直选模式的一个鲜明特征。[②] 推动社区直选规范化建设的制度基础是《九道湾社区自治章程》,《九道湾社区自治章程》草案的起草者是北京新民教育研究中心的成员。[③]《九道湾社区自治章程》的拟制过程,是非政府组织对社区居民进行自我管理能力的培养过程。该章程确定了社区成员会议、社区成员代表会议、社区居民委员会的新型工作机制,摒弃传统行政化管理模式。公民真正成为社区管理的主体,实现了社区管理体制的创新,在制度上保证了社区直选的规范化建设。[④]

此外,社区直选是在政府推动下的基层民主建设项目。如何对社区直选成效进行评估以及谁是合适的评估主体,这是进一步推进社区选举改革,提高社区选举绩效所面临和需要解决的问题。

---

① Paul S. Making Voice Work:The Report Card on Bangalore's Public Service. *Policy Researching Working Paper*,2016(2):92.

② 张美荣,李慧,梁爽.北京首位直选社区主任的十年.北京社区报,2011-01-28(8).

③ 王巍.北京首个自治社区周年 专家点拨九道湾自治章程.北京信报,2003-08-18(4).

④ 刘芯邑.直击九道湾"直选".民生周刊,2012(22):12-13.

新民教育研究中心在九道湾社区首次直选后花较长的时间对社区自治机构进行跟踪研究,聚焦九道湾社区在自治过程中民主决策、民主监督和社区代表评议方面探索的具体情况,总结社区居民直选对社区建设的影响和作用,从而推动社区自治组织的规范化运作。① 九道湾社区直选模式中,非政府组织是社区直选成效评估的重要主体,避免了政府既是运动员又是裁判员的双重角色,实现了评估主体的相对独立性,有助于推动社区直选的规范化建设。

总之,北京九道湾社区直选中,非政府组织的介入不仅对于公民社会的建立起到很大的作用,还推动了社区直选规范化和民主选举程序化的建设。非政府组织在我国的社会政治生活中正在扮演着非常重要的角色,发挥着日益显著的作用,已经成为我国民主制度建设的一支新兴力量。②

三、宁波模式的特色:治理型直选模式

宁波模式中最大的特色是选聘分离体制,选聘分离体制是社区治理创新,宁波社区直选推动城市社区治理的创新,属于治理型直选模式。

第一,创建社区直选的制度载体

将城市社区管理权回归城市社区居民的社区自治是城市基层组织改革的方向。由全体居民投票选举产生居委会,通过社区直选让社区居委会真正成为群众自治性组织,是我国城市基层组织改革进程中的实践探索。宁波海曙区在推进社区直选中,创建选聘分离体制,实现了城市社会治理的创新。

---

① 李贸. 区代表大会弹劾九道湾直选副主任去职. 北京晨报,2003 - 08 - 14(8).
② 任金秋,刘伟. 非政府组织在我国社会政治生活中的角色与作用. 内蒙古大学学报(人文版),2008(5):107 - 111.

　　选聘分离体制是为社区直选搭建的制度载体。因为"没有制度载体的民主是靠不住的民主"。[①] 社区直选需要一个良好的制度平台才能真正建立并茁壮成长。选聘分离体制是在街聘民选基础上建立的制度。街聘民选体制下，社区民主发展与社区制度的矛盾日益凸显。居委会候选人的资格由街道是否聘用来决定，非本社区成员担当社区自治组织成员的合法性受到质疑，作为群众自治性组织的社区居委会角色错位等。因此，需要重建社区体系，为社区直接选举创建合适的制度载体，推动社区民主的发展。"选聘分离"体制，是将社区居委会的"选举"和专职社区工作者的"聘用"两者分开的制度。选聘分离体制下的社区居委会成员由居民依据法律法规差额直选产生，专职社区工作者由社区居委会聘用，其费用由政府财政支付。

　　选聘分离体制是在促进社区直接选举的过程中创建，是社区直接选举的制度载体。选聘分离体制下的"选"，要求社区居委会由居民直接选举产生，促使居委会真正成为面向全体社区成员的组织，以社区居民意志为导向，恢复宪法规定的基层自治组织的职能角色，胜任服务居民的使命。[②] 选聘分离体制下的"聘"，聘用的是专业化和职业化的社区工作者，他们是从事社区管理和服务的具体工作人员。社区居委会原初承担的行政管理职能，转移给专职社区工作者完成，以此突出居委会组织和居民之间的委托代理关系。

　　选聘分离体制在赋权社区居委会的过程中拓展社区民主自治

---

① 许义平.社区直选引发制度之变.中国社会报，2005-05-01(T00).
② 解红晖.我国城市社区直选实践模式研究.宁波大学学报(社科版)，2013(1)：118-123.

的空间,推进了城市社区管理体制改革。[1] 选聘分离从制度层面深刻改变了传统社区自治组织与政府之间的依赖关系,[2]提高社区服务质量,降低政府行政成本,完善社区治理结构。因此,选聘分离体制不仅是社区直选体制,还是一种创新型的社区治理体制。在扩大城市基层民主的同时有效实施政府行政和社会管理等职能。选聘分离体制在社区治理方面取得的成功,得到了民政部和有关专家的高度认可。他们一致认为,选聘分离体制对其他城市社区治理有很好的借鉴作用。[3] 选聘分离体制增强了社区治理的合法性,它是中国城市社区善治探索过程的重要成果。社区直选推动城市社区治理的创新,社区直选引发社区制度之变,从根本上促进社区发展环境的改变,推动社区朝着民主化理性化方向发展。同时,社区直选也需要社区制度的支撑,以实现良性和可持续发展。

第二,架构社区直选的组织体系

选聘分离体制是宁波市在社区直接选举改革中创建的制度。选聘分离体制通过社区居委会的产生和专职社区工作者的聘用两者的区分,促进了社区组织体系[4]的重构和创新,为社区直选提供了组织保障。

在计划经济时代,中国城市社区形成的是单位制和社区制结合的社会组织网络。随着社会基层民主改革的启动,目前的城市社区组织体系一般包括社区党组织、社区成员代表大会、社区居委

---

① 解红晖. 城市社区直选的宁波模式研究. 社会工作,2010(7):41-44.
② 陈伟东. 选聘分离:社会治理转型与管理体制创新. 当代世界与社会主义,2008(3):139-144.
③ 陈伟光. 宁波:城市社区居委会全部直选. 人民日报,2008-01-15(10).
④ 社区组织体系指存在于社区中的各种组织及其相互配合和相互作用的关系。当代社区组织种类繁多,有政治组织、经济组织、公益组织和文化娱乐组织等。这里主要指在社区公共管理、维护公共利益等方面发挥重要作用的政治组织及它们的关系。

会和社区协商议事委员会。[①] 该体系下,社区居委会作为执行层,
承担社区建设的治安卫生、环境保护、宣传教育、计划生育、保障服
务、财经管理等事务和社区自治性事务等。选聘分离体制下的社
区组织体系包括:社区党组织、社区成员代表大会和社区居委会。
社区党组织是社区组织的政治核心。党章明确规定社区党组织
领导所在地区工作。社区居委会自治实体的真正回归,城市政府
与社区之间互动的维系,需要依靠党组织的自上而下的领导作
用。在宁波社区选举改革进程中,重视加强社区党组织建设,实
行社区党组织的全覆盖。社区党组织在社会各项工作中领导核
心的作用,是社区居委会依法履行自治职责的有力支持和政治保
障。宁波模式中,鼓励社区党组织的负责人参加社区居委会主任
的竞选,推动实现党组织的领导作用与社区民主自治的有机
统一。

　　宁波直选模式上的社区居委会是义务性的群众自治组织,居
委会委员不从事具体的社区工作,不拿工资,主要负责社区公共事
务的讨论、决策和监督。社区居委会的议事职能与直选前的社区
议事委员会的职能相近,但不同的是,他们有较高的参与社区建设
的热情。因为选聘分离体制下的“选”是直选。直选制度的候选人
产生环节中社区居委会成员都是自己报名加上居民联名推荐,并
历经竞选和见面会。他们有扎实的群众基础与服务社区的热忱。
社区居委会设置办公室,办公室工作人员由专职社区工作者组成。
专职社区工作者主要承担社区日常事务,包括政府指定的行政事
务,社区办公室是执行机构。选聘分离体制下的聘用制度对社区
工作者提出职业化要求,有助于增强社区执行能力。社区成员代

---

① 在我国城市基层社会改革中是最有代表性的城市社区组织体系,以沈阳市最为典型。

表大会是社区的权力机构,拥有最高的决策权,主要负责审议社区发展规划、民主决策社区居民重要公共事务、审议社区居委会工作报告等。

宁波模式中通过建立和完善社区居委会直接选举制度,制定和修改社区成员代表会议章程、社区专职社工管理办法、评价居委会工作制度等,确保新社区组织体系的规范运作。选聘分离体制架构的新型社区组织体系下,将行政和自治职能进行了分离,社区居委会回归到议事和决策的自治地位,并形成了"政社分离、相互制约"动态运行机制。政社分离有利于扩大居民的参与,增加居民对社区公共事务的认知和关注,不断提高社区自治能力。

第三,彰显社区直选的价值取向。

在选聘分离体制及内在于选聘分离体制的社工职业化的保驾护航下,宁波城市社区自治建设走在了全国的前列。[1] 2003 年,宁波海曙区成为中国第一个全面实施城市居委会直接选举的行政区,2007 年,宁波市成为中国第一个城市社区全部实现直选的地级城市。[2] 选聘分离体制的安排突显了社区直接选举的价值取向,具体包括:其一,候选人参与竞选的价值取向。选聘分离体制的设计中,居民直选出的社区居委会(除主任外)是义务性的群众自治组织,当选者作为志愿者代言全体社区成员的利益。宁波海曙区直选试点时居委会选举竞争的激烈场面,让前来观摩的专家们都感到意外。参选社区居委会的主体有在职人员、退休者及社区单位(包括个体业主)代表等。在职人员里有机关干部,机关干部出现在社区居委会候选人名单上,赋予了社区居委会直选特殊的意义,

① 解红晖.城市社区直选制度绩效影响因子探究.宁波大学学报(社科版),2014(5):96-101.
② 陈伟光.宁波:城市社区居委会全部直选.人民日报,2008-01-15(10).

直选试点社区几乎都有党政干部报名参选。在与记者交谈中,他们表示来报名参选主要是想为社区做点事情,承担一些社会义务。[①] 居委会候选人参与竞选不是为了薪酬,不是为了一个工作岗位,是在社会责任感驱使下以居委会组织作为载体来为社区服务,成为社区自治组织成员。候选人参与竞选的价值取向,从一个方面恢复社区居委会的自治面貌。**其二,社区居民权利的实现与回归。**选聘分离体制是对街聘民选体制变革的成果。在街聘民选体制下,街道公开招聘社区工作者,社区工作者通过选举成为社区居委会的成员。街聘民选体制有助于加强居委会班子建设,并让社区居民有选举社区当家人的权利,但有明显的弊端,如街道不予聘用即意味着不具备居委会候选人资格,社区民主自治的空间仍需拓展。选聘分离体制下的社区居委会候选人是本社区居民,社区的每位居民有权利选择自己居住地的当家人,也有自己成为当家人的权利。从选聘合一到选聘分离的制度变迁的价值旨在于公民权利的实现与回归。选聘分离体制扩大了社区民主自治的空间,越来越多的居民主动参与直选,有助于社区居民政治利益的实现。对于普通居民来讲,民主政治不再是口号,它是现实生活的一部分,存在于日常生活空间里,逐渐成为不可逆转的生活方式。**其三,实现社区自治与基层管理双赢。**选聘分离体制下"选"是居民通过直接选举方式产生社区当家人,实现社区居委会的群众自治性组织法律地位的回归。提高居民的社区认同感与参与度是社区自治的重要标志。选聘分离体制下"聘",建立了职业化的社区工作队伍,确保政府基层管理在社区平台上实现。扩大基层民主,实现居民自治,同时注重历史传承与现实状况,落实好政府的行政与

---

① 许义平,何晓玲. 现代社区制度实证研究. 北京:中国社会出版社,2008:87.

社会管理职能，^①有助于实现社区自治与基层管理的双赢。宁波在社区直选过程中推动城市社区治理的创新，"选聘分离"体制能够吸引在职的社区精英人物参与社区治理，社区治理人力结构得到改善，有助于促进直接选举后社区居委会的良好运行。

四、深圳盐田模式的特色：推动型社区直选模式

"会站分离"体制是盐田模式的最大特色。盐田模式形成的关键因素是城市化进程的推动，"会站分离"体制是深圳市社区管理体制创新成果，政府以工作站的形式将其职能延伸至社区，并在此基础上积极推动社区居委会的直接选举。^② 盐田模式属于（行政）推动型社区直选模式，具体而言：

第一，政府在社区直选中的主导作用

前面论及到，政府是社区直选的主要推动力。在城市社区直选主要模式中，深圳盐田模式的政府主导性最为凸显。

盐田区社区居委会在农村城市化过程中从行政村演变而来。自1999年以来，盐田区政府在城市化进程中建立服务型政府，提高行政效率，对社区管理体制进行了三次创新改革，"会站分离"体制是深圳市社区管理体制创新的重要成果，^③它是城市化趋势的反映和要求。政府推动的城市化进程中建立"会站分离"体制，催生

---

① 史卫民,郭巍青等.中国社区居民委员会选举研究.北京:中国社会科学出版社,2009：369.

② 解红晖.我国城市社区直选实践模式研究.宁波大学学报(社科版),2013(1):118 - 123.

③ 2006年获得第三届中国地方政府创新奖(优胜奖)。"中国地方政府创新奖"由中央编译局比较政治与经济研究中心、中央党校世界政党比较研究中心和北京大学中国政府创新研究中心于2002年联合创办。每两年举行一次。该奖项具有显著的社会影响力。每一届均有数以百计的地方政府部门或机构参加该评选。

了社区自治的需要,被学者冠之为社区居委会直选的"城市化逻辑"。"会站分离"体制下设立和发展社区工作站,这是城市化进程的组成部分,是社区管理体制改革的内容。政府顺应城市化的趋势,以工作站的形式向社区延伸和实现其行政职能,实施各项政策措施。[①] 在盐田区社区居委会的直接选举试点工作中,政府部门做了大量工作,包括逐级动员会,选举培训班,方案宣传等,这保证了投票率和选举的顺利进行,保证了盐田模式的初步建立。支撑盐田模式的组织架构是政府基于行政工作效率化与实施手段合理化之间的权衡而设计。[②] 盐田模式的建构与运作主要依靠行政推动,从"一会两站"到"会站分离"体制的变迁是政府主导的结果,给予我们的启示有:**首先,社区体制的变革需要政府的力量来推进。**作为后发外生型现代化国家,中国的社会建设是在社会主义市场经济发展后得到重视,并在中共十六届五中全会上与经济建设、政治建设、文化建设一起被列为我国社会主义建设的核心任务。经济发展促进社会发展,后发外生型国家的现代化需要强有力的推动。社会基层组织社区的体制变革同样需要政府力量的推进。这是政府的职责,也是行政自觉,是后发外生型国家的现代化社区发展之路。政府具有宏观决策、提供资源和指导规划等重要职能,对推进中国特色的社区建设和保证社区体制改革中的社会稳定具有重要作用。[③] 中国社区是在城市化与城市规划的实施中建构起来,政府主导社区治理有着不容置疑的法理依据。同时,政府也应自觉通

---

① 欧阳觅剑. 深圳社区居委会直选的城市化逻辑. 南风窗,2006(8):21 - 23.
② 马卫红. 现代城市社区行政与自治权互构的模式与内动力. 上海城市管理,2009(3):10 - 13.
③ 汪仲启. 互动与聚合:当代中国基层民主发展的动力与边界. 学术月刊,2019(3):82 - 94.

过整合市场组织、优化配置资源、引导民间力量参与社区治理以及掌握释放公民社会参与社区建设能量的技巧等措施,促进社区自治建设。[①] **其次,政府力量与自治力量的相互配合与相互制约。**盐田模式的形成中,自治过程对行政权力的扶持依赖性较强。居民在社区民主改革过程中所体现的主动性相对较低。但随着社区直选改革的推进,居民的自治意识会得到培养和提升,社区居民的自觉诉求会增加。因为民主是在对民主的学习过程中产生,公民是在民主实践中形成的。"会站分离"体制是深圳市盐田社区治理改革创新的结果。在社区治理改革的过程中,社区自我治理能力和居民自主意识的发展,逐渐改变基层权力结构,这是提高我国民主化程度的过程。要在政府与社会之间建立民主协商和互动合作的伙伴关系,就必须通过政府与社会的双向努力。正是在政府力量与自治力量的相互配合与相互制约的过程中,社区选举改革得以稳步向前推进。

第二,以理顺政府与社区关系为主线

会站分离体制是将社区工作站与社区居委会中分开的制度性安排。该体制是深圳盐田区对社区治理体制三次创新改革的成果。从居-企分离,到一会两站,最后会站分离体制的建立,其间始终贯穿着对如何处理政府与社区关系的探索。

会站分离体制以理顺政府与社区关系为主线,盐田区从组织结构、人员、财务等方面将社区工作站从社区居委会分离出来,社区工作站是政府工作和服务管理社区的平台,主要承担政府分配的任务,是政府在社区有效履行其行政职能的工作平台。社区所有居民直接选出的居委会专注于社区自治事务,提供社区服务,恢

---

① 谢庆奎,商红日.基层民主与社区治理.北京:北京大学出版社,2011:54.

复社区居委会作为群众性自治组织的法律地位。[①] 通过理顺政府
与社区的关系,一方面有利于促进社区自治组织力量的培育和发
展。一会两站体制下,政府大部分行政工作仍落实在居委会层面,依
靠居委会的具体实施,致使社区居委会无暇关注自治事务。会站分
离体制下的社区居委会回归社区居民自我管理、自我教育和自我服
务的组织定位,表达与维护居民权利,是政府与居民沟通的桥梁,真
正成为为居民服务、为居民解决实际问题的组织。为了发挥居委会
的作用,政府赋予居委会评议政府工作的权力,发展社区民主自治的
能力,培养社区自治文化、为增强社区的凝聚力打下了基础。[②]

另一方面也有助于提高政府在基层的行政执行能力。会站分
离体制下社区工作站与社区居委会分开,其工作人员是行政雇员,
负责推动政府职能扩展到社区,实质形成从社区建设委员会办公
室(区民政局)到街道社区建设委员会办公室(社会管理科),再到
社区工作站的行政事务路径,政府的任务、资金、人员等可以直接
到达社区工作站,解决了基层政府公共服务承接的问题。在一会
两站的组织框架下,行政工作仍然聚集在居委会层面,实际上也导
致了政府在基层行政执行能力的下降。而基层政府部门不参与社
区事务的具体管理,也会增强了政府的自身的行政能力。盐田区
突破了"费随事转、权随责走"的模糊定位与难以操作,明确了政府
与社区之间的职责权力定位,使政府与社区的关系更加合理。

第三,从"选聘分离"到"会站分离"

会站分离体制就其纵向发展的路径是从居—企分离,到一会

---

① 肖立辉. 中国基层民主创新研究. 北京:人民出版社,2009:139.
② 马卫红、李芝兰等. 中国城市社区治理改革研究:以深圳"盐田模式"为例. 中国治理评
论,2013(2):87 – 94.

二站,最后到会站分离的过程中建立的体制,是深圳盐田社区治理体制创新之成果。[①]选聘分离体制是将社区居委会的"选举"和专职社区工作者的"聘用就业"分开的体制,是对街聘民选体制的扬弃,是宁波在推行社区直选设计的选举制度。会站分离体制和选聘分离体制之间有相似,但不完全相同,它们分别成为深圳盐田模式和宁波模式的主要内容和最大的特色。有必要分析一下两者的关系,有助于深入了解深圳盐田模式,探析城市社区直选的发展路径。

会站分离体制下,社区工作站从社区居委会中分离出来,主要承担政府交办的行政性事务,还协助社区居委会处理居民自治事务。在选聘分离体制下,社区居委会的"选举"和专职社工的"聘用"分开,聘雇的专职社区工作者的职责与社区工作站工作人员的职责大体相同。两种体制下的分离都旨在使政府与社区关系合理化,从社区居委会中剥离出政府职能,将居委会的"腿"从政府行政事务中抽拉出来,着重于社区直治性事务,回归社区自治组织的法律地位。两者的主要区别有:

1) 社区组织体系不同。会站分离体制下,社区工作站从社区居委会分出去,主要从事行政性事务,社区居委会下还设有社区服务站,社区服务站完成社区服务性的工作,如根据居民需求开展便民利民等服务。社区服务站在社区居委会的指导下工作,社区居委会与社区工作站是平行的合作关系。较之选聘分离体制,会站分离体制下社区职能有更细的划分,包括行政职能、服务职能和自治职能三项职能。(见图1)

---

① 候伊莎. 透视盐田模式. 重庆:重庆出版社,2006:25.

图 1 会站分离体制下的社区组织体系

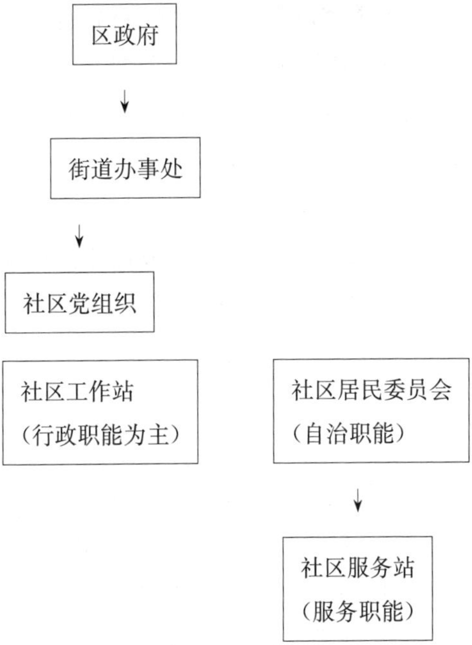

```
┌──────────┐
│  区政府  │
└──────────┘
     │
     ↓
┌──────────────┐
│  街道办事处  │
└──────────────┘
     │
     ↓
┌──────────────┐
│  社区党组织  │
└──────────────┘

┌──────────────┐      ┌──────────────────┐
│  社区工作站  │      │  社区居民委员会  │
│（行政职能为主）│    │  （自治职能）    │
└──────────────┘      └──────────────────┘
                              │
                              ↓
                      ┌──────────────┐
                      │  社区服务站  │
                      │ （服务职能） │
                      └──────────────┘
```

2）社区居委会自治能力不同。

在会站分离体制下，社区居委会享有经济自主权，并拥有独立账户，区政府拨付的办公经费、社区服务站收入和社区筹款等是其主要的经费来源。选聘分离体制下，社区居委会（除主任外）是义务性质的兼职工作，没有薪酬，社区居委会下设办公室的专职社区工作者的聘用费用是政府财政拨付，[①]社区居委会没有经济自主权。会站分离体制下社区居委会自治能力略强。

3）与社区直选的关系。

会站分离体制与选聘分离体制分别是两大社区直选模式中的

---

① 许义平，何晓玲．现代社区制度实证研究．北京：中国社会出版社，2008：91.

主要内容,但从形成过程来看,它们与社区直选的关系还略不同。城市化背景下会站分离体制催生了社区自治的需要,推动着社区直选的启动。选聘分离体制是宁波在推行社区直选改革时设计的制度,是社区直选引发的社区治理体制改革,即"社区直选引发制度之变"。①

其他,盐田模式中更愿意强调,会站分离体制基于议行分设的理念下设计。② 宁波模式的设计者们更倾向于强调社区自治组织作用的双重性,社区自治组织作用不仅体现在于"议",也体现在实实在在的"行"。

五、小结

从以上我国城市社区直选主要模式的共同点和各自特色的分析可知,这些城市的社区民主建设走在其他城市的前面,社区自治成效斐然,代表着中国城市基层民主建设和社区自治的水平。课题组在关于"请问您知道本社区居委会是直接选举产生的吗( )?"的问卷结果显示:933名受访者中98.2%的居民选择"知道"和"知道一些"。这说明,绝大多数居民对本社区居委会直接选举情况是有所了解的,社区居委会直接选举已成为城市居民基层民主政治生活的组成部分。(见表8)居民对当选的社区居委会成员总体是满意的,(见表9)这是我国社区直接选举改革绩效最突出的表现。在中国民主政治发展进程中,基层民主实践是最广泛和最基础性的实践,是对民主传统缺乏的中国普通民众的"民众赋

---

① 许义平.社区直选引发制度之变.中国社会报,2005-05-01(T00).
② 马卫红、李芝兰等.中国城市社区治理改革研究:以深圳"盐田模式"为例.中国治理评论,2013(2):87-94.

权"的最为重要的实践启蒙。① 在基层民主实践中,普通民众在生活空间里获得了对民主政治最为真切的认知,他们的权利意识和主体意识在增强。

广西模式是在城市社区选举改革初期形成的,注重规范,确定直选重点,大胆吸收村委会选举成果,凸显城乡基层民主的趋同性,具有发展战略的高度,极大地推进了我国社区直接选举改革的进程。北京九道湾模式是大城市推行社区直选改革中形成的,善于利用非政府组织在民主政治建设的积极作用,是政府机构与非政府组织之间良好合作的成果。宁波直选模式的形成推动了宁波城市社区治理的创新,实现了民主选举与民主治理的双赢发展。②盐田模式中的会站分离体制是城市社区管理体制的创新成果。城市社区直选的主要实践模式形成后,不同模式之间相互借鉴,不断促进自身的完善,最为突出的是宁波直选的经验是深圳盐田直选模式形成的主要蓝本。从"选聘分离"到"会站分离",展示出城市社区直选的发展脉络。一是社区组织体系的复杂化和分工化趋势凸显;二是社区居委会自治能力将不断提高;三是社区直选与社区治理的关系越来越紧密。它们互为因果,相互促进,共同发展。

社区直接选举的出现为基层群众权利自主搭建了平台。随着选举制度的完善与选举方式的不断创新,基层群众的权利意识和主体意识不断形成。基层群众在选举的民主训练中逐渐确立了自身在基层生活和管理中的主体意识,明确了自身的权力与利益需求。主体意识正是现代民主社会发育所需要的重要资源与能量。

---

① 林尚立.基层民主:国家建构民主的中国实践.江苏行政学院学报,2010(4):80-88.
② 任中平,张露露.新时代基层民主选举与民主治理的均衡发展.探索,2018(6):73-79.

只有当个体成为公共生活中的主体,并拥有明确的权力意识和利益意识,个体才能真正参与到公共生活并积极主动地与他人发生交往与互动。社区居民日益增长的主体意识是社区选举改革深入的重要基础。在关于"请问您是否愿意参加居委会选举(　　)?"的问卷中,81.69%的居民选择非常愿意、愿意参加居委会选举。(见表10)这说明,在社区选举改革进程中,城市居民的主体意识在增长。居民都普遍有意愿参与居委会选举活动。由表10可知,从人数比例看,选择"非常愿意"的居民占4.3%,选择"愿意"的占77.3%,其中广西模式中居民的愿意程度显著高于北京九道湾模式、宁波模式和深圳盐田模式($X^2=41.384,P<0.001$),广西居民的主体意识更为凸显。特别需要指出的是,在所有接受问卷调查的居民均没有选择不愿意和非常不愿意。在关于"您个人认为选民参加投票的原因是(　　)?(选择重要的2—3项)"的问卷中,选民参加投票的原因排序是:居民的基本权利(94.5%)、选出满意的当家人(72.1%)、受他人动员(26.3%)、别人投我也投(21.3%)、本人是候选人(1.5%)和亲友是候选人(0.5%)。(见表11)94.5%的居民认为选民投票是居民的一项基本权利。可见,我国城市居民普遍有民主权利意识,有参与居委会选举的意愿。除了培育和提升城市居民的民主意识和权利意识,居委会直接选举改革带来的绩效是多方面的:训练居民的民主技巧、改变社区权力关系、增强社区治理的合法性、优化居委会成员的结构、居委会成员责任意识提升等。[1]

表8是"请问您知道本社区居委会是直接选举产生的吗(　　)?"的问卷结果。

---

[1] 闫健主编.民主选举.北京:中央编译出版社,2013:15.

表 8　居民对居委会直接选举的了解情况表　（％）　df＝6　N＝933

	广西模式	北京九道湾模式	宁波模式	深圳盐田模式	合计
知道	191 75.2％	157 88.7％	202 78.0％	181 74.5％	731 78.3％
知道一些	55 21.7％	16 9.0％	54 20.8％	61 25.1％	186 19.9％
不知道	8 3.1％	4 2.3％	3 1.2％	1 0.4％	16 1.7％

条形图

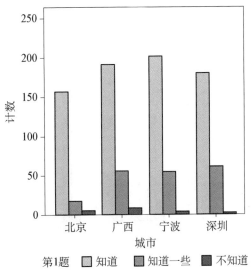

第1题　■ 知道　■ 知道一些　■ 不知道

依据表 8：78.3％的居民知道本社区的居委会是直接选举产生，19.9％的居民选择"知道一些"，只有 1.7％的居民不知道本社区居委会是否是直选产生（$X^2＝23.72, P＜0.01$）。

表 9 是"您对当选的居委会成员是否满意?"的问卷结果。

表9　居民对当选的居委会成员的评价情况(%)　df=9　N=933

	广西模式	北京九道湾模式	宁波模式	深圳盐田模式	合计
对所有成员都满意	28 11.0%	2 1.1%	12 4.6%	8 3.3%	50 5.4%
对大多数成员满意	153 60.2%	170 96.0%	220 84.9%	184 75.7%	727 77.9%
对多数成员不满意	67 26.4%	5 2.8%	27 10.4%	51 21.0%	150 16.1%
对所有成员不满意	6 2.4%	0 0%	0 0%	0 0%	6 0.6%

条形图

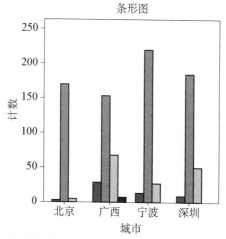

第14题　■ 对所有成员都满意　■ 对大多数成员满意
　　　　　□ 对个别成员不满意　■ 对所有成员不满意

　　由表9可知:居民对当选的居委会成员总体是满意的。从人数比例看,对所有成员都满意、对大多数成员满意的共占83.3%,对多数成员不满意和对所有成员不满意的共占16.7%,其中宁波模式和北京九道湾模式中居民满意程度显著高于深圳盐田模式和广西模式($X^2 = 103.683, P < 0.0001$)。

表 10 是"请问您是否愿意参加居委会选举(　　)?"的问卷结果。

表 10　居民参与居委会选举的意愿情况表(%)　df=6　N=933

	广西模式	北京九道湾模式	宁波模式	深圳盐田模式	合计
非常愿意	15 5.9%	17 9.6%	4 1.5%	4 1.6%	40 4.3%
愿意	213 83.9%	131 74.0%	200 77.2%	177 72.8%	721 77.3%
一般	26 10.2%	29 16.4%	55 21.2%	62 25.6%	172 18.4%
不愿意	0 0%	0 0%	0 0%	0 0%	0 0%
非常不愿意	0 0%	0 0%	0 0%	0 0%	0 0%

表 11 是"您个人认为选民参加投票的原因是(　　)?(选择重要的 2—3 项)"的问卷结果。

表 11　选民参加投票的原因(%)　df=3　N=933

主体	广西模式	北京九道湾模式	宁波模式	深圳盐田模式	合计
居民的基本权利	236 92.9%	171 96.6%	258 99.6%	217 89.3%	882 94.5%
选出满意的当家人	141 55.5%	151 85.3%	196 75.7	185 76.1%	673 72.1%
受他人的动员	74 29.1%	37 20.9%	46 17.8%	68 36.2%	245 26.3%

主体	广西模式	北京九道湾模式	宁波模式	深圳盐田模式	合计
本人是候选人	7 2.8%	2 1.1%	2 0.8%	3 1.2%	14 1.5%
亲友是候选人	1 0.4%	1 0.6%	2 0.8%	1 0.4%	5 0.5%
别人投我也投	59 23.2%	14 7.9%	72 27.8%	54 22.2%	199 21.3%

从城市社区直选主要模式的产生、运行和特征分析可以看出，中国居委会直选制度从无到有，从简单粗糙到趋向规范，从借鉴到创新的发展过程。社区居委会直接选举逐步成为我国基层民主政治改革的重要组成部分，城市居民民主权利彰显与参与社区自治建设的重要途径。

第三节　城市社区直选模式存在的问题

城市社区直选主要模式运行中仍存在着一些问题，需要正视并认真分析背后的原因，以期进一步完善城市社区直选制度，推动我国城市社区民主的发展。

一、社区直选制度本身的缺陷

从我国城市社区直选主要模式的发展历程看，注重选举制度建设，呈现出规范化趋势，一套符合实际情况的选举制度已建立起来，但仍存在着一些问题，这也是整个基层民主建设中遇到的问题。基层民主是共产党领导下民主政治发展的不断探索路上的实验室,总体上我国基层民主改革的制度化和规范化程度不高,尚处于试错过程中。[①] 社区直选制度涉及选举程序的许多环节,其中社区居委会成员候选人产生方式、竞选方式和投票过程是极为重要的环节。因此,下面主要分析这些重要环节中存在的规范化问题。

(一) 居民委员会候选人产生方式的规范化问题

居民委员会候选人产生方式包括两部分内容:初步候选人提名和正式候选人确定。居民委员会候选人产生方式的规范化问题有:**第一是初步候选人的提名方式不统一,具体表现为直选模式内部的不统一和直选模式之间的不统一。**候选人提名是选举的早期环节,其过程的规范性非常重要,直接影响社区选举的民主程度。"中国选举制度的观察者往往以投票过程的规范性来判断选举的民主程度,而忽略了提名过程的规范性。"[②]1998 年,青岛市两个社区居委会的直选选举采用 10 名选民联名推荐方式产生初步候选人。1999 年,上海浦东新区采用无候选人的直接投票的方式。2000 年南京选举的提名方式是街道招聘推荐的提名方式。[③] 在城市社区直选主要模式中,2001 年广西最早尝试创新候选人提名方式。社区居民以一人一票直接提名并按差额和简单多数原则确定初步候选人,将候选人提名权全部交给社区居民,扩大基层民主的程度,广西在全国走在了前列。但在广西模式的实际运作中仍然保留了户代表联名、居民代表联名和社区居委会选举委员会提名方式。2005 年广西曾取消过社区居委会选举委员会提名方式,但

---

① 黄卫平.中国基层民主发展 40 年.社会科学研究,2018(6):13 - 27.
② 李凡.中国选举制度改革.上海:上海交通大学出版社,2005:136.
③ 李凡.中国城市社区直接选举改革.西安:西北大学出版社,2003:130.

在实践中仍保留社区居委会选举委员会提名方式。课题组关于居委会成员候选人提名主体的调查问卷结果支持了这一结论。广西样本中 15.7% 的居民选择了社区选举委员会，显著高于其他三个直选模式。($X^2=46.087$，$P<0.001$)(见表 12)北京九道湾模式中初步候选人提名采取两种方式：自己报名方式与 10 人以上居民联名推荐方式产生。深圳盐田模式的初步候选人是由社区综合党委提出建议名单和选民无记名投票方式产生，在深圳其他城市社区直选中初步候选人还有其他三种方式：选民提名、户代表提名和居民小组代表提名。南京市规定由本社区 15 人联名提名、各居民小组提名、各社区民间组织提名、驻社区单位提名等方式产生。[1] 宁波模式中是候选人自我报名加 10 名选民联名支持的办法，该提名方式已成为宁波市社区直选规程的文件规定。[2] 采取户代表联名方式的社区直选中，广西要求户代表人数是 10 人，北京则要求户代表人数是 3 人。可见，除宁波模式外，其他社区直选模式内部居委会成员初步候选人提名方式都不统一，主要直选模式之间的初步候选人提名方式也不统一，不同的直选模式对社区居民委员会候选人提名方式存在不同的规定。

表 12 是"您认为居委会直接选举中候选人应由(　　)推选？(选择 1—3 项)"的问卷结果。

---

① 唐娟. 转型中国的基层选举民主发展研究. 上海：上海人民出版社，2018：256.

② 基层政权与社区建设司. 宁波市社区居民委员会直接选举规程(试行). (2010 - 10 - 07) http://mzzt. mca. gov. cn/article/nzfxh2010/fgzcylcx/jczq/201007/20100700086565. shtml.

表 12　居民对候选人名单推选主体的看法(%)　df＝3　N＝933

主体	广西模式	北京九道湾模式	宁波模式	深圳盐田模式	平均
政府（街道）	52 20.5%	17 9.6%	50 19.3%	62 25.5%	45.3 18.7%
社区选举委员会	40 15.7%	11 6.2%	3 1.2%	11 4.5%	16 6.9%
选民	217 85.4%	177 100%	259 100%	243 100%	224 96.4%
其他	6 2.4%	0 0	0 0	0 0	2 0.6%

依据表 12,居民对初步候选人提名过程中推选主体的排序是:选民、政府、社区选举委员会和其他,选民是首选的推选主体,该选项比例总平均 96.4%,其中宁波模式、北京九道湾模式、深圳盐田模式中比例为 100%,显著高于广西模式($X^2＝102.99, P＜0.001$)。政府作为候选人的推选主体的选项比例总平均 18.7%,排在第二位,其中宁波模式、广西模式、深圳盐田模式显著高于北京九道湾模式($X^2＝16.86, P＜0.01$)。选举委员会作为候选人推选主体的选项总比例平均 6.9%,排在第三位,其中广西模式显著高于深圳盐田模式、北京九道湾模式和宁波模式($X^2＝46.087, P＜0.001$)。结果表明,选民是居委会候选人的提名主体,已成为我国城市社区居民的共识,高达 96.4% 的受访居民认为社区居委会直接选举中候选人应由选民推选。

从以上各种提名方式的梳理中,可以看出:初步候选人提名方式的差异非常大。从全国范围来看,选民联名、户代表联名、居民小组提名,是各省、自治区、直辖市仍普遍采用的方式。乡镇人民政府、街道办事处、社区党组织以及上届社区居民委员会提名候选人的方式逐渐减少。由选民联署提名直接产生候选人或者在无候选人的情况之下直接进行投票选举的方式是仿照了农村村委会的选举方式，[①]目前不大适合城市社区大范围推广。居民小组提名、选举委员会提名方式不能充分代表民意。选出真正适合的社区居委会成员，社区居委会成员的候选人提名至关重要，宁波模式中是候选人自我报名加 10 名选民联名支持的办法，体现了民主与自愿的原则，值得推广。今后我们应当不断总结，探索出真正适合我国国情的社区直选的初步候选人提名方式。

第二是正式候选人的确定方式有待规范。当初步候选人人数超过正式候选人名额时，需要进行筛选以确定正式候选人。目前主要社区直选模式大多摈弃协商方式，即包括选民、选民代表、选举委员会和街道办事处的讨论协商来确定正式候选人的方式，采取的是直接确定方式和预选方式。

在广西模式中，采取选民直接提名方式的社区依据简单多数原则直接确定正式候选人；采取户代表（居民）联名提名、社区居民选举委员会提名方式，召开居民代表会议，以无记名方式投票并依据简单多数原则确定正式候选人。[②] 宁波模式的要求是正式候选人的产生须召开社区成员代表会议或社区居民会议进行预选产生。盐田模式是由居民选举委员会主持召开的居民（代表）会议投票预选产生。北京九道湾模式是以按所得提名票多少顺序确定，其中候选人直接提名方式的以提名票得数计算、选民联合提名方式的票数以联合提名的选民数计算。民政部的《社区居民委员会直接选举规程》对不同方式提名社区居民委员会成员初步候选人

---

① 李凡. 中国选举制度改革. 上海：上海交通大学出版社，2005：35 - 39.
② 中共广西壮族自治区委员会组织部，广西壮族自治区民政厅. 阳光选举　和谐换届. 南宁：广西大学出版社，2011：86.

后,如何确定正式候选人,提出了一些要求:海选提名方式,是依据简单多数的原则确定正式候选人。联名提名方式,召开社区居民会议以无记名投票方式预选。获得 10 名以上选民签名支持的自荐人成为正式候选人。[1]

目前正式候选人确定方式的问题有:居民会议和居民代表会议程序没有统一和明确的规定,以及居民会议和居民代表会议的有效性(如多少人参加有效)说明缺失。通过居民会议或居民代表会议预选,要不要让初步候选人进行选举演说,让居民对初步候选人有充分的了解? 在规范正式候选人的预选方式仍需进一步探索,在城市选举中加以实践与完善。

(二) 居民委员会候选人竞选方式的规范化问题

竞选即竞争性选举,是民主选举的基本原则和重要标准,没有竞争的选举徒具民主的形式。国际比较研究表明,选举的竞争性越强,对政治感兴趣的人越多,投票者也随之增加。[2] "选举的竞争是民主的活力之源。"[3]直接选举是民主程度很高的选举,竞选是社区直选的内在要求,同时也是社区居民的民主要求。关于"您认为居委会选举中必须要有候选人的竞选活动吗(　　)?"的问卷结果显示 90.7%的居民选择"非常赞同"和"赞同"。(见表13)这说明居民普遍认同社区直接选举的竞争性原则,居委会直接选举中必须有候选人的竞选活动。

---

① 詹成付主编. 社区居委会选举工作进展报告. 北京:中国社会出版社,2006:37－38.

② verba · Sidney, Norman H. Nie and jae · kim. 1978. *Participation and Political Equality*. A Seven-Nation Comparison. Cambridge:Cambridge University Press, 1994:80.

③ [美]托马斯·帕特森. 美国政治文化. 顾肃等译. 北京:东方出版社,2007:361.

表 13 是"您认为居委会选举中必须要有候选人的竞选活动吗?"的问卷结果。

表 13　居民对居委会选举中必须要有候选人的竞选
活动的看法(％)　df＝6　N＝933

	广西模式	北京九道湾模式	宁波模式	深圳盐田模式	平均
非常赞同	76 30.0％	68 38.4％	87 33.6％	82 33.7％	78 33.9％
赞同	149 58.7％	92 51.9％	158 61.0％	135 55.6％	133 56.8％
一般	11 4.3％	9 5.1％	12 4.6％	24 9.8％	14 6.0％
不赞同	8 3.2％	7 4.0％	1 0.4％	1 0.4％	4 2.0％
极不赞同	1 0.4％	1 0.6％	0 0％	1 0.4％	1 0.4％

由表 13 可知,居民都普遍倾向于赞同在居委会直选中安排候选人的竞选活动,从人数比例看,选择非常赞同、赞同的共占90.7％,不赞同和极不赞同的共占 2.4％,其中宁波模式和深圳盐田模式中居民的赞同程度显著高于北京九道湾模式和广西模式($X^2＝19.574, P＜0.003$)。

社区直选中竞选方式的规范化建设中问题的主要表现为:**第一是竞选活动内容较单薄,即竞选活动内容主要是介绍候选人,停留在宣传介绍的阶段。**竞选活动安排在正式候选人产生之后,主要通过两种方式:组织介绍和自我介绍。组织介绍由居民选举委员会负责,向选民介绍正式候选人。自我介绍则由候选人本人在指定地点与选民见面,介绍自己,回答选民提问,并进行竞选演讲。① 北京九道湾社区首次直选时选举委员会安排了正式候选人与选民的三次集中见面会。见面会上正式候选人进行自我介绍、发表竞选演讲并回答选民问题。竞选期间候选人还可以通过走访选民、帮助选民解决实际问题等方式展开竞选。② 宁波模式要求初定候选人预选会议上每名候选人要面对居民代表、辖区单位代表作"施政演讲"。③ 盐田区社区直选改革中也明确指出，正式候选人要与选民见面，发表竞职演说。首次直选中全区各社区居委会共举办 13 场竞选演说。④ 可见，主要社区直选模式中都有对竞选活动的安排，包括候选人与选民见面、候选人自我介绍和组织介绍等，竞选活动的重点是向选民全面客观地介绍候选人，没有充分体现竞争性原则，尚处于初级阶段。社区居民对于居委会候选人的了解情况不容乐观，受访者只有 13.1％的居民"对所有的候选人都了解"。（见表 14）

表 14　居民对居委会候选人的了解程度情况表（％）　df＝9　N＝933

	广西模式	北京九道湾模式	宁波模式	深圳盐田模式	合计
对所有候选人都了解	31 12.2％	45 25.4％	23 8.9％	23 9.5％	122 13.1％
对大多数候选人了解	110 43.3％	99 55.9％	103 39.8％	88 36.2％	400 42.9％

① 雷弢."被选举权"合法性的实践再确认.甘肃行政学院学报,2013(1):56-76.
② 周鸿陵,张民巍.居民怎样拿选票圈点社区当家人？——北京市第一次社区居委会直选纪实.社区,2002(9):7-10.
③ 基层政权与社区建设司.宁波市社区居民委员会直接选举规程(试行).(2010-10-07)http://mzzt.mca.gov.cn/article/nzfxh2010/fgzcylcx/jczq/201007/20100700086565.shtml.
④ 候伊莎.透视盐田模式.重庆:重庆出版社,2006:50.

续　表

	广西模式	北京九道湾模式	宁波模式	深圳盐田模式	合计
对个别的候选人了解	91 35.8%	33 9.4%	123 47.5%	104 42.8%	351 37.6%
对所有候选人不了解	22 8.7%	0 0%	10 3.90%	28 11.5%	60 6.4%

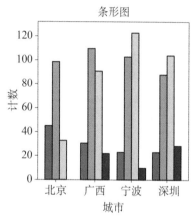

条形图

第14题　■对所有候选人都了解　■对大多数候选人都了解
　　　　□对个别的候选人都了解　■对所有候选人不了解

依据表14：13.1%的居民"对所有候选人都了解"，42.9%的居民选择"对大多数候选人了解"，37.6%的居民"对个别的候选人了解"，仍有6.4%的居民"对所有候选人不了解"，这说明了候选人的竞选效果和质量还有待提高。

第二，竞选活动方式较单一，候选人之间的竞争尚未真正开展。在社区直选实践中，候选人在选举大会上发展竞选演说。广西模式还制定了社区居民委员会竞选演讲规则，强调竞选演讲是社区居民委员会候选人推介工作的组成部分。北京九道湾社区直选中创新性地维持选举秩序,投票当日停止一切竞选活动。竞选演讲有助于候选人清晰表达出他们的社区工作设想和安排,也有助于选民了解清楚候选人并选出符合自己意愿的社区居委会成员。候选人竞选演讲后,一些社区会安排选民提问,个别选民的问题还比较尖锐等,但候选人之间的相互辩论与竞争环节却很少展开,除了北京九道湾社区首次直选中开展了候选人之间的竞争。在实际中仍有不少社区将竞选演讲安排在正式投票前的选举大会上,时间安排不合理,时间给予也不充分,有的社区甚至只给每位候选人一分钟时间的竞选演讲,候选人匆匆表态,最终竞选演讲往往流于形式。很多城市社区居民委员会直接选举的结果往往是连选连任、主任书记一肩挑,毫无悬念,有内定之嫌疑。

第三,竞选制度化建设滞后,居民参与度不高。南京市社区选举前让候选人到社区进行工作"实践"两个月,最初安排的用意是让候选人多与选民交往,后来演变为"拉票"活动。[①] 开展竞选活动,是有利于提高社区选举的民主程度,但前提必须是公开的竞争选举。民政部关于 2009 年城市社区居民委员会换届选举工作的相关通知中对竞选活动的开展也提出要求,候选人竞选活动应有开展。[②] 目前社区选举竞选制度化建设尚滞后,社区竞选活动还没有形成制度化安排,社区选举委员会成员对竞选现场监督还不得力,以宁波模式为例,对初步候选人和正式候选人竞选活动也进行了较为全面的规范,但没有形成制度化安排。总体上我国社区直选中竞选制度化建设尚滞后,社区竞选活动还没有形成制度化安

---

① 李凡. 社区选举的发展和问题. 中国社会导刊,2006(7):17-20.
② 基层政权与社区建设司. 宁波市社区居民委员会直接选举规程(试行). (2010-10-07)http://mzzt. mca. gov. cn/article/nzfxh2010/fgzcylcx/jczq/201007/20100700086565. shtml.

排,社区选举委员会成员对竞选现场监督还不得力,社区竞选活动中居民参与度不够。(见表 15)

表 15　居民参与居委会选举竞选活动情况表(％)　df＝3　N＝933

主体	广西模式	北京九道湾模式	宁波模式	深圳盐田模式	平均
参加	104 40.9％	102 57.6％	118 45.6％	133 54.7％	457 49.0％
未参加	150 59.1％	75 42.4％	141 54.4％	110 45.3％	476 51.0％

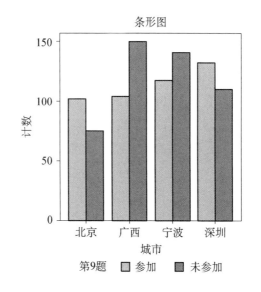

条形图

第9题　□ 参加　■ 未参加

依据表 15 可知,51％的居民没有参加过社区居委会选举竞选活动,居民参与不足,其中北京九道湾模式、深圳盐田模式中居民没有参与的比例显著高于广西模式和宁波模式。($X^2＝16.289$,$P＜0.001$)

(三) 选民登记问题

选民登记是宪法赋予公民选举权与被选举权的重要前置性程序,它不仅会影响到公民个人政治权利的获取和行使,还将影响选举活动的整个过程和选举结果。民政部的《社区居民委员会直接选举规程》设计的选民登记办法是"选民登记方式"。[①] "选民登记方式"要求选民在规定的时间内主动在选举登记点登记。如果选民未在规定时间内完成,则视为自动放弃当届的选民资格。广西模式形成中,南宁市兴宁区望州南社区于 2004 年居委会换届选举中采取的是"选民登记"方式,这在国内是首次的尝试。在此之后的居委会换届选举中,广西在原则上要求有选民资格的居民到登记站进行选民登记,没有做出强制规定明确要求采取"选民登记"方式。北京九道湾模式采取的是动员居民进行选民登记与入户进行登记选民两种方式。深圳盐田模式形成时要求社区选举委员会人员分成若干组,负责核实社区登记选民人数,即采取的是登记选民方式。在 2011 年居委会选举中,盐田区鼓励居民进行主动式的选民登记。2014 年盐田区提出应采取服务平台、社区家园网等多种方式引导居民到社区选举委员会进行登记,并要求选民登记率原则上不低于 30%。[②] 宁波模式的要求是选民原则上在其经常居住地的社区进行选民登记,《宁波市社区居民委员会直接选举规程》第十一条有针对选民登记明确的规定。[③] 但在我国居委会直选改革的具体实践中,城市社区推行"选民登记"方式的情况不容乐

---

① 詹成付主编. 社区居委会选举工作进展报告. 北京:中国社会出版社,2006:36.

② 盐田区. 深圳市盐田区 2014 年居民委员会选举工作方案. (2014 - 01 - 06) http:// www. yantian. gov. cn/cn/zwgk/ghjh/fzgh/201401/t20140116_5460592. htm.

③ 基层政权与社区建设司. 宁波市社区居民委员会直接选举规程(试行). (2010 - 10 - 07) http://mzzt. mca. gov. cn/article/nzfxh2010/fgzcylcx/jczq/201007/20100700086565. shtml.

观,选民登记中的问题主要表现为两个方面:

其一,"选民登记"混同于"登记选民"。在社区选举实践中,选民登记环节仍存在定义模糊,很多人对"选民登记"方式与"登记选民"方式两者之间的区别不清楚,常将"选民登记"混同于"登记选民",这其中包括社区选拔工作人员。访谈中,一名参与居委会选举的广西社区工作人员被问及所在社区的选民登记率等情况时,作如是回答:

"选民登记工作真不容易。我们几个人分组,上门核实。我们经常是碰不到人,他们上班。后来,我们选择他们大多休息的时间,晚上六点到八点。亏了大学生志愿者们的帮忙,否则真是完成不了。"(访谈资料5-X-W)

交谈中,我们深切感受到社区工作人员的辛苦。他们的前期工作是选举工作顺利完成的重要保证。但必须指出,这位社区工作人员将"选民登记"等同于"登记选民",不了解民政部对社区直选的登记方法的要求。课题组成员在其他城市社区访谈时也遇到类似的回答。

其二,选民登记率不高。依据表16可知,城市社区直选模式运行中的居民主动登记率总体不高,平均只有36%的居民去选民登记点登记,其中深圳盐田模式选民登记率为最低,仅为26.7%。这表明了一个冷峻的事实:我国城市社区选举仍处于"动员式"的选举形态,选民主动登记方式对于提高选民参与居民委员会直选的积极性的实际作用有限。[1] 究其原因:其一,社区

---

① 史卫民,郭巍青等.中国社区居民委员会选举研究.北京:中国社会科学出版社,2009:373.

选民不适应主动"选民登记"方式,这主要与选民的参与意识低有关;其二,社区选民不了解主动式"选民登记"的做法,这主要与选举委员会组织和宣传工作力度有关。总之,从"登记选民"方式到"选民登记"方式的尝试和推进,是选民参与程度与选举民主程度提高的表现和要求。今后应探究适合国情的"选民主动登记"方式的发展策略。

表 16 是"您是去选民登记点登记的吗?"的问卷结果。

表 16　城市社区直选模式中居民登记情况(%)　df=6　N=933

	广西模式	北京九道湾模式	宁波模式	深圳盐田模式	合计
去选民登记点登记	113 44.5%	70 39.5%	88 34.0%	85 26.7%	336 36.0%
没有去选民登记点	141 55.5%	107 60.5%	171 66.0%	178 73.3%	597 64.0%

(四) 其他问题

一些选举规则不符合民主自治精神的要求。如对选民资格的认定上。北京九道湾模式率先在直选方案中明确规定,年满 18 周岁的常住一年以上居民享有选举权。北京九道湾模式注重保障外地人口的民主选举与参与社区管理的权利,这为全国其他城市起到很好的示范作用。宁波模式、广西模式、深圳盐田模式都在选举规程或选举工作实施意见中确定了在本社区居住一年以上的非本市居民具有选举权。但在选民登记过程中,社区居民选举委员会审核环节的过多条件,已成为影响外来人口参与城市社区选举的障碍性因素。如深圳盐田模式要求外来人口提出书面申请,并提供需要审核的资料,包括:本人户口簿、身份证、居住证、连续居住一年以上证明材料、未在户籍所在地进行选民登记的证明等。[①]

社区居委会选举委员会产生方式需要进一步规范。盐田模式形成中率先创新社区居委会选举委员会产生方式,包括创新选举委员会委员候选人产生方式和规范了社区居委会选举委员会的产生程序。不过,其他模式及其在全国范围内,还没有普遍实行居民代表或居民直接推选社区居民委员会选举机构的规定和实践。[②] 未来还需进一步完善社区居委会选举委员会的产生方式。选举委员会产生程序的民主性和规范性有待提高,选举委员会职能需要进一步明确。

选民被排除在选举制度制定主体范畴之外。北京九道湾模式形成中,非政府组织的介入,一定程度上实现了直选制度制订主体的多元化。但是社区选举制度涉及到社区居民的利益,选民参与直选制度制定的平台和机制尚未建立。应建立相应的制度化平台,将居民参与选举制度的制定纳入到制度化轨道上来。

二、社区直选制度执行力不够

社区直选制度执行力不够,主要是指社区直选中一些规则制度已经建立,但执行得不理想,流于形式。社区直选制度执行力不够在投票程序表现得尤为明显。当前中国投票程序中问题主要体现在投票现场秩序、委托投票、秘密划票间使用、流动票箱等方面。

第一,流动票箱问题

流动票箱设置的目的是为了保障因疾病或交通不便等原因不能到现场投票的选民的民主权利。针对人大代表选举的《选举法》修

[①] 盐田区. 深圳市盐田区 2014 年居民委员会选举工作方案. (2014 - 01 - 06) http://www. yantian. gov. cn/cn/zwgk/ghjh/fzgh/201401/t20140116_5460592. htm.

[②] 史卫民,郭巍青等. 中国社区居民委员会选举研究. 北京:中国社会科学出版社,2009:143.

订版中有流动票箱的规定，民政部的《社区居民委员会直接选举规程》中没有流动票箱的规定。在主要城市社区直选模式的规定中，都对流动票箱的管理有明确规定，每个流动票箱有 2 或 3 名工作人员负责。流动票箱数量的控制，在北京九道湾模式、宁波模式中有明确规定。(见表 17)但在社区居委会选举改革实际运行中，流动票箱使用过多。受访中有 23.7%居民选择了"使用流动票箱"，其中广西模式中使用流动票箱比例最高为 39.0%，显著高于北京九道湾模式(5.1%)、深圳盐田模式(28.8%)和宁波模式(16.6%)($X^2=163.175$，$P<0.001$)。(见表 18)流动票箱使用过多，是广西柳州市柳南区社区直选试点到场的观摩专家发现的主要问题之一。[1]

　　武鸣县城社区的一位居委会委员在接受课题组访谈时，坦言社居委会选举中近 2/3 选票是来自于流动票箱：

　　"我们社区使用了 20 多个流动票箱。工作人员拿着票箱到居民门上收。居民有的是有事，不来投票。有的是出去打工，不在家。不用流动票箱，票数根本不够的，不达标。"(访谈资料 6－W－C)

　　流动票箱的使用，存在着较为明显的弊端：第一投票的隐私权得不到保护。在持有流动票箱的工作人员面前，选民无法实行秘密投票，造成许多投票选择不是基于选民的真实意愿，这将影响选举的结果和质量。第二是制造假票的可能性增加。流动票箱的监管不得力，很容易被用作制造假票的工具。在农村选举和人大选举中此类问题也是颇多，流动票箱使用比较普遍，是各地投票保持

---

[1] 李凡. 中国城市社区直接选举改革. 西安:西北大学出版社,2003:136.

较高投票率的原因,流动票箱的使用与追求高投票率具有相关性。[①] 追求高投票率有两个主要原因:第一是选举组织者的心理期望。希望本选区的投票率高,作为基层群众政治参与热情的反映指标。使用流动票箱到各个家庭进行投票是提高投票率最有效的办法。第二是选举法规的硬性规定。选举结果必须双过半要求,其中投票选民人数要占本选区选民的一半以上才是合法有效的投票。[②]

表 17　主要社区直选模式中关于流动票箱的规定

	居委会选举办法、规程、文件
北京九道湾社区	可以开设流动票箱,三名以上工作人员值守。　　　　(规程) 控制流动票箱为 2 个。　　　　(直选方案)
广西	可设置流动票箱,每个流动票箱必须有三名以上工作人员负责。　　　　(直选规范)
浙江宁波	可以设置流动票箱,流动票箱在居民代表选举时不得使用。　　　　(试行规程) 可以设立流动票箱上门接受投票。流动票箱数量应严格控制。每个流动票箱配备有三名以上监票人。　　　　(直选规程)
广东盐田	设立若干个流动票箱或分投票站票箱。　　　　(选举规程) 可以设立流动票箱,每只票箱须有三名以上监票人负责。不能以流动票箱代替中心投票站。流动票箱的开箱计票不得在中心站外进行。　　　　(直选方案)
其他	可在流动投票箱投票,流动投票箱的数量要严格限制,规定每个投票箱须有三名以上监票人。　　　　(沈阳　实施细则)

资料来源:各省民政部门网站颁布的居委会选举的"办法""规程"或"方案"等。史卫民,郭巍青等.中国社区居民委员会选举研究,中国社会科学出版社,2009 年版;李凡.中国城市社区直接选举改革,西北大学出版社,2003 年版;许义平,何晓玲.现代社区制度实证研究,中国社会出版社,2008 年版;中共广西壮族自治区委员会组织部,广西壮族自治区民政厅.阳光选举　和谐换届,广西大学出版社,2011 年版;广东省村(居)民委员会换届选举规程指引,中山大学出版社,2017 年版。

---

① 白钢主编. 直接选举:制度与过程. 北京:中国社会科学出版社,1999:267.
② 许义平,何晓玲. 现代社区制度实证研究. 北京:中国社会出版社,2008:114.

表 18 是"您是否参与本社区居委会选举？如果参与了,是怎样参与的?"的问卷结果。

表 18　居民参与社区居委会投票选举的情况表(％)　df＝12　N＝933

	广西模式	北京九道湾模式	宁波模式	深圳盐田模式	合计
没有参与投票	28 11.0％	19 10.7％	37 14.3％	24 9.9％	108 11.6％
到投票站投票	63 24.8％	76 42.9％	114 44.0％	83 34.2％	400 36.0％
委托他人投票	64 25.2％	73 41.3％	65 25.1％	66 27.1％	268 28.7％
使用流动票箱	99 39.0％	9 5.1％	43 16.6％	70 28.8％	221 23.7％

依据表 18:大多数居民参与了居委会选举。从人数比例看,88.4％的居民参与了本社区居委会选举,采取投票站投票方式的占36％,委托他人投票方式占 28.7％,使用流动票箱方式占 23.7％。

第二是秘密划票间(处)问题

民政部的《社区居民委员会直接选举规程》第一章第 2 条强调选举必须遵循的八大原则,其中包括秘密写票原则,即要求投票选举时须设立秘密写票处。[①] 秘密写票原则,是确保选民按照本人意愿行使选举权的重要措施。它允许选民自由表达意愿,以保证公平和公正的选举。2006 年民政部对社区居委会换届工作的通知中也明确指出,要提供充足规范的秘密写票处。[②] 在民政部的提倡和

---

① 詹成付主编.社区居民委员会选举工作进展报告.北京:中国社会出版社,2006:41.

② 基层政权和社区建设司.民政部关于做好 2006 年社区居民委员会换届选举工作的通知.（2006 - 09 - 19）http://mzzt. mca. gov. cn/article/qgmzgzsphy2006/gzbg/200609/20061200748865. shtml. .

指导下,当前全国各地城市基层选举规则中都要求投置秘密划票处或秘密划票间,(见表19)调研结果显示:大多数选民们没有使用这一设施,秘密划票间(处)使用率不高甚至形同虚设。(见表20)

表 19 主要社区直选模式中关于秘密投票的规定

	居委会选举办法、规程、文件	
北京九道湾社区	选民领取选票之后,在秘密写票处填写选票。	(规程)
	无规定。	(直选方案)
广西	设立验证发票处、秘密写票处等。	(实施意见)
浙江宁波	选举中心会场和每个投票站须设立秘密写票处,配备工作人员三名。	(选举规程)
	在中心投票会场和每个投票站设置秘密写票处,配有 3 名以上监票人。	(直选规程)
广东盐田	领取选票后,进入秘密投票间填写。	(选举规程)
	选民领取选票后,到秘密写票处填写选票。	(直选方案)
其他	投票站应设立秘密划票处。	(沈阳 实施细则)
	选举会场和投票站须设置秘密写票处。	(上海 选举规则)

资料来源:各省民政部门网站颁布的居委会选举的"办法""规程"或"方案"等。史卫民,郭巍青等.中国社区居民委员会选举研究,中国社会科学出版社,2009 年版;李凡.中国城市社区直接选举改革,西北大学出版社,2003 年版;许义平,何晓玲.现代社区制度实证研究,中国社会出版社,2008 年版;中共广西壮族自治区委员会组织部,广西壮族自治区民政厅.阳光选举 和谐换届,广西大学出版社,2011 年版;广东省村(居)民委员会换届选举规程指引,中山大学出版社,2017 年版。

表 20 城市社区直选模式中秘密划票间使用情况(%) df=6 N=933

	广西模式	北京九道湾模式	宁波模式	深圳盐田模式	合计
在秘密划票间	83 32.7%	16 9.0%	82 31.7%	79 32.5%	260 27.9%
没在秘密划票间	171 67.3%	161 91.0%	177 68.3%	164 67.5%	673 72.1%

由表 20 可知,城市社区直选模式运行中的秘密划票间使用率总体不高,仅有 27.9% 的居民使用了秘密划票间,北京九道湾模式中的秘密划票间使用率最低,不到 10%,显著低于广西模式、宁波模式和深圳盐田模式($X^2=39.651,P<0.0001$)。

以北京九道湾社区模式为例。2002 年九道湾社区首次直选中设立秘密划票间,三角形划票间非常醒目,以保证选民在相对隐蔽的空间进行划票。中国社会工作协会副会长马学理对秘密划票环节的设立给予了较高的评价,认为秘密划票间给选民创造了一个充分行使权利的民主空间,使选举程序更加规范公平公正。[①] 秘密划票方式的引进,使选民的民主意愿得到充分体现。[②] 课题组调研了解到,其后的(2006、2009、2012、2015)四届的九道湾社区直选都设立了秘密划票间,但实际效果不甚理想。在北京九道湾社区访谈中,一些居民的解释是,自己是上班前急忙去投票,没有时间去秘密划票间。还有居民坦言:根本不知道有设置秘密划票间这一环节。

广西模式形成和运行的过程中,广西柳州市中山花园社区直选试点首次使用秘密划票间,之后在柳南、来宾的社区直选中设计了流水线的投票程序。选民投票时,从登记、核实、划票到投票形成一个完整的投票流程,在投票流程中设置数个秘密划票间,很好地引导选民使用秘密划票间,课题组在南宁、桂林等城市调研了解到,该投票流程并没有广泛应用到广西的其他地区。课题组访谈中多名选民如是说:

"小区路口放着票箱,他们(工作人员)喊我,我就去投了,是个

---

① 薛凯等. 城市迈向直选时代. 山东人大,2002(11):64.
② 詹成付主编. 社区居委会选举工作进展报告. 北京:中国社会出版社,2006:20.

红色的木箱子。小区里有好几个这样的箱子。"(访谈资料 7 -
L - N)

"我不知道有秘密划票间,居委会里面的人抱着个用红纸包的
箱子,我是投在那里面的。"(访谈资料 8 - W - N)

在宁波模式中,海曙直选试点时将秘密划票间设置在室内,通
过进口出口的区分将秘密划票与整个投票过程形成有机结合。秘
密划票不再是选民的可选择规则,这是程序性引领作用的结果。
澄浪社区实现 100％选民实行秘密划票。但与广西存在同样的状
况,通过室内设置秘密划票间引领选民的做法并没有在宁波其他
区广泛采用。

秘密划票间(处)使用率不高究其原因主要有:1) 引导不力。
尽管广西模式和宁波模式形成中均进行了可贵的尝试,通过将秘
密划票间有机地嵌入到投票流程中引导选民,但并没有大力推广,
总体上仍是引导不力。2) 选民投票进度控制不力。有些社区是投
票当日召开选举大会,选举会议结束后一些选民急于划票,加上秘
密划票间数目不多,投票进度得不到很好控制,造成选民或是在划
票间外,或是挤入同一划票间,投票秩序混乱,造成选民难以不受
干扰地按照自己的意愿行使投票权。研究基层民主选举的专家李
凡认为,当前中国投票制度运行中最大的问题就是秩序混乱,秩序
混乱会影响选举的效率和选票的效力。[①] 3) 秘密划票间距离设置
的不合理。选票领取处和秘密划票间的距离太长,加上未设置投
票路线,导致一些选民放弃秘密划票间的使用。4) 选民对秘密划
票间的认识不够。一些选民不知道现场有秘密划票间,还有选民

---

① 李凡. 中国选举制度的改革. 上海:上海交通大学出版社,2005:170.

仍不了解设置秘密划票间的意义或作用。在秘密划票间的作用是作为选择性规定时,他们通常选择在秘密划票间外划票。这种令人担忧的状况同样出现在各级人大选举中。自 1989 年以来,全国人民代表大会每届都设立秘密划票间,但多数代表们不使用秘密划票间,致使该设置形同虚设。有学者建议,秘密划票处功能的真正发挥需要一系列配套规定的支持,应明确要求所有选民均进入秘密划票间划票。①

第三,委托投票问题

选举是公民行使民主权利的最直接的形式。在正常情况下选民一般应亲自参加投票活动。1979 年,我国在修订选举法时确立委托投票规定,对于选民在选举期间外出等情况下行使选举权起到积极作用。委托代票是基层民主选举中普遍使用的办法,民政部《社区居民委员会直接选举规程》第 35 条规定的设计是:由于生病、外出或残疾等特殊原因在选举日无法到投票现场投票的选民,可以委托其信任的人代写。每位选民不得接受超过 2 人的委托。②我国城市直选主要模式中,对选民接受委托票数的数目要求略宽些,每位选民接受委托人数不得超过 3 人,广西、宁波模式中还强调委托投票只限于家庭成员之间,深圳盐田模式、宁波模式中规定代写人不得违背委托人意志。但在实际选举过程中出现的问题较多,没有严格遵守规定,有些选民接受委托票数超过 3 张,甚至有十几张。选民接受委托票数过多的问题,北京九道湾直选模式中最为凸显。北京九道湾社区在首次直选中对代票委托书没有做出严格要求,投票现场出现选民代票数过多现象,甚至有儿童代父母

---

① 王振耀等. 迈向法治型选举的历史逻辑. 北京:中国社会出版社,2012:200 - 201.
② 詹成付主编. 社区居委会选举工作进展报告. 北京:中国社会出版社,2006:40.

投票的情况,代票问题没有得到严格控制。[①] 在与九道湾社区居民的深度访谈中,其中一户家里的女主人代替全家五人投票,以家庭为单位参加投票不是个案。

"我一个人投了全家五人的票。我隔壁家的也是替儿子儿媳妇投的票。他们要上班,我反正退休,时间不赶紧。"(访谈资料 9 - Q - J)

2015 年访谈中九道湾社区社区居委会成员坦言,2006 年、2009 年、2012 年、2015 年四届社区直选顺利进行,社区居民对直接选举的关注度有所下降。委托投票问题稍有缓解,社区居委会成员的解释是,这归于因后面几次选举时间上的一些调整。正式投票日安排在周末,同时票箱关闭时间延长至晚上九点。

由表 18 可知:受访中 28.7%居民选择了"委托他人投票",其中北京九道湾社区居民委托他人投票率最高 41.3%,显著高于宁波模式(25.1%)、深圳盐田模式(27.1)和广西模式(25.2%)($X^2 = 93.183, P < 0.001$)。调研数据表明:城市社区直选模式运行中委托投票问题严重。这是中国基层民主选举面临的共同问题。这不仅会造成居民参选率失真,并为人为操纵选票、制造假票、控制选举结果等提供大量机会。[②] 社区选举中委托投票问题凸显,选举组织者追求高投票率是其主要原因,在选民对社区选举参与不积极的情况下尤为明显。

造成社区直选制度执行力不够的原因是多方面的,选民参与

---

① 李凡. 中国城市社区直接选举改革. 西安:西北大学出版社,2003:307.
② 林楚方. 官方学者提交中国选举状况报告. 南方周末,2003 - 02 - 20.

不积极、高投票率目标的设置、配套支持不够、行政干预等,还需要从历史的动态的视角分析。中国基层民主政治的现实发展不完全同步于(往往是滞后于)制度设置,选举文本制度的制定与贯彻落实之间存在时间差,具体操作的方式、落实的现实情况、民主文化传统的薄弱等都会影响着这个时间差的长度。[①] 从 1998 年青岛拉开城市社区直选改革帷幕,历经正式启动、重大突破和稳步推进阶段。从直接选举制度应用的多元化发展到城市社区直选模式的多样化,社区直选推进的总体进度放缓。这一发展趋势反映了城市基层民主和社区自治在横向维度和纵深维度上的演进轨迹,也显明了中国城市基层民主改革进程的困难与阻力。这需要我们有更大的勇气与自信去缩短这个时间差。

三、城市居民直选参与仍不足

我国城市社区居委会直接选举改革产生了良好的政治效应和社会效应,许多居民参与到社区居委会选举中。调研数据也表明城市居民的主体意识在增长,受访者中有 94.5% 的居民认为选民投票是在行使居民的民主权利,81.6% 的居民表示愿意参与居委会选举活动,但仍存在着不足。社区居民的主体意识和权利意识还没有完全转化成社区直选参与的主动性和积极性,还没有转化为行动意识,居民社区参与的总体质量不高。城市社区居委会直接选举仍是政府的推动,社区内部推动力不够,其中深圳盐田模式表现得最为明显,是由行政主导的以发动群众方式实现的社区选举与参与。[②] 政府的动员和主导,对于开启中国城市基层民主进程

---

① 黄卫平. 中国基层民主发展 40 年. 社会科学研究,2018(6):13 - 27.
② 解红晖. 我国城市社区直选实践模式研究. 宁波大学学报(社科版),2013(1):118 - 123.

起着非常重要的作用,其优点是选举的过程和结果具有可控性,缺点是参与者自身的偏好、能力,不能得到有效体现,它最终将影响社区选举的质量和城市基层民主的可持续发展。

(一) 城市居民社区参与不足的表现

居民社区参与不足主要体现在两个方面:其一是居民参与社区选举的质量不高,居民参与呈现出被动性。受访中有居民坦言是在社区工作人员的动员和说服下来投票。

"居委会主任人蛮好的,平时跟她处得不错,工作还是要支持的,她喊了两次。投票其实也花不了太多时间,再说也是选社区当家人,也是蛮有意义的。"(访谈资料 10 - L - K)

在关于"您个人认为选民参加投票的原因是( )?(选择重要的 2—3 项)"的调查问卷中,受访者 26.3% 的居民选择"受他人动员",21.3% 的居民选择"别人投我也投",结果显明:47.9% 的居民的居委会选举参与具有被动性,不是自主性的政治参与。此外在投票方式上,28.7% 居民选择了"委托他人投票"。总之,社区居委会选举中的高投票率与居民的积极参与、社区民主真正开展起来不能划上等号。学者对上海十三个居民委员会选举跟踪调查指出,高投票率的背后是基层政府、居民委员会和积极分子之间合意机制的产物,社区选举具有很强的行政性。[①] 正如李普塞特所指出,参与率和投票率的高低并不是民主政治发展的指标,最为关键

[①] 郭圣莉. 加入核心团队:社区选举的合意机制及其运作基础分析. 公共行政评论,2010 (1):84 - 95.

的是影响参与程度和性质的那些因素,它们对民主制度的生存与发展有着制约性作用。①

其二是社区选举中的"搭便车"②现象。社区选举是一项集体行动,集体行动有其自身的产生逻辑与发展脉络。奥尔森认为,理性的追求自身利益的个体不会选择一致行动以实现共同利益或集团利益,除非下列两种情况,一是集团人数足够少,二是存在强制性或其他特殊的手段。③ 在社区选举的集体行动中,一些居民认为,社区参加投票的人数多,有别人履行选举职责,自己就可以不参与选举,因为自己的投票行为不会对最后的选举结果产生实质性影响。居民对选举结果不感兴趣,是因为他们对选举权收益价值评估很低,认为即使不参加选举结果也不会对自身产生实质性利益影响。④ 因此,他们对社区选举持有无所谓态度。社区选举成为走场,我可以"搭便车",不承担选举责任。课题组在关于"您个人认为选民参加投票的原因是(　　)?"问卷调查数据表明,21.3%的居民选择"别人投我也投"。这是社区选举集体困境形成的心理原因之一,导致许多变相的逃避行为,如:以工作太忙没有时间为由不参加投票,或随意委托别人投票,或敷衍对待盲目投票等。

总之,自上而下的社区居民委员会的直接选举没有得到自下而上的积极回应,居民社区选举参与质量不高。社区党组织、居民委员会成员和社区积极分子形成的动员力量,网络是确保选举开

---

① [美]西蒙·马丁·李普塞特.政治人:政治的社会基础.张绍宗译.上海:上海人民出版社,1997:93.
② 张涛等.中国城市基层直接选举研究.重庆:重庆出版社,2008:207.
③ [美]曼瑟尔·奥尔森.集体行动的逻辑.陈郁等译.上海:上海三联书店,1995.
④ 杨云彪.公民的选举.北京:中国大百科全书出版社,2009:33.

展的关键因素。社区单位和社区居民参与的被动性,甚至表现为一定程度的冷漠。居民自觉行为的缺乏使得城市社区直选中凸显"国家在场"或"组织在场"特征,[1]当前的城市居民委员会选举来自社区内部的驱动力不足。[2] 直接选举制度的执行力不够,使得其与户代表选举方式差距不大,没有体现出高级民主的品质,选民的范围并没有实质性扩大,居民对民主选举的广泛诉求还没有形成。[3]城市中真正关注社区选举的居民较少,热心参与选举的,选举前期工作中主动选民登记环节实际上仍是被动式登记选民。在全国其他城市的情况亦然。社区选举是自上而下的计划、部署、组织、动员下完成,选举计划中常有一些指标性要求(如参选率、社区居委会成员的构成要求等),使选举成为各级组织和群众必须完成的任务。以上级党组织和政府为后盾,在社区党组织的核心作用下,社区党组织、居委会干部、社区积极分子三股力量凝合成的动员力量,在社区资源基础上形成的动员态势已成为确保社区选举成功的关键因素。在社区自治组织的选举中,上级意图或组织意图往往通过选举委员会的构成、候选人的确定、选举方式的选择等形式表现出来,使选举带有鲜明的国家在场、组织在场的动员式特征。社区居民在动员式选举中表现出低质量的参与,甚至冷漠。《居委会组织法》提出的居民(小组)代表选举、户代表选举和居民直接选举三种选举方式,很多城市仍倾向于居民(小组)代表选举方式,而不是全体居民参加的直接选举方式。在直接选举中,无论是选民

---

① 史卫民,郭巍青等.中国社区居民委员会选举研究.北京:中国社会科学出版社,2009:370-371.

② 解红晖.我国城市社区直选实践模式研究.宁波大学学报(社科版),2013(1):118-123.

③ 熊易寒.社区选举:在政治冷漠与高投票率之间.社会,2009(3):202.

登记,还是投票选举,都需要强大的组织动员。社区直选中较高的参选率,主要不是选民自觉行动的结果,而是选民出于人情与面子,帮助居委会完成任务。[①]

(二) 社区选举中居民参与不足的原因分析

社区选举中居民参与质量总体上不高,究其原因:**一是利益关联度低**。影响选举的因素有经济、社会、文化、心理等方面,从选民参与选举的心理来分析,公民之所以参与选举,最为密切关联的因素是利益因素。选民积极参与,因为他们认为投票行为跟自己的利益相关,选举结果与自身的利益有关。马克思主义认为,利益是政治关系的基础,是人们结成政治关系的根本动力。[②] 选举权的收益大,较之国家层次的决定,普通公民可能更为关注的是与他们的生活密切相关的能够较好把握的问题与事务。[③] 唐斯则从成本与效益的角度深入分析选民的投票行为,他认为个人的投票行为更多的是受经济利益的影响。[④] 长期从事选举研究的学者蔡定剑指出,政治的实质是一种经济利益,是人们为了保护和争取自己的利益而形成的公共活动。问题的关键在于某种制度安排是否与他们的利益关联。如果没有关联或关联度低,他们选择消极对待。良好的选举制度可以促进选举行为的发生,可以促进选举与选民之间利益关系的建立与保持。促使公民最广泛参与,选举利益的代表者和维护者,是建立选举制度的立足点与最终归宿。[⑤] 选举作为

---

① 史卫民,郭巍青等.中国社区居民委员会选举研究.北京:中国社会科学出版社,2009: 371.

② 《马克思恩格斯选集》(第1卷).北京:中央编译出版社,1995:82 - 85.

③ [美]卡罗尔·佩特曼.参与与民主理论.陈尧译.上海:上海人民出版社,2006.

④ [美]安东尼·唐斯.民主的经济理论.姚洋等译.上海:上海人民出版社,2005.

⑤ 蔡定剑.中国选举状况报告.北京:法律版社,2002.

一种政治行为,是政治参与的重要途径或方式之一。政治参与是指公民为了表达自己对公共利益和共同利益分配的意愿,以其政治权利和资格,通过影响政治权力而实现其利益的重要方式。选民参与选举的根本动力在于其特殊利益诉求,选民的偏好,表现在关注和维护自己利益的代言人。居民对社区选举持冷漠态度的根本原因是缺乏利益关联度,高投票率是行政动员的结果。居民与社区的利益关联度低是社区选举中居民参与质量低的重要原因,这是我国城市社区民主政治建设中最大的瓶颈。[1] 社区选举中的"搭便车"现象表明,社区选举缺少利益机制,集体行动的逻辑没有建立起来。选举权被大量置于公共领域时,选民对选举权的价值评估较低,选民有搭便车弃权的激励。[2]

居民与社区之间的利益关系体现在两个方面[3]:第一是居民与社区的关系。社区的服务功能居于首要地位,管理功能列居其次,这是居民权利的具体体现。在关于"您个人认为社区居委会的首要职能是( )?"(见表21)的调查问卷中,受访者中有 38.7% 的居民认为社区居委会的首要职能是服务职能。

依据表21:受访者中38.7%的居民选择"服务职能",将服务职能视作社区居委会的首要职能,其中广西模式、宁波模式显著高于北京九道湾模式和深圳盐田模式($X^2 = 42.122, P < 0.01$);28.7% 的居民选择"管理职能",其中深圳盐田模式最高达 43.2%。

① 闫健主编.民主选举.北京:中央编译出版社,2013:15.
② 杨云彪.公民的选择:一个公共选择话题.北京:中国大百科全书出版社,2009:233 - 234.
③ 张涛等.中国城市基层直接选举研究.重庆:重庆出版社,2008:208 - 209.

表 21　城市社区直选模式中居民对社区居委会职能的看法
（％）　df＝6　N＝933

	广西模式	北京九道湾模式	宁波模式	深圳盐田模式	合计
服务功能	105 41.3％	59 33.3％	105 40.5％	92 37.9％	361 38.7％
管理功能	57 22.4％	46 26.0％	60 23.2％	105 43.2％	268 28.7％
自治功能	92 36.2％	72 40.7％	94 36.3％	46 18.9％	304 32.6％

第二是居民与社区工作者的关系。社区工作者是社区服务者，而不是管理者，是居民权利的维护者，而不是自上而下的权力者。从居民与社区工作者之间的关系来看，大部分社区居民仍习惯于将社区工作者称为干部，有些居委会成员也以干部自居，没有正确认知自身角色导致居民对社区的认同感低，很少通过社区居委会来维护自身利益，社区选举的内部动力不足。

另外还有居民与社区的情感因素。在中国城市治理结构转型时期，单位制的功能渐次退场。城市社区发育却不成熟，还没有成为一个稳固的情感共同体，也没有真正成为功能健全的利益共同体，社区能够自治的情感基础也没有夯实。社区与居民之间缺乏情感维系，居民对社区归属感还比较淡薄，有时仅将社区当作居所。[①] 大多数对社区事务不关心，除非自身利益受到侵犯，他们平时很少发声。在关于"您就社区公共事务向居委会提过建议吗（　　）?"问卷结果显示：受访者中64.1％的居民选择"没有"，这说明大多数居民还没有关心社区公共事务的实际行动。（见表22）

---

① 张涛,王向民等.中国城市基层直接选举研究.重庆:重庆出版社,2008:208-209.

表 22　城市社区直选模式中居民对社区事务关心情况(%)　df=3　N=933

	广西模式	北京九道湾模式	宁波模式	深圳盐田模式	合计
没有	150 59.1%	100 56.5%	105 64.5%	181 74.5%	588 64.1%
有过	104 40.9%	77 43.5%	60 35.5%	62 25.5%	335 35.9%

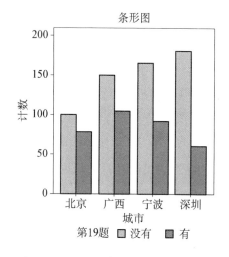

条形图

依据表 22:受访者中 64.1% 的居民没有就社区公共事务向居委会提出建议,其中深圳盐田模式中的比例最高达 74.5%,显著高于宁波模式、北京九道湾模式和广西模式($X^2 = 18.660, P < 0.001$)。这说明推动型社区直选模式中居民在社区事务自治中行为主动性相对较低。广西模式比例最低,但也只有 40.9% 的居民对社区公共事务提出过建议。课题组在桂林秀峰区的深度访谈中,仍有不少居民坦言平时基本不去社区居委会。一位中年女性如是说:

"我平时基本不去居委会,住在这儿好几年,我就去过两次。一次是为独生子女证的事,一次是为体检的事。工作服务态度还行。"(访谈资料 11 - S - W)

二是居民参与能力不足。(1)政治责任感显薄弱。一些居民参与居委会选举不是基于公民对社会应担当的政治责任,是政治动员和利益权衡的结果。政治责任感会驱动选民关注并积极主动地参与社区居委会选举。文化素质较高、民主意识较强的公民往往具备政治责任感。中国传统社会是个人依附于国家。新中国成立后很长的时间内,城市是单位体制。个人完全融入国家,个人权利让位于集体利益。个人依附于组织与单位,缺乏民主意识。[1] 20世纪90年代城市基层组织改革启动,单位制逐渐解体。由于路径依赖的作用,缺乏民主意识的历史影响尚未完全消除。部分居民对社区事务不感兴趣,社区建设居民参与不足。[2] 居民的民主意识不能转化为实际参与行动,居民自治无法真正运转起来。社区居民的政治责任感需要进一步培养与加强。社会成员应具备民主精神,了解民主技巧,他们能关注公共事务,并能做出基本的理性判断。这是现代民主政治发展的要求和目标。社区直接选举同时又是培养社区居民的现代政治观念和民主意识的重要过程。这一双向的互动过程,有助于提高社区民主实践质量,推动基层社会发展。城市居民的公民意识和参与社区建设的积极性是中国城市社区直选的内在动力之源。(2)社会资本开发不够。社会资本是使民主得以运转的关键因素,其作用的场域是社会生活与政治生活

---

[1] 李猛,王冠杰等.新中国选举制度发展历程.北京:世界知识出版社,2013.
[2] 闫健主编.民主选举.北京:中央编译出版社,2013:15.

领域。① 社会资本需要开发,才能真正发挥它的作用。社区自治本身就是社区居民从个人利益出发而结成团体,共同进行社会资本开发的过程。② 行政推销手段下以较高选民登记率反映了政治资本的巨大影响力。以信任和公共参与作为表现形式的社会资本尚未得到充分开发,其作用没有得到发挥。城市社区没有很好地形成能使居民从中获取利益的"场域",居民对资讯的掌握和理解程度不高,以及居民对政策目标实现的可能性途径认识不足等,阻碍了社区社会资本的开发。信息相对对称,是培育社会资本和真正赋予社区居民民主选举权利和提高社区直选绩效的必要条件。选民获取的选举信息不充分,对社区直接理解的不准确,都会造成选民的投票选择不理性或者持无所谓态度。这是我国城市社区居委会直接选举的困境之一。(3)公共舆论没有形成。社区居民还没有形成针对居民委员会直接选举这一公共事务进行评判的公共舆论,没有任何舆论对选举结果产生显著的影响。信息公开是民主监督的基础,也是形成公共舆论的条件。候选人的信息、竞选承诺是否实现等能成为公共舆论的话题。公共舆论的功能在于,公众针对公共事务形成批判公共权力的公共舆论,由此对公共事务产生影响,从而调解公共权力领域和私人领域之间的关系,自上而下推行的城市社区居民委员会直接选举才能获得社区居民的积极回应。在社区公共领域没有形成、国家与市民社会不能形成互动的情况下,形式化的民主选举只能在动员模式下勉强开展。

---

① 解红晖. 城市社区直选制度绩效影响因子探究. 宁波大学学报(社科版),2014(5):96-101.
② 陈捷,卢春龙. 共通性社会资本与特定性社会资本——社会资本与中国的城市基层治理. 社会学研究,2009(6):87-104.

四、社区工作者[①]队伍建设滞后

宁波模式中最大的特色是选聘分离体制,深圳盐田模式最大的特色是会站分离体制。社区工作者职业化是选聘分离体制的应有之义,并为直选后社区治理、行政管理与基层自治的有效衔接和良性互动提供了重要保障。会站分离体制下的社区工作站从社区居委会中分离出来,有助于社区居委会恢复群众自治组织的法律地位。[②] 可以看出,社区工作者的队伍建设有助于提高社区直选制度的绩效。随着城市社区直选的推进和政府职能的延伸,社区工作者队伍建设中的问题值得关注。基于社区工作者职业化建设是宁波模式和深圳盐田模式的内在内容,课题组将主要以这两个直选模式作为契入点来分析社区工作者建设中存在的问题。

(一) 社区工作者超负荷工作

选聘分离体制下的专职社区工作者实际承担双重任务:来自居委会的自治性任务和政府部门分配的行政性任务。处于义工的居委会委员无需坐班,大量事务性的工作交由专职社工执行。据宁波鼓楼区某街道的一名社区工作者介绍:

"除居委会交办的事务外,政府部门安排的工作也多,各类创

[①] 社区工作者与社会工作者的概念有不同,社会工作者是指取得中华人民共和国社会工作者职业水平证书,遵循助人自助的价值理念,拥有社会工作者专业知识和技能,在专门社会组织机构中从事专门社会组织工作的专业工作人员。社区工作者是指由政府聘用,财政资金供给,在社区协助社会管理、开展公共服务的专职工作人员,如宁波模式中居委会办公室的专职社工、盐田模式的社工站人员。

[②] 解红晖.我国城市社区直选实践模式研究.宁波大学学报(社科版),2013(1):118 - 123.

建工作带来的任务、大量报表台账。这不我现在正准备文明城市创建的一些材料。我们加班加点是常事。"（访谈资料 12 - X - W）

　　面对社区居民日益增长的需求，这位社区工作者直言压力大，不堪重负。在深圳盐田模式中，会站分离体制下社区工作站是区建设委员会的社区工作和服务平台，主要负责完成政府各职能部门的行政事务，包括社区组织、社区卫生、社区治安、社区文化等社区建设内容，还需协助社区居委会处理居民事务，接受社区居委会的协调和监督，社区工作站人员承担的也是双重任务。盐田区一位社区工作站人员告诉我们，他们要承接的工作事项有 100 多项，考核事项 60 多，其中有计生、安全生产、综治信访等多个一票否决的检查事项。譬如计生检查，从省、市、区、街道各级都有考核，一年抽检至少 4 次。总之，社区工作者工作任务繁重。在处理日常的各项工作外，他们还要经常应付各种检查活动和评比活动。他们要组织各种活动，而且还要准备各种材料、报表上交各部门。这些工作占去了社区工作者的大部分时间，往往很少有精力投入到服务居民的工作中，有时还要牺牲休息时间来加班。由于一些考核工作实行"一票否决"制，如计生工作，社区工作者的工作压力和精神压力都非常大。

（二）社区工作者的待遇偏低

　　就全国来讲，社区工作者每月工资待遇收入为 4000—5000元，在一些地方不足 2000 元，在城市中属于偏低收入人群。[1] 根据北京市统计局和市人力社保局 2018 年 6 月发布的数据显示，2017

---

[1] 唐奕编. 治理之基：中国基层治理队伍建设纵横谈. 西安：西北大学出版社，2016：133.

年度北京市职工月平均工资为 8467 元。① 2017 年 11 月南方人才市场发布《2017—2018 年广东地区薪酬调查报告》,深圳市平均月薪为 9738 元。② 一线城市楼房价格居高不下,社区工作人员面临较大生活压力。2007 年 1 月 1 日起宁波市执行社区专职工作者工资福利待遇政策,以确保社区专职工作者的年平均收入不低于本市上年度职工平均年资,但实际执行的情况有所滞后。2013 年 5月,宁波市统计局发布 2012 年度宁波市人民生活统计报告,数据显示,市区居民人均可支配收入 37902 元,企事业单位职工平均年薪为 43309 元。③ 2013 年 10 月课题组走访的江北区某社区的党委书记介绍道,该社区的小姚(大学生,专职社工)每月拿到手的为1700 元(除有高温补贴的几个月外)。2016 年宁波市职工平均工资 61342 元,④宁波市专职社区工作者人数 3645 人,年平均收入5.9 万元。⑤ 宁波社区工作者待遇低于事业编制和公务员编制人员的平均薪资水平。另外,宁波社工政策还规定,从事社会工作三年后报考公务员可以加 5 分,⑥但是该优惠条件基本没有太大吸引力,因为基层政府和事业单位普遍超编,编制成为稀缺资源。公务员成了热门职业,公务员考试竞争白热化,致使许多社区工作者对

① 市人力社保局,市统计局. 2017 年本市职工平均工资首超 10 万元. (2018-06-18) http://www.bjrbj.gov.cn/mtgz/mtgz_1714/201806/t20180608_73540.html.
② 唐巧燕. 2017—2018 年广东地区薪酬调查报告发布. 广州日报,2017-11-15(2).
③ 浙江省统计局. 2012 年浙江省全社会单位在岗职工平均工资统计公报. 浙江日报,2013-05-20(2).
④ 市统计局. 2016 年宁波市全部单位在岗职工平均工资公报. (2017-06-14)http://tjj.ningbo.gov.cn/art/2017/6/14/art_18617_2731063.html.
⑤ 李茂松. 浙江省城市社区专职工作者队伍建设的现状分析及对策研究. 普洱学院学报,2018(2):21-25.
⑥ 朱胜进. 城市社区工作者队伍建设的现状调研. 浙江社会科学,2011(10):114-118.

该优惠政策也只能望洋兴叹。[①] 2017 年 8 月，宁波市鄞州区针对社区工作者启动特殊津贴奖励政策，对社区工作者的积极性起到一定的激励作用，但奖励名额仅 5 人，不能从根本上解决社区工作者的待遇问题。[②] 宁波社区市级编制以每 250 户配置 1 名专职社区工作者。每个社区配 1 名正职和 1—2 名副职，其他人员 6—10 名。一般社区工作者成长为正职、副职的机会受到工作经验、社区经历等诸多政策性约束，社区工作晋升空间相对逼仄，成长的时间较长，吸引不住高素质人才。报酬较低和晋升空间小，难以吸引、留住和培养高素质的社区工作者，这是制约社工队伍健康发展的根本原因。

（三）社区工作者的职业认同感低

2010 年，中央办公厅和国务院办公厅发布关于加强城市社区居民委员会建设工作的相关规定要求，可根据工作需要建立社区事务站，接受社区党组织和社区居民委员会的统一领导和管理，产生工作合力促进社区建设。[③] 但从相关政策中，社区工作者在促进社区自治管理的特殊意义还没有得到足够的重视。

在西方国家和港台地区，社区工作是一个高度专业化的工作，具有较高的社区认知度的职业，可作为谋生的主要手段。社区工作者的社会地位较高，常被尊称为"社会工程师"。目前中国社区

---

① 厉云飞，黄瑞瑞. 选聘分离：我国城市社区治理的体制创新. 宁波大学学报（人文版），2009(6)：94－98.

② 民政局. 宁波首次定位专职社区工作者 薪酬按级别设新标准.（2018－06－25）http://nb. sina. com. cn/news/2018-06-25/detail-iheirxyf3708558. shtml.

③ 新华社. 中共中央办公厅、国务院办公厅印发《关于加强和改进城市社区居民委员会建设工作的意见》.（2010－11－09）http://www. gov. cn/jrzg/2010-11/09/content_1741643. htm.

工作者的社会认知度低,职业声望不高。一些社区居民对该职业的认知仍刻板在计划经济时代的"居委会大妈"印象,许多政府人员对社区工作者的认知也是模糊不清,对于社区工作者队伍建设在基层社会自治中的基础性作用认识不够。课题组调研访谈中,宁波江东区百丈街道党工委负责人直言,社区工作者的定位依然是个问题,还未明确。

大多数社区工作者对自己的职业缺乏归属感和荣誉感。工作的价值理想,用他们的话讲是"奢望"。职业认同往往同职业精神联系在一起,出现极少数社区工作者应付完成任务,甚至消极怠工。较低的职业认同,使得社区工作者中年轻的或者高学历的并不把此工作当作终身追求,而是当作走向事业编制或更好岗位的跳板。社区工作者队伍中人才流失严重。盐田区某街道办事处的负责人告诉课题组成员:

> "想在社区培养大学生支部书记,很难。去年来的一位师范大学的学生,综合素质不错,跟他谈过话,表示要培养他。后来他还是走了,到外企工作。我们留不住。"(访谈资料 13 - J - K)

从近几年"大学生进社区"的事实可以看出,由于社区工作者的工资待遇、性质定位和社会认同等都没有很好解决,导致大学生从社区跳槽的现象屡屡发生。社区工作人员的不稳定给社区自治工作带来很大不便,社区成为了人才成长的"洼地"。

(四) 双重任务冲突处理原则缺乏

即社区自治性工作与政府职能的社会管理工作发生冲突时社

区工作者的相应处理原则缺乏。[①] 访谈中有社工则不讳直言地讲：若两种性质的任务冲突时首选"做政府的腿"。而多名社工则对什么是自治性事务语焉不详。在理念和政策等方面因素作用下，社区工作者目前的工作内容主要是行政性工作，服务居民和组织居民的社区自治功能没有得到很好的实现。政府职能部门也习惯于派活到社区，过多的行政事务使社区成为行政的"尾巴"，占据居委会成员太多精力和时间，影响居民自治和服务群众的工作。宁波海曙区某社区一名专职社工在访谈中如是说：

> "我在这儿工作近 20 年了，太累了。我年龄大了，也就不想太多，不求太多了。人家年轻人可不行。我们这去年招进来的一名大学生，工资拿到手才 2000 元，不够用呀！这不正憋着劲在考公务员呢！还有一位同事 40 多岁最近刚调走。我最近忙的是低保方面的工作，哪些人应该享受，哪些人不符合条件，我要排查弄清楚。工作事不大，却烦琐的很，很费时间。加班，那是常有的事，多少次我加班到晚上八点，我都记不清了。加班经费补贴，我几乎没拿到过。社区自治性事务？我说不清。"（访谈资料 14 - G - W）

访谈资料 14 中的情况不是个案。双重任务冲突缺乏处理原则，将削弱社区居委会的自治性地位，从而影响社区直选制度绩效。

[①] 解红晖. 我国城市社区直选实践模式研究. 宁波大学学报(社科版),2013(1):118 - 123.

（五）社区工作者工作水平待提高

就全国来讲,社区工作者队伍的来源主要有三部分:[1]一是过去的居委会成员过渡而来。由于计划经济时代社区事务较为简单,对居委会成员队伍普遍要求不高。这部分成员在社区有较长的工作时间,但其学历偏低,年龄偏大,专业化水平有待提高。二是街道聘用的社区专职工作者。例如宁波选聘分离体制下的公开招录的专职社工,其中70%是大专以上院校毕业生。他们年轻有活力,思维敏捷,电脑操作好,但其沟通能力、工作方法、责任意识等方面有待提高。三是社区公益性岗位人员,如深圳盐田模式中的社区服务站人员,主要从事辅助性的社区管理服务工作。社区工作者主体组成部分是前面两类人员。社会工作职业资格获取者所占比20.06%,[2]从业人员职业资格的获取率是衡量行业规范化和职业化的重要标志。总体上现有专职社区工作者整体工作水平有待提高,还不能高质量地提供个性化、专业化的系统性服务,在应对越来越复杂的社区事务和问题上有些力不从心,需要进一步强化社区工作者职业化发展。此外,居委会委员的属地化和社区工作者本土化难以保证。社区工作者生活场所与工作场所相距太远,部分社工对本社区事务人、事、物和情的熟悉度低,导致工作的"融入感"较弱和与居民沟通的效率,居民服务工作难以深入开展。

五、社区与政府的关系"理还乱"

理顺政府与社区两者的关系是城市社区自治建设的核心内

---

① 唐奕编.治理之基:中国基层治理队伍建设纵横谈.西安:西北大学出版社,2016:131.
② 马卫红,李芝兰等.中国城市社区治理改革研究:以深圳"盐田模式"为例.中国治理评论,2013(2):87－94.

容。① 政府与社区的良性互动关系的构建,有利于改善社区治理结构,提高社区直选制度绩效。② 深圳盐田模式中的"会站分离"体制是探索理顺政府与社区关系的重要成果。因此,课题组以深圳盐田模式为主要契入点,探究在城市社区直接选举改革进程中社区与政府关系的现状及存在的问题。"会站分离"体制是盐田模式的最大特色,它是在"一会两站"体制基础上形成的,它借鉴了宁波模式中"选聘分离"体制,分解城市社区组织的职能,着重处理行政权与自治权的关系,将行政权交给社区工作站,自治权交给社区居委会,社区服务站承担社区服务,试图从组织结构、人员、财务等方面实现社区居委会与社区工作站的分离,但在实际运行和推广中出现一些问题。

(一) 社会服务站的定位与归属问题

盐田模式中,社区工作站与社区居民委员会分开后成为政府深入到社区的工作平台,社区服务站是在社区居委会指导下承担社区服务职能,具体包括:1) 开展低偿性服务,即根据居民的需求和邻近原则开展一些低偿性服务,旨在为居民提供便利,提高居民生活质量。2) 公益性服务,采取政府购买服务项目的方式来为社区居民提供社会福利、社会保障、社区老人服务、社区服务等公益性服务。3) 指导服务组织并开展活动,如社区安全、文体、环境保护等组织等。③ 盐田模式形成中社区服务站的性质上定位是民办非企业的非营利性机构。其由街道社区服务中心管理,社区居委

---

① 于显洋主编. 社区概论. 北京:中国人民大学出版社,2016:19.

② 解红晖. 城市基层政府与社区自治组织的良性互动关系. 社会科学家,2013(1):44 - 48.

③ 候伊莎. 透视盐田模式. 重庆:重庆出版社,2006:38.

会主任兼任社区服务站站长,这不可避免地影响社区居委会与街道办事处的关系,导致两者关系的"理还乱",使得社区与街道办事处的关系有可能恢复行政化的垂直管理态势,[①]从而影响社区居委会自治能力的培育与发挥。此外,从关于社区居委会、社区工作站和服务站职责的相关文件中,社区服务站由社区居委会注册,同时受社区工作站的业务指导和监督。社区服务站工作与社区工作站相互协调,[②]这将意味着社区服务站是在社区居委会和社区工作站的双重指导下工作,社区居委会、社区工作站和社区服务站三者的关系纠缠在一起。各主体之间的关系界定不清楚。在实际运用的结果往往会因为行政权力的强势使得自治权和公益利益难以得到保障。此外,社区居委会享有经济自治,拥有独立账户。社区居委会须完善财务制度,接受居民监督。居委会成员不拿工资,只有补贴。依据居民同意原则,社区居委会成员可以从社区服务站收益里获取适当补贴。由于与居民同意原则相对应的制度性程序没有确立,居民作为社区服务站的决策者、管理者和责任者实际成为不可操作的过程,居民监督无法有效实现,[③]这不仅会造成盐田模式运用中公益资产被滥用,还将使社区居委会、社区工作站、社区服务站三者"理还乱"的关系愈发复杂化。社区服务站的定位与归属问题,应是盐田社区管理体制改革深化推进中要解决的根本问题,这是进一步理顺社区与政府关系的重要环节。

---

① 马卫红,李芝兰等. 中国城市社区治理改革研究:以深圳"盐田模式"为例. 中国治理评论,2013(2):87-94.

② 深圳市民政局. 深圳市盐田区明确社区居委会、社区工作站和社区服务站权责关系. 社区,2003(11):21-23.

③ 候伊莎. 透视盐田模式. 重庆:重庆出版社,2006:118.

(二) 社区居委会的自治能力仍显不足

社区居委会的服务项目较少且形式单一,后续项目管理滞后,社区服务规范化程度不高,社会效应经济效益较差。社区组织的财务能力在很大程度上决定了社区组织能力。盐田模式中居委会全体成员兼职不坐班,领取任职补助。社区居委会享有经济自主,有独立账户进行管理社区事务。但实际运行中社区居委会账务能力仍有限,盐田区各社区基本上没有独立的经济组织或经济社团,向社区募集的经费很少,使得社区居委会经费来源基本上只有两个:社区服务站和政府拨付。社区服务站以民办非企业形式运作经营,大多数项目是低收益甚至无偿服务,收入不多。以政府购买服务形式的拨款难以维持运行社区服务站,服务站人员、场地和经费缺失问题凸显,社区服务工作推进艰难。[1] 这使得社区居委会开展工作时常需要政府拨款,甚至有些社区居委会人员的部分补贴是靠政府资助。社区居委会运行中对于政府的依赖,严重影响了社区居委会自治能力的培养与提高。直选产生的居委会没有摆脱对上级政府的过于依赖,上级政府的支持是居委会工作的后盾,其重要性远高于居民的支持。[2]

在宁波模式中社区自治组织居委会的"虚化"或边缘化现象凸显。[3] 直接选举后社区居委会运行中其居民议事机构功能的行使属于义工性质,居委会委员不从事社区具体工作,每月一次的居委会委员会议、每月一次的社区居民接访活动等,削弱了居委会联系群众和服务社区的功能。上海模式中居委会中"议事员"被边缘

---

① 孙成彬. 中国社区新型管理模式研究. 辽宁大学学报(社科版),2011(1):21-28.

② 徐婷. 社区与社团. 浙江:浙江大学出版社,2014:82.

③ 解红晖. 我国城市社区直选实践模式研究. 宁波大学学报(社科版),2013(1):118-123.

化,导致社区自治工作流于形式。① 调查问卷中关于"你认为现居委会与居民的沟通情况是……?"的数据显示:53.3%的受访者认为居委会与社区居民的沟通程度一般,26.8%则明确表示对现居委会与社区居民的沟通是不够的,仅 19.8%的受访者认为居委会与社区居民的沟通是充分的。(见图 2)问卷结果也表明选聘分离体制下的现居委会与居民的关系是较疏远的。

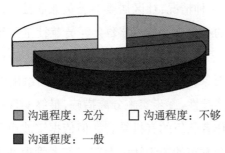

■ 沟通程度:充分　　□ 沟通程度:不够
■ 沟通程度:一般

图 2　居委会与居民的沟通情况的民意调查

(三) 社区工作站和居委会人员任职的交叉性

　　盐田社区直选模式运作和推广过程中,深圳的其他城市社区工作站和居委会人员是交叉任职,有的甚至是两个机构人员完全一致。② 社区工作站人员由政府招聘,承担政府及职能部门交办的行政性工作。社区工作站是政府在社区层面落实政策的平台,是回归社区居委会的群众性自治组织的机制性安排。交叉任职不仅妨碍社区居委会直接选举的规范进行,影响了社区居委会自治能力的发展,挫败了盐田模式中始终贯穿着对如何处理政府与社区

① 邱梦华. 城市基层社会组织发展研究. 上海:上海交通大学出版社,2018:64.
② 欧阳觅剑. 深圳社区居委会直选的城市化逻辑. 南风窗,2006(8):21 - 23.

关系的积极探索,最终将偏离城市社区自治组织建设的改革初衷。同样,宁波模式中的选聘分离体制也存在着类似问题。以直接选举方式产生由社区成员组成的对全体社区成员负责的义务制的社区自治组织;通过招聘录用建立职业化专业化的社区工作者队伍。选聘分离体制旨在实现真正意义上的民主自治目标,从而改变社区自治组织对政府的依赖。但社区直选后的居委会实际运行中出现两种情况:第一种情况:社区居委会委员兼职社工。在直选中推行"选聘分离"的社区中,社区居委会委员兼社工。经课题组调研发现,宁波海曙区澄浪社区、文昌社区、划船社区等均有多位居委会委员兼社工现象。访谈民政局领导时,他们给出的解释是考虑到社区工作的连续性,逐步实施分离措施,最终实现社区自治组织与专职社区工作者队伍的有机结合。但依据宁波市委办公厅和市政府办公厅联合发布的关于社区专职工作者管理办法的规定中明确指出:街道办事处负责管理社区专职工作者。社区专职工作者的考核由街道党工委组织开展,街道党工委与社区专职工作者是领导与被领导的关系。毫无疑问,居委会委员兼职社区工作者会大大削弱社区居委会的自治权和独立性,影响居民对于社区居委会作为群众性法定性自治组织地位的认同。[①] 课题组在关于"请问您认为居委会是( )组织?"的问卷结果显示:深圳盐田模式中有 37.1% 的居民选择了"半自治半行政性组织"和"行政性组织",广西模式、北京九道湾模式和宁波模式中的比例分别为 40.2%、37.9% 和 32.5%。(见表 23)

调查结果表明:居民对于社区居委会的群众性自治组织法定地位认同感下降。该认同感的下降将直接或间接地影响居民参与

---

① 解红晖. 城市社区直选的宁波模式研究. 社会工作,2010(7):41-44.

社区选举和社区其他自治性事务的积极性。社区直接选举是为了激发居民参与治理社区的热情与潜能,并逐步将社区事务转交给居民手中。居委会工作的兼职性影响社区直接选举的进一步发展,削弱社区居委会的自治权,最终导致社区民主自治与政府公共管理的、行政权与自治权利的博弈双赢局面难以形成,这极大地影响城市社区直选制度绩效。①

表 23 是"请问您认为居委会是( )组织?"的问卷结果。

表 23　居民对社区居委会性质的看法调查表(%)　df＝6　N＝933

	广西模式	北京九道湾模式	宁波模式	深圳盐田模式	合计
居民自治组织	152 59.8%	110 62.1%	175 67.6%	153 63.0%	590 63.2%
半自治半行政组织	63 24.8%	58 32.8%	75 29.0%	83 34.2%	279 29.9%
行政性组织	39 15.4%	9 5.1%	9 3.5%	7 2.9%	64 6.9%

此外,课题组在调研访谈中发现,城市社区直选实践中仍存在着社区居委会选举认识上的不足,首先表现为对直接选举一些基本概念的误区,将社区直选理解为户代表选举。譬如,在 2015 年北京市第八届社区居委会换届选举中,市民政局提出的 40% 比例的直选目标,是包括户代表选举方式在内的。② 2012 年,北京市第七届社区居委会换届选举,市民政局的统计和媒体的报道:北京 20% 以上社区直接选举产生居委会。③ 但实际上这些社区并没有

① 解红晖.我国城市社区直选实践模式研究.宁波大学学报(社科版),2013(1):118-123.
② 2015 年课题组在北京社区访谈中所了解的情况.
③ 魏铭言,张婷.北京超两成社区直选居民委员会.新京报,2012-04-09:A26-27.

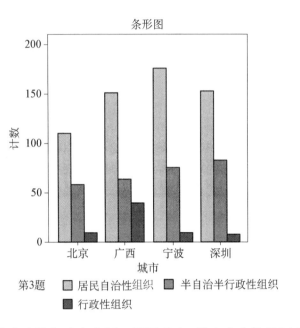

第3题　　□ 居民自治性组织　　■ 半自治半行政性组织
　　　　　■ 行政性组织

完全采取直选的方式产生新一届居委会,其中大多数社区采取的
是户代表选举方式。居民代表选举是社区委员会选举的传统方
式,户代表选举是由每户为单位派出一名代表进行投票的方式,户
代表不是选举产生的代表。户代表选举是对居民代表选举方式的
改革,是民主程度较高的选举形式,主要体现在参与者的人数和程
序的复杂程度等。史卫民等学者对中国社区居民委员会选举研究
中将户代表选举和居民直选归于新选举方式,居民代表选举是旧
选举方式。[①] 但户代表选举仍是部分选民参与选举活动,而不是全
体居民参选,不属于直接选举。课题组调研中还发现居民中有将
直接选举理解为居民代表的直接选举,即居民直接选举居民代表,

① 史卫民,郭巍青等. 中国社区居民委员会选举研究. 北京:中国社会科学出版社,2009:
　248.

再由居民代表直接选举居委会成员。这些都是对直接选举概念的误解，没有在观念上真正把握直接选举的内涵和要求。居委会选举认识上的不足还表现为：一是以直接选举方式产生社区居委会的意义不大。城市不同于农村，居民与社区的利益关联不大，社区建设的中心任务是做好社区服务，因此提升居委会产生方式的民主性重要性不大。二是居委会直选会带来社会不稳定。居民素质和自治能力不够，推行居委会民主选举会带来社会不稳定。三是民主选举会影响社区工作。组织民主选举增添很多工作，特别是居民结构复杂和矛盾较多的社区。[①] 在访谈中持这些观点的有居民，还有街道办事处等行政干部。这些认识上误区与不足将影响城市社区选举改革的进一步深入发展。

---

① 詹成付主编.社区居委会选举工作进展报告.北京:中国社会出版社,2006:24.

第五章 完善城市社区直选模式的对策性思考

　　从社区直选主要模式运行中的问题分析得出,我国城市社区选举改革深入面临诸多困境,但民主产生于对民主的学习与实践中,基层群众在选举民主训练中已逐渐形成主体意识,明确自身的权力与利益需求。课题组调查问卷 933 名受访者中 81.69% 的居民选择"愿意参加居委会选举",这说明在我国社区直接选举改革进程中,城市居民的主体意识在增长,这是城市社区直选制度绩效最突出的表现,是我国城市基层民主进一步发展的内生性动力。①城市社区居委会选举改革起步较晚,加上城市化进程加速带来的人口流动性和异质性凸显、公共事务的急速膨胀,户籍制度不完善等客观性障碍因素,我国城市居委会选举改革的制度建设仍处于发展时期,②存在着影响社区选举改革深入的障碍性因素。中共十九大报告明确要求进一步健全人民当家作主制度体系,发展社会主义民主政治。在国家层面的民主政治发展战略部署下,今后应从根本原因着手加以完善城市社区直选制度,深入探究制度绩效

---

① 黄卫平. 中国基层民主发展 40 年. 社会科学研究,2018(6):13-27.
② 李猛,王冠杰等. 新中国选举制度发展历程. 北京:世界知识出版社,2013:353.

提高的现实路径,推动我国城市基层民主政治和社区自治的发展。

第一节 营造社区直选良好外部环境

辩证唯物主义认为,外因是事物存在和发展的重要条件。组织行为与周围环境相互作用是组织社会学的基本原理。[①] 城市社区直选模式运行机制与成效受制于其所嵌入的具体的外部环境。因此,营造社区直选良好外部环境,有助于推进城市直选模式的良性运行。

一、全面加强党对居委会选举改革的领导

政党在现代民主政治发展中扮演着积极的角色,是政治发展的特征之一。[②] 中国民主的发展尤其离不开政党制度的支撑,中国民主发展的内在要求必须坚持党的领导。特别是党的十八大以来,以习近平为核心的党中央把握时代脉博,紧跟实践新要求,提出新理念新思想新部署,为基层群众自治制度建设提供了根本遵循,有利于推进中国特色的基层民主政治建设。[③] 中国共产党代表最广大人民的根本利益,通过对社区选举法定程序的领导顺应民意,实现党的宗旨,巩固对基层社会的政治领导。[④] 党组织拥有的政治资源以及强大的社会动员力,是社区选举最好的宣传和动员

---

① 周雪光.组织社会学十讲.北京:社会科学出版社,2013:70.

② 杨绪盟.民主发展:规则及政党的角色.北京:人民出版社,2016:177.

③ 中共民政部党组.党的十八大以来中国特色基层民主建设的显著成就.理论研究,2018(3):2-4.

④ 黄卫平.中国基层民主发展40年.社会科学研究,2018(6):13-27.

机构。① 党领导下的国家与社会的协调与整合,政党制度的健全与发展,对中国民主的发展起决定性的作用和影响。它通过培育社区居委会的职能,增加其在社区自治建设中的相对独立性,促进基层政府与社区自治组织的良性平等互动。② 因此,必须以习近平总书记系列重要讲话精神为指引,全面加强党在城市社区选举改革的领导作用,以"坚持党的领导、人民当家作主、依法治国有机统一"为首要原则,推进社区党组织民主建设,推进党务公开,畅通普通党员的参与渠道,拓宽党员参与的领域,包括党内事务、监督干部、提出批评、提供建议等。③ 2018 年 4 月 26 日习近平到武汉市居民社区调研时强调指出,社区建设重点是加强社区党组织的建设。④ 今后应进一步完善社区党组织与社区居民委员会主任"一肩挑"机制,保证社区党组织在社区中的领导核心地位,并从机制上防范社区权力过于集中,实现加强党的领导与完善社区居民自治的有机结合。围绕社区建设开展党的工作,将基层党委的意愿与居民的意愿统一起来。注重提高社区党组织的领导能力和工作能力,使之成为社区基层组织建设的强大战略堡垒,更好地带领和组织辖区党员在社区民主建设中发挥先锋模范作用,不断增强党组织的影响力、战斗力和凝聚力,切实发挥党组织在城市社区民主建设中的领导核心作用。加快完善党组织领导下的社区治理机制,⑤

---

① 吴雨欣. 选举民主的有效性与有限性. 北京:中国社会科学出版社,2018:111.

② 解红晖. 城市基层政府与社区自治组织的良性互动关系. 社会科学家,2013(3):45 - 48.

③ 习近平. 决胜全面建成小康社会 夺取新时代中国特色社会主义伟大胜利———在中国共产党第十九次全国代表大会上的报告. 北京:人民出版社,2017:65 - 66.

④ 霍小光. 习近平在湖北考察. (2018 - 04 - 26)http://www.xinhuanet.com/2018-04/26/c_1122749285.htm.

⑤ 黄卫平,汪永成等编. 当代中国政治研究报告. 北京:社会科学文献出版社,2017:94.

重构和整合城市社区公共空间,提高居民与基层政府政治互动的有效性,营建城市社区民主建设的良好的政治环境,提高城市社区直选绩效。基层党建与社区建设的良性互动与有机结合,将成为我国民主政治发展新的生长点。[①]

二、实现选举民主与协商民主的有机结合

中共十八大以来将协商民主实践上升到国家战略的高度。基层社会是国家政权的基础,国家政权是基层社会发展的方向性指导与资源保障。中国的社区自治不是基层的自发发展的产物,而是政府有目的和有计划推动的结果。政府和政党的支持与推动是社区选举改革发展的重要外部推动力。要实现社区选举的可持续发展,仅外在动力还不够,必须探寻新的动力机制。为了促进中国式民主的发展,在民主传统缺乏的背景下,人民民主与党内民主、选举民主与协商民主、高层民主与基层民主必须结合起来,[②]其中人民民主、选举民主和基层民主是确保中国式民主健康有序发展的关键。"民主是一项进行时的工程,而不是一项已经取得的成就。"[③]中国民主政治建设在路上,准确把握其基本面并理性稳步地向前发展。中共十八届三中全会明确要求推进社会主义协商民主的广泛性多层面的制度化发展。[④] 中共十九大报告中习近平总书记再次强调指出协商民主在中国特色社会主义民主政治建设中的独特地位。就民主进程看,民主包括选举层面的内容,即选举民主

---

① 于燕燕.复合共治:社区治理最佳路径.人民论坛,2016(11):120.

② 宁超,郭小聪.论新时代协商民主与选举民主的协同发展.湖北社会科学,2018(12):36-41.

③ [英]安东尼·阿伯拉斯特.民主.孙荣飞等译.长春:吉林人民出版社,2006:154.

④ 中共中央文献研究室.十八大以来重要文献选编(上卷).北京:中央文献出版社,2014:527-528.

（票决民主）与协商民主。发展新时代中国特色社会主义民主政治建设,就是要自觉地把选举民主与协商民主结合起来。[①] 应加快建立和完善专业化和体系化的社情民意调查机构,不断提高协商民主的质量。[②] 通过基层的广泛的民主协商实践,以"吸纳式"方式柔性地应对公民自发的政治参与行为,[③]一方面可提升居民政治参与能力,[④]激发社区居委会选举改革的内在动力,另一方面可以规避选举民主可能带来的政治风险。[⑤]

三、营建社区居委会选举的良好法律环境

法律是对制度最为有效的规范。目前我国城市社区自治进程中已构建起一套从宪法到地方法规的法律框架体系,但仍较为简单,存在着不足,部分法律规定滞后于城市社区选举改革深入发展的需要,影响城市选举的质量,城市选举的法律法规环境需要进一步改善。

《居委会组织法》是目前城市社区直选可以直接依据的法律,全文 23 条,其中第八条专门论及居委会选举,指出有三种选举方式。

2018 年修正版中居民委员会的任期从三年调整到五年。[⑥] 但总体上《居委会组织法》的规定仍过于抽象笼统,今后仍需要修订。当前《居委会组织法》的难以操作和实施,使得社区居委会选举具

---

① 谭君久编. 中国式民主的政治学基础. 西安:西北大学出版社,2012:304.

② 李捷,尹汉宁编. 中国需要什么样的民主. 北京:学习出版社,2017:27;房宁. 植根中国大地的民主. 人民日报,2016-04-22(2).

③ 何增科,托马斯·海贝勒,根特·舒伯特主编. 城乡公民参与和政治合法性. 北京:中央编译出版社,2007:344.

④ 马丽娟. 发展基层协商推进国家治理能力现代化. 理论研究,2018(3):27-31.

⑤ 汪仲启. 互动与聚合:当代中国基层民主发展的动力与边界. 学术月刊,2019(3):82-94.

⑥ 全国人民代表大会. 中华人民共和国城市居民委员会组织法.（2019-01-07）http://www.npc.gov.cn/n pc/xinwen/2019-01/07/content_2070251.htm.

体实践中参照的是地方性规章或规程,直接造成不同地区直选制度的较大差别,尤其需要提出的是,《居委会组织法》笼统列出社区居委会成员产生的三种方式,没有明确规定社区居委会必须由直接选举产生,而在农村自治建设中,修订的《村民委员会组织法》第3章中明确要求,村民委员会必须由村民通过直接选举方式产生。不利的法律法规环境妨碍了城市社区选举的发展。基于立法进度,目前需要做的是两方面的工作。一是注重法律的系统性建设,为未来的立法作必要的全面规划;二是注重调查研究,夯实《居委会组织》修订的理论与事实基础。《居委会组织法》修订时要避免原则性规定的简单重复,而应对选举方式、选举人、提名候选人、预选、介绍候选人、投票程序、罢免、补选、选举违法等作出具体规定。① 在此基础上,各省、自治区、直辖市应当修订相应的实施办法。另外可以配套制定《社区居民委员会选举办法》,以取代各省区市制定的选举规程或暂行办法。社区居民委员会选举中的一些更为具体问题或要求,可在《社区居民委员会选举办法》中作出明确的规定。各省、自治区、直辖市《村民委员会选举办法》的制定提供了可供借鉴的范式和经验,在地方性立法场面可考虑展开《社区居民委员会选举办法》相关制定工作。②

　　需要指出的是,实施居委会直接选举和社区自治是一项涉及许多方面的系统工程,良好法律环境的营建不能仅靠一两部法律来解决所有问题,还应建立和完善与《居委会组织法》相配套的规章制度、实施细则、实施办法等,如完善候选人提名制度等。各地应在新修订的《居委会组织法》的基础上,依据本地实际情况,着手

① 詹成付主编. 社区居委会选举工作进展报告. 北京:中国社会出版社,2006:27.
② 史卫民,郭巍青等. 中国社区居民委员会选举研究. 北京:中国社会科学出版社,2009:
　　366－367.

修订《居委会组织法》实施办法。① 同时在居委会直接选举实践中街道选举指导小组必须严格按照法律和选举程序行事,共同建设有利于社区选举改革的良好外部环境。要在选举中充分体现社区民主自治原则,不得直接任命、委派社区居委会成员,把握好推选社区成员代表,候选人产生和正式选举三个关键环节,确保居民参与、选举和当选等合法权益,推动城市社区的直接选举的有序进行。要坚持实事求是思想疏导相结合的原则,就地依法解决问题,对群众举报的违法违规行为要认真调查、及时纠正并向有关部门报告,切实保障社区居民民主权利的行使。总之,今后应进一步完善相关法律法规,巩固城市社区直选的法律基础,为城市社区直接选举创造良好的外部环境,推动社区自治与法治社会的相互配合与有机衔接。②

第二节　不断完善城市社区直选制度

选举制度建设有助于保证和提高选举的民主性和公正性。③ 我国城市直选主要模式的形成和运行中都注重选举程序的规范有序,但仍存在着一些问题。制度会以自我实施的方式影响行为者的策略选择和行为者之间的互动关系,城市社区直选制度制约着居民选举的行为策略选择,决定着社区直接选举的效果与未来方向。④ 因此需要进一步完善直接选举规则,推进民主程序的规范化

---

① 李猛,王冠杰等. 新中国选举制度发展历程. 北京:世界知识出版社,2013:363.
② 徐勇主编. 中国城市居民自治有效实现形式研究. 北京:中国社会科学出版社,2015:13-14.
③ 袁达毅等. 中国选举制度建设中的若干问题研究. 北京:中国社会科学出版社,2016:247.
④ 解红晖. 我国城市社区直选实践模式研究. 宁波大学学报(社科版),2013(1):118-123.

和制度化建设,引导居民选举行为策略的理性选择,促进我国城市社区民主的深入发展。

一、在观念上真正把握社区直接选举的相关概念

进一步提高人们对居委会民主选举改革重要性的认识,明确社区直接选举的内涵与要求。它是由居住在本社区的所有 18 岁以上的具有选举权的居民通过一人一票直接投票形式选举出社区委员会成员,是社区民主选举的最高形式。继续宣传贯彻居委会组织法,利用一切可利用的宣传手段和工具,特别是微信、微博等新媒体工具,采用居民容易接受的方式进行宣传普及。通过培训教育,使各级干部理解社区居委会直接选举在基层民主建设和社区自治中的重要意义,提高他们做好社区居委会直接选举的责任感和自觉性,让社区居民充分意识到选举是公民的权利和义务。保障选民的知情权,建立全方位的信息宣传机制,提高他们参与社区居委会直选的积极性[①],大力激发社区选举的内在动力。

二、在原则上确立社区选举规则的民主自治精神

社区直选制度涉及选举程序的许多环节,其中社区居委会成员候选人产生方式、竞选方式和投票过程是极为重要的环节。这些重要环节的规范化建设会对其他环节产生良好的示范效应,合力推动城市社区直选实践朝着更加程序化和公平化的方向发展。

社区直选是城市基层群众以一人一票投票的方式选出自己理想的当家人,是基层民主实践最具有代表意义的形式。目前我国城市社区直选中一些选举规则不符合自治精神的要求,今后仍需

---

① 詹成付主编. 社区居委会选举工作进展报告. 北京:中国社会出版社,2006:30.

以改革创新的思维破题,彰显自治民主精神。1) 在选民资格的认定上。选民资格认定的焦点是外来人口的社区居住时间问题。我国城市社区主要直选模式在实践中都采取了逐渐放松的政策,宁波模式中尝试了半年居住年限的规定。今后应明确将选民资格认定的权力交给社区,建立健全流动人口的社会保障机制,以居住地登记为原则,充分保护流动人口的知情权、参与权、选举权、表达权和监督权,并鼓励他们积极参与基层民主自治,促进社会公平正义,并通过政策制定、实施操作和宣传保障等方面合力推动解决。选民资格的居住年限要求有违背居委会组织法的精神,而且影响了直接选举范围,居住年限未达要求的居民排除在社区民主选举之外,这和我们扩大基层民主的宗旨是相违背的。随着社会主义基层民主政治的发展,选民资格确认环节应逐步取消对居民居住的时间限制,扩大选举权。选举权范围的扩大,将意味着"民主力量的增加"。[①] 2) 居委会候选人条件的规定。对居委会委员成员的要求,除了《居委会组织法》规定的 3 项内容,可增加一些内容,如廉洁奉公、热心社区事务、身体健康、有一定的组织管理能力等。遵循民主自治原则,实现广泛参与和公平竞争,对候选人的限制性规定,如年龄限制、学历限制等,不应列入程序化的规定中,这方面宁波模式做得比较好,充分体现选民的广泛参与公平竞争。3) 候选人的产生方式。目前社区直选模式中初步候选人提名方式不统一,应在自治民主原则的基础上,探索出更加适合我国国情的社区直选初步候选人提名方式。首先明确指出乡镇人民政府、街道办事处、社区党组织以及上届社区居民委员会提名候选人等都不能列入"选举直接提名候选人"的范围。第二要确立以个人自愿报名

[①] [法]托克维尔. 论美国的民主(上卷). 董果良译. 北京:商务印书馆,1996:63.

为先,体现自愿和民主的基本原则。如宁波模式中的候选人提名方式,也可以采取个人报名＋居民代表联名支持的方式。第三是逐步统一初步候选人的提名方式。此外,应规范正式候选人的确定方式。以居民会议或居民代表会议方式来确定正式候选人的产生。应明确居民会议或居民代表会议方式的参与人数,并将居民代表的提问、初步候选人进行选举演说等以制度化的形式确立下来,逐渐在城市社区选举中加以运用并不断完善。4)规范候选人竞选活动。民政部的《社区居民委员会直接选举规程》第 19 条的设计:候选人可以在正式选举 7 日前进行竞争选举活动。① 今后可将北京九道湾直选模式中的经验推广,明确投票当日停止一切竞选活动,有助于提高竞选演说等活动的效果。宁波模式对初步候选人和正式候选人产生环节的竞选活动进行了较为全面的规范,应继续完善宁波模式中的候选人产生之后或之前的候选人宣传和竞选制度。在介绍候选人环节,应实现从以组织介绍为主的方式向候选人本人向选民进行自我宣传介绍为主的方式的转变。逐步增加选举候选人产生和宣传过程的竞争性,丰富竞选活动的内容,②实现竞选方式的多样化,候选人面对选民提问的答辩环节,应以选民的意见作为评价判断的主要标准。允许候选人自主的开展竞选活动,候选人可通过走访选民、帮助选民解决实际问题等方式展开多样化的竞选。它有助于调动选民的热情,为社区选举营建良好气氛。规范竞争程序,程序中应有候选人之间的相互提问与选举辩论,可安排至少两个场次,设计不同的主题,如关于社区未来发展等。拟制竞选辩论规则,完善竞选承诺制度,并就发言时

---

① 詹成付主编.社区居委会选举工作进展报告.北京:中国社会出版社,2006:39.
② 李猛、王冠杰等.新中国选举制度发展历程.北京:世界知识出版社,2013:361－362.

限、提问方式等加以规定,社区选举委员会成员对竞选现场进行监督,从而真正开展候选人之间的公开有序的竞争。5)社区居委会选举委员会的产生方式。选举委员会是组织选举的组织机构,选举委员会的产生机制是选举制度的重要内容。在盐田模式中,对社区居委会选举委员会产生方式进行了创新性的尝试。中立的执行机构是选举公平公正的保证,[①]是统一规范的选举制度执行力提高的基础。今后在凸显社区选举委员会的中立性及其产生方式的民主自治性应进一步探索。宁波海曙区社区直选试点中选举委员会办公室人员由非本社区的社区工作者担任,是较好解决选举中回避问题的可借鉴措施。

三、社区选举规则的制定过程也要体现自治精神

社区选举规则的内容要体现民主自治精神,社区选举规则的制定过程中也要体现民主自治精神。因为"不论在多大程度上强调人民民主的价值与意义,只要将其付诸实践,其根本都必然在于人们能够决定自己的事务。"[②]这是人民民主最基本的根基与要义。北京九道湾模式中最大的特色是非政府组织的介入,九道湾社区直选规则是政府与非政府组织双方协商妥协的结果,[③]直选规则的制定主体包括政府及其职能部门、政府派出机构以及独立于政府部门的专家学者,较好地实现了社区选举规则制定主体的多元化,打破了传统的单一主体的社区选举规则的制定范式,但仍存在不足。目前城市社区直选模式的形成和运作中,还没有建立选民参

---

① 李凡. 中国基层民主发展报告 2009. 北京:华文出版社,2009:341.
② 林尚立. 公民协商与中国基层民主发展. 学术月刊,2009(5).
③ 解红晖. 我国城市社区直选实践模式研究. 宁波大学学报(社科版),2013(1):118 - 123.

与直选制度制定的平台和机制,选举制度制定过程剥夺了社区居民的参与权,宁波模式和深圳盐田模式中专家学者的理念和建议在选举制度制定过程中起着咨询作用,但从严格意义上讲,专家学者还不是宁波模式和深圳盐田模式中社区选举规则的制定主体。

一项制度往往反映了多种力量,尤其是利益相关者之间的博弈结果。根据自治原则,选举制度的利益攸关者(组织或个人)都应参与到制定选举制度的过程,都可以成为选举制度的制定主体。社区选举制度影响着居民的选举权和被选举权,影响着能否选举出代表居民利益的成员。因此,社区选举制度涉及社区全体居民的利益,社区居民应该参与到社区选举制度的制定过程。因此,当前社区选举规则的制定过程体现自治精神应从两方面着手:第一是专家咨询制度化,即在选举规则的制定中实现专家咨询的制度化和定期化。这是针对专家学者的建议在选举制度制定过程中起着咨询的作用的社区直选模式而言(如宁波模式)。中国共产党十八大提出要完善社会主义协商民主制度,基层协商是协商民主的主要形式之一,直接涉及基层群众权益。① 大力发展基层协商,要求社区选举规则制定中要征求各方面的意见和建议,制定专家咨询制度,建立和完善咨询制度的反馈机制,并逐渐养成咨询习惯。第二是建立群众利益表达的制度平台,建立和畅通制度化的参与渠道。社区选举事关居民的选举权和被选举权,事关代表居民利益的成员的选择,在社区选举规则的制定过程中要保障社区居民的充分知情权和参与权,主动引导群众参与,并架构选民参与社区选举规则制定的工作机制和组织结构,进一步完善北京九道湾模

---

① 新华社. 中共中央办公厅印发《关于加强人民政协协商民主建设的实施意见》.(2015
-05-25)http://www. gov. cn/zhengce/2015-06/25/content_2884439. htm.

式开创的社区选举规则制定主体的多元化机制或复合式机制。

四、在方法上提高社区居委会选举规则的激励性

选举规则激励性缺乏,将加深社区选举与社区居民利益的弱关联性,导致社区选举的内部动力不足。[①] 可建立选择性激励机制,通过社区居民会议的民主评选,对于在社区选举中表现积极的居民给予一定的鼓励与嘉奖,以激发社区成员对居委会选举的关注。设立选举论坛、自治项目等,使城市居民主体意识、权利意识与社区管理联系起来,培养社区主人翁意识,并真正转变为行动,主动参与社区自治建设。随着城市社区发展速度加快,对居民个人发展会产生越来越大的影响,城市居民对社区的需求会增加。如盐田区在人大选举以行业协会划分选区的办法,通过选择性激励机制的建立来增加选民参选的积极性。[②] 通过激励性机制的建立,促使社区与居民的关系,逐渐密切居民利益与生活社区真正建立起关联,满足城市居民不断增长的对美好生活的需求,这是社区选举发展的汩汩不息的强大的内在动力之源。

在厘清直选理念和遵循自治民主原则的基础上,注重实现社区居委会选举规则的充实与细化,使其具有可操作性,实现社区直选制度多方面的完善。社区居委会成员辞职、罢免等,可按照各省、自治区、直辖市的规定进行补充。在社区居委会选举中较少发生贿选事件,但是相关法律规定应及早制定,尤其关于选举违法的处理,应有明确的制度安排,健全选举监督机制。城市社区居委会直接选举规则的充实化和可行性,将有助于社区公民掌握和熟悉

---

① 张涛,王向民等.中国城市基层直接选举研究.重庆:重庆出版社,2008.

② 杨云彪.公民的选择:一个公共选择话题.北京:中国大百科全书出版社,2009:249 -
250.

民主规则和程序,鼓励居民关注和参与社区居委会选举,最终实现民主选举规则内化,成为社区居民的行为习惯和生活方式。[①]

五、其他,如规范居民代表选举方式等

规范居民代表选举方式。社区居民代表大会代表和社区居民小组长采取选举而不是推选的方式产生。社区居民代表大会是社区的权力机构或决策机构,其成员应有一定的民意基础,应有规范的产生程序。目前在我国城市社区直选实践中,基本上是以居民小组为单位来召开户代表会议选举产生社区居民代表。广西模式形成中创新居民代表选举方式,小组会议上以居民直接投票选举的方式产生新一届居民代表。广西模式的做法值得推广,有助于让选民全过程地参与选举,调动选民参与的积极性。前面提到,课题组在关于"请问您是否愿意参加居委会选举(　　)?"的问卷中,其中广西模式中居民的愿意程度显著高于北京九道湾模式、宁波模式和深圳盐田模式($X^2 = 41.384$,$P < 0.001$),广西居民的主体意识更为凸显,参与的积极性要高于其他城市。因此,社区居民代表应采取选举而不是推选的方式产生。

规范居民小组长产生方式。居民小组长作为社区积极分子,社区开展选举工作需要得到居民的认可和支持。因此,居民小组长也应由规范的程序选举产生。在目前城市社区直选的具体实践中,居民小组会议主要是由本届居民小组长召集和主持,以投票选举方式产生新一届居民小组长。本届居民小组长主持推选会议产生新一届居民小组长,基于公平公正原则和中国情面文化的考量,

---

[①] 解红晖.我国城市社区直选实践模式研究.宁波大学学报(社科版),2013(1):118 - 123.

本届居民小组长应采取回避。盐田模式对居民小组会议规范化建
设进行了创新性尝试,现任社区居委会主持居民小组会议,推选居
民小组长和居民代表。在盐田模式创新尝试的基础上,应进一步
对推选方式做出明确规定,采取无记名直接投票方式完成推选工
作,充分彰显社区选举过程中的民主性和自治性原则。

第三节 提高城市居民的参与积极性

如前所述,随着社区选举改革的推进与选举方式的不断创新,
基层群众的权利意识和主体意识不断形成。课题组调查问卷结果
表明,我国城市居民普遍有参与居委会选举的意愿,并视投票选举
是居民的基本政治权利。社区居民日益增长的主体意识是社区选
举改革深入发展的重要基础。但社区居民的主体意识和权利意识
还没有完全转化成社区直选参与的主动性和积极性,还没有转化
成实际行动。居民社区选举参与的总体质量不高,政治参与效能
感偏低,[1]社区选举中的"搭便车"现象普遍存在,城市社区直选的
内在动力不足。在社区选举改革推进中,可以从以下四个方面入
手,促进社区居民的参与:

一、增加社区与居民之间的利益关联

需要与私人利益,是将人与社会真正连接起来的天然必然的
唯一纽带,[2]利益相关是居民自治的内生动力。通过增强城市社区

---

① 谢庆奎,商红日主编.基层民主与社区治理.北京:北京大学出版社,2011:64-65.
② 《马克思恩格斯全集》(第1卷).北京:人民出版社,1956:439.

与居民之间的利益关系,充分调动社区居民参与的积极性和主动性。十九大对我国社会主要矛盾的转变做出了重要判断。[①] 因此,明确城市社区建设的价值取向,即不断满足城市社区居民日益增长的对美好生活的需要。社区建设中要抓住居民"最关心最直接最现实的利益问题",突出人的地位;[②]改善社区环境,深层次提供基本公共服务,[③]满足居民需求;充分利用社区资金,推进社区文化设施建设;经常举办形式多样的社区活动,搭建文化活动平台,提升社区居民生活的文化品质,增进社区居民之间的交流和联系,改善社区横向网络;[④]通过建立和加深社区与居民之间的利益关联,增强社区认同感和凝聚力,提高社区居民的参与意识和参与度。[⑤]社区居民参与意识和参与能力的培养,是一个长期的系统工程,它依赖于在社区活动中获得的认同感与归属感,依赖于社区与居民之间的利益关联的切实增强。

二、着力培养社区居民的共同体意识

通过建立基层民主决策机制和民主监督机制,增加政治参与的效能感,培养社区居民的共同意识和公共精神,提高居民政治参与能力,减少社区选举"搭便车"现象。一个有效的民主决策过程是基层群众一次集体生活的过程,这是培养居民共同体意识、增强

---

① 习近平. 决胜全面建成小康社会　夺取新时代中国特色社会主义伟大胜利——在中国共产党第十九次全国代表大会上的报告. 北京:人民出版社,2017:11.

② 于显洋主编. 社区概论. 北京:中国人民大学出版社,2016:279.

③ 娄成武,谷民崇. 城市社区自治:我国政治民主化发展的必然路径. 理论探讨,2014(3):141 – 144.

④ 解红晖,金忠. 社会主义核心价值观引领城市社区建设的路径探微. 湖南社会科学,2016,(3):34 – 37.

⑤ 于燕燕. 新时代社区居委会角色亟需重新定位. 中国民政,2018,(15):56.

社区归属感和认同感的过程。因为"只有通过参与才能促进人类发展,强化政治效能感,弱化人们对权力中心的疏离感,培养对集体问题的关注"①,最终形成对政治事务有敏锐兴趣和有见识的积极公民,这是民主社会培育中共同体形成的基础与条件。通过民主决策,基层群众能够习惯于通过协商合作的方式处理与自己利益相关的事务,学会通过主体之间的互动来实现公共生活的合作、组织与参与。基层民主决策是协商与合作的过程,是在基层社会反复演练,潜移默化地提高基层群众的协商合作能力,促进民主社会的发育。有效的监督体系和及时的反馈机制是民主社会不可忽缺的要素。基层民主监督实践中,基层群众作为监督的主体通过对决策执行过程的监督和反馈来制约公权力,公民意识和公民能力在这一过程中得到锻炼。如居民委员会违背民意,基层群众就可以通过合法的程序对其进行罢免。群众监督的有效性取决于法律法规的保障,民主监督为法律监督奠基,法律监督为民主监督保驾护航。基层民主监督的过程是基层群众增强法制观念和法律意识的过程。通过建立和创新与基层社会生活紧密结合的民主管理方式,提高基层民主管理的受众面,激发群众关注社区事务和自主参与社区选举的热情,提高基层群众的民主能力。②

三、建立以自组织为支撑的公共领域

公共领域③是公民积极参与的空间或领域。在社区公共空间

---

① [美]戴维·赫尔德.民主的模式.燕继荣译,上海:上海译文出版社,1987:339.
② 徐勇等.基层民主发展的途径与机制.北京:北京师范大学出版社,2015:186-188.
③ 公共领域的概念是由法兰克福学派代表人物哈贝马斯在《公共领域的结构转型》一书中提出,并成为西方政治学研究的重要概念。基于资产阶级公共领域的分析,哈贝马斯研究了公共领域发展历史阶段,强调了其本质特征是公共舆论。参见[德]尤尔根·哈贝马斯.公共领域的结构转型.曹卫东等译,上海:学林出版社,1999年版.

里,居民可自由展示自己,居民间形成良好互动。他们彼此交流信息和分享资源,逐步提升社区群众利益表达能力,参与到社区事务治理。① 社区公共领域是居民参与社区自治的空间和平台。② 社区公共领域的建构可通过以下三个途径:**首先要牢固组织支撑,**即广泛的社区自组织的形成与发展。社区居民自治组织的建设目标不应仅是居委会,而是社区公民社会组织的发展,建立各种各样的民间社团,培育居民自组织网络。广泛的社区自组织的建立可以降低直接选举成本,这是宁波模式得以良性运作的重要原因。广泛的社区自组织有助于居民自治权的实现,是公共领域形成的重要组织支撑。居民自治权最重要的领域是公共舆论和社会性福利,居民公开表达和公开讨论利益要求,其中某些福利项目能够获得政府的支持,这是现代国家基层民主制度的实质。公民社会组织的主体是民间组织。③ 社区民间组织促进社区公共精神成长,是社区公共领域建构的重要组织载体。因此,应进一步培育与发展社区民间组织,促进广泛的社区自组织的建立与运作:(1) 社区民间组织与基层政府之间形成积极的良性互动。社区民间组织与基层政府都应树立"伙伴"意识与合作意识,政府让渡必要的社会空间和制度空间,社区民间组织接受政府指导,并在政府社会管理和服务中起到协助作用,两者形成良性互动。(2) 发展壮大社区民间组织,提高社区民间组织的参与能力。学习发达国家对社会团体的支持和培育方式,为社区民间组织提供活动资金和场地支持。通

---

① 徐勇等.基层民主发展的途径与机制.北京:北京师范大学出版社,2015:225.
② 翟桂萍.公共空间的历史建构——社区发展的政治学分析.北京:军事科学出版社,2009:34.
③ 解红晖.我国城市社区直选实践模式研究.宁波大学学报(社科版),2013(1):118-123.

过活动资金的项目化将竞争机制引入社团自治管理,积极构建民间组织的社区融入和工作平台。(3)创新公民社会组织管理体制。通过完善立法和修订备案制度,规范社区民间组织良性运作,将民间组织的长效管理和培育孵化作为工作重点,减少准入条件,逐步改变制约民间组织发展的"双重管理""级别管理"等管理模式。(4)积极营建良好的公益环境,建立社会支持系统,促进民间社会组织快速健康的发展。良好的公益环境是民间机构积极参与社区直选和社区建设的重要外部条件。[①]

其次是实现信息对称,即建立与完善信息对称机制,保障选民的知情权,激活居民选举参与的主观能动性。民主的实现与信息的对称有着密不可分的联系。公民参与选举,最为密切关联的因素是利益因素。社区参与是不同主体通过共同参与进行利益重组和整合的过程。实现利益是公民参与社区事务的主要动力。社区是城市居民生活的重要空间和场域,社区的发展与人们的生活质量提高有密切关系。社区选举是居民挑选利益代理人的过程,代理人在处理社区事务时能否维护自己的利益是居民关注点与讨论话题。因此,选民和候选人之间信息的对称性是居民主动参与与理性选择的前提。针对候选人的信息、候选人对社区未来发展的设想与筹划等,选民应有充分的了解,才能选出愿意干事也有能力干事的社区当家人,真正用好所授予的选择权。现代社会信息的广泛沟通与交流对民主机制和民主制度的运行将产生越来越大的影响。选举组织者应承担起加快信息传播机制的步伐,最大程度地实现信息对称。可通过全方位多样化的信息宣传机制,推动电

---

① 唐忠新.现代城市社区建设概论.上海:上海交通大学出版社,2008:333-336.

子政务的发展。[①] 通过完善候选人竞选机制,让选民更多地了解候选人,更多地了解社区直选的意义,更多地了解直选程序设置(如秘密划票室等)的意义。直接选举的基础在于选民的积极参与,而促进选民的积极参与在于让选民了解选举的相关信息和保障选民的知情权。[②] 尽可能的实现信息对称是社区直选应遵循的一条公理,是促进居民参与选举的重要路径,是公共领域得以形成的前提。

最后是居民共识形成。以广泛的社区自组织作为支撑,信息对称机制的建立,居民以候选人信息、候选人竞选承诺、社区建设等话题展开讨论,形成舆论并通过协商民主达成共识。协商民主是基于相互理解的妥协,形成集体理性,而不是少数服从多数的强制方式,协商民主有助于达成共识。只有在居民共识的前提下,居民才会更积极地参与社区建设,居民自治才能获得强劲的动力,真正让居民自治运转起来。[③] 附着在具体利益上的生活性参与,诸如社区恳谈会、评议会和听证会等协商意义的参与,推动公共舆论与居民共识的形成,并以此作为民意表达的重要渠道。应不断畅通和拓宽民意渠道,搭建和完善沟通平台,大力构建社区公共领域,改善社区横向网络,培育社区民间领袖,使社区居民无序无组织的参与行为逐渐转向有序化和组织化的公民参与行为,[④] 从而提高居民与基层政府政治沟通的有效性,表现为居民利益诉求形式的多

---

① 邱梦华. 城市基层社会组织发展研究. 上海:上海交通大学出版社,2018:235.

② 许义平,何晓玲. 现代社区制度实证研究. 北京:中国社会出版社,2008:59.

③ 徐勇主编. 中国城市居民自治有效实现形式研究. 北京:中国社会科学出版社,2015:38-40.

④ 张丹丹. 变迁与抗拒:城市社区自治的空间及路径. 上海:上海社会科学出版社,2015:38-40.

样化与科学化、政府决策充分体现民意等。民主活动逐渐渗透到更多社会生活领域,特别是那些有居民关注事务的领域。① 居民的权利意识和行动意识得到增强,会自觉关注社区事务,关注自身的权利并实践着自身的权利,参与居委会直选,成为有责任和有行动的积极公民,居民的主体意识转化为现实的行动。这是来自社区内部居民自主性的强劲动力,它推动着社区选举改革的深入发展。社区民主的发展和成熟最终依赖于社区居民的积极参与。

四、加强社区社会资本的建设与开发

社会资本是民主制度运作的关键因素,它通过增加主体之间合作的有效性,提高居民参与民主选举的积极性,影响社区选举的过程与结果。② 首先,加强社会资本建设的重要任务是构建政府与公民之间的良好合作关系,提高两者之间合作的有效性。政府是该构建过程中的主要责任方。政府应认真履行构建社区社会资本的职责,提高居民的生活满意度和社区归属感。政府通过推动经济社会发展,提高社会福利水平,增加居民收入,改善社区居住环境,增加居民与城市社区之间的利益关系,充分调动社区居民参与的积极性和主动性,促进社会资本的成长。这是政府工作绩效的表现,也是政府开发社区社会资本的责任。政府在建构过程中需要实施"差别化原则",针对公民年龄、职业、收入、文化程度与政治面貌的不同采取不同的针对性的社会资本培育和发展计划政策。③第二,通过发展社区横向网络,提高社区社会资本。不断完善社区

---

① 谭君久编. 中国式民主的政治学基础,西安:西北大学出版社,2017:133.
② 解红晖. 我国城市社区直选实践模式研究. 宁波大学学报(社科版),2013(1):118 - 123.
③ 梁莹. 社会资本与公民文化的成长. 北京:中国社会科学出版社,2011:363.

治理结构,培育社区民间组织,促进社区横向网络发展。公民参与网络越密集,社区居民之间面对面的交往次数越多,居民之间相互信任的意愿和程度越高,促进社区合作关系的形成和巩固,从而提高社会资本。最后,前面述及的社区居民共同体意识的培育、公共领域的建构,都可以促进社区社会资本的开发,增加社区居民之间的信任与合作,促进居民关心公共事务,[①]积极参与社区居委会选举。

城市社区居民委员会直接选举作为推进社区民主建设的重要步骤,其目的就是要动员社区居民积极参与社区公共事务,进行社区社会资本的开发,从而整合社区资源,促进社区全面健康发展。社区居委会选举改革的推进又会促进社区社会资本的开发。它们相辅相成,共同促进社区自治发展。

第四节 提升社区直选规则的执行力

社区直选规则的执行力主要体现在选举规则的可操作性。制度可操作性的程度主要体现在实际实施中制度是否被"异化"、是否形式化等。选举制度的实施,在很大程度上取决于选举程序的设计。[②] 我国城市社区直选模式的运行中,选举规则基本得到执行,但有些规则执行时出现形式化的现象,城市社区直选规则的执行力亟待提高。社区直选制度执行力不够在投票程序表现得尤为明显,可通过以下方面提高社区直选规则的执行力,逐渐缩短选举

---

① 徐汉国. 中国城乡基层组织体系重构研究. 北京:知识产权出版社,2010:246 - 248.
② 袁达毅等. 中国选举制度建设中的若干问题研究. 北京:中国社会科学出版社,2016: 311.

文本制度的制定与贯彻落实之间存在的时间差。①

一、针对委托投票问题

委托投票对于选民在选举期间外出等情况下行使选举权起到积极作用。调研数据表明:城市社区直选模式运行中委托投票问题严重,其中北京九道湾社区居民委托他人投票率最高。广西、宁波模式对委托投票的对象进行了规定,深圳盐田模式、宁波模式有关于受托人不得违背委托人意志等规定,北京九道湾模式推进中选举规则修订时可参照以规范委托投票。

在严格规范委托投票的基础上,还需要以下具体措施解决城市社区直选中的委托代票过多的问题:第一,提前选举投票时间。社区居委会选举的常规办法是在早上九点举行选举大会后投票,这会使一些早上需要上班的居民无法亲自投票,只能委托他人或放弃投票。可以将选举投票时间提前到七点半到八点,为上班的居民提供投票的时间可能性。第二,延长票箱关闭时间。下班时间关闭票箱的常规办法,同样会对上班族选民亲自投票带来困难。北京九道湾社区直选试点将投票站关闭的时间延长到晚上 10 点以后,这为选民下班以后前来投票提供了方便。第三,严格执行投票日现场发放选票。投票当日居民持选民登记证取票的程序要严格执行,避免在选举日之前发放选票,避免人为增加委托投票可能性。② 第四,创新投票办法。学会利用新技术创新投票办法以减少委托投票,如针对一些选民确实有事不能来投票站投票,可经过严格的登记手续后在投票日前以电子选票等方式投票。

---

① 黄卫平. 中国基层民主发展 40 年. 社会科学研究,2018(6):13 - 27.

② 李凡. 中国选举制度改革. 上海:上海交通大学出版社,2005:55 - 56.

更为基本和重要的是需要有观念上的转变。委托投票问题是我国基层民主选举中的一个普遍难题。选举组织者应认识到选举真实性的重要意义,不必为追求高参选率纵容委托投票的无限扩大。这需要自上而下的转变,舍弃虚假的高参选率假象,高参选率不等同于选举成功。在给予选民投票权和选举权的同时,要使每一个人真正认识投票权和选举权并加以郑重使用,包括亲自投票。在方法上,运用科学的统计方法,在统计表中单列委托投票一项,参选率的统计分为投票数和实际参选人两部分,最后从法律和制度上挤压委托投票的存在空间,最终从根本上考虑取消委托投票,体现公正选举,解决代票所带来的弊端。当然,还需要对委托投票进行学理上探究,如转授投票权利的法理支撑、委托人投票权的保证等。① 这些问题的学理探究有助于推动社区直接选举理论与实践的进一步发展。

二、针对流动票箱问题

流动票箱是一种特殊的投票形式,设置的目的是保障因特殊原因不能到会场投票的选民的民主权利,但应用中存在着流动票箱使用过多等问题,其中广西直选模式中流动票箱问题最为突出,使用流动票箱比例显著高于其他社区直选模式。今后应参照九道湾模式的做法,严格限制流动票箱使用的范围和比例,尽量减少大量使用流动票箱而给社区选举带来的负面影响。② 在质上,一定要规范使用流动票箱,切实尊重选民的民主权利。具体而言:

严格控制流动票箱的使用对象。流动票箱只限于由于患病等

---

① 袁明圣.委托投票制度的法理分析.人大研究,2008(3):11-13.
② 李凡.中国选举制度改革.上海:上海交通大学出版社,2005:55-56.

原因行动不便或居住分散且交通不方便的选民。2002 年,在北京九道湾社区直选试点中使用了两个流动票箱,流动票箱收回票数为 68 票,占总票数(1881 票)的 3.59%,九道湾社区流动票箱收回票数率在全国是最少的,这是对流动票箱应用严格规定的结果。九道湾社区在 2006 年、2009 年、2012 年的居委会直选中依旧严格控制流动票箱的使用。课题组调研了解到,北京九道湾模式中明确使用流动票箱的标准,控制流动票箱使用对象,只限于无法下地走路的病残选民使用,严格控制流动票箱数以及流动票箱中投票数量。流动票箱的投票数量率限制为 5% 范围内,这是减少大量使用流动票箱给选举产生负面影响的较好办法。

加强对流动票箱的管理。流动票箱工作人员应向选民说明投票注意事项,并在选民写票时主动回避以保护选民隐私权。流动票箱只限于上门接受投票,不得在选举场外开箱计算。每个流动票箱由不少于 2 名工作人员负责,使用流动票箱的选民可要签名或盖手印等方式以存档备查。

就目前城市居民的普遍参与意识不足的现状,需要加强宣传教育,鼓励选民到主会场、投票站投票,减少流动票箱的使用。同时要在选举的公正性与高投票率之间、选举的过程与选举的结果之间、选举的数量与选举的质量之间做一个权衡。但从长远看,应是取消流动票箱彻底根除其隐患。

三、针对秘密划票问题

鉴于我国城市社区直选发展的总体现状,社区直选与居民之间利益关联度低,居民的主体意识和权利意识还没有转化成直选参与行动,选举参与主动性普遍不高,直接要求所有选民须使用秘密划票间(处)的强制规定并不适合国情,这不利于我国城市社区

直选改革的稳步推进。应循序渐进,切勿过急。基于此,可从三个方面渐次又扎实地推进来解决该问题:

第一步,加大宣传,访谈结果显示,仍有部分选民不知道设置秘密划票间(处)环节,一些选民则将无记名投票等同于秘密划票。今后可通过社区宣传栏、直选宣传单、选民证背后说明、选举会场鲜明标识等方式宣传秘密划票的重要意义,鼓励选民使用秘密划票间(处),慎重行使选举权。第二步,主动引导,即通过设计流水线的投票程序(如投票通道等)主动引导选民进入秘密划票间(处)。可在选民领取选票后走向投票箱的必经的空间或路径上设立醒目的秘密划票间(处),秘密划票间(处)里配备有划票用的黑色水笔和候选人的简要介绍等,积极引导选民使用秘密划票间(处)。[①] 如广西良江社区的投票通道的设计和执行等,切实保证了选民不受干扰地行使选举权。第三步,配套规定。这是最后一步,它依赖于前二步措施的有效执行和实际效果。社区直选前,应展开前期调查问卷,确保社区选民清楚了解秘密划票间(处)的设置及意义后方可实施第三步,即制定规定,要求所有选民必须进入秘密划票间(处)划票。

今后,应继续遵循秘密写票原则,设立秘密划票间(处),逐步提高秘密划票间(处)使用率。

四、针对选民登记问题

选民登记是公民选举权与被选举权得以实现的重要前置性程序,实现从"登记选民"到"选民主动登记"方式的转变是基层民主

---

① 李凡. 中国选举制度改革. 上海:上海交通大学出版社,2005:56-57.

进步的表现。① 首先应在观念上明确"选民登记"与"登记选民"两种方式之间存在着不同:第一,登记的主体不同。"选民登记"中,选民是主体,登记是选民的自主性行为。而"登记选民"的主体是社区选举人员,他们主动上门进行登记,选民是被登记对象。第二,登记的态度不同。"选民登记"中,选民的态度具有主动性,是主动行使权利或主动放弃权利,是否登记由选民控制。选民的登记态度与选民对社区选举的关注往往具有一致性。"选民登记"可以反映选民对选举的实际关注。"登记选民"带有强制性,是否登记不受选民控制,选民的态度具有被动性,是被动行使权利。"登记选民"无法反映出选民对社区选举的关注程度。第三,登记人数的基准不同。"选民登记"是根据主动来登记的选民人数为准,"登记选民"以所有符合条件的选民人数为准,显然"登记选民"方式登记的居民人数要多于以"选民登记"方式登记的居民人数,因此,社区选举工作人员往往要耗费巨大的人力物力才能完成社区直选的"双过半"指标。"选民登记"的参选率一般不高,但能较好地解决社区选举的"双过半"问题。② 在观念上明确"选民登记"方式与"登记选民"方式之间的不同,是推动登记方式改革与完善的思想前提。在此基础上,实施适合我国国情的"选民主动登记"方式的渐进式发展策略,具体应遵循几大原则:

简化原则:简化选民登记程序,大力推行基层选举登记信息化建设。建立健全选举网站,以身份证为基础进行选民网络登记工作,建立选民登记的简约化、动态化和常态化机制。

创新原则:即根据国内外相关验证和利用现代技术进行一系

---

① 史卫民,郭巍青等. 中国社区居民委员会选举研究. 北京:中国社会科学出版社,2009:151.
② 高根松,王晓贺. 解析"选民登记"与"登记选举". 人大建设,2008(3):45 - 46.

列的制度创新,①实现选民登记方式的丰富性和时代性,提高选民选择自由度,增加选民主动登记的积极性。借助大数据创新手段,推动选民主动登记。该项目试点在江苏省无锡市崇安区汤巷社区率先进行。②

结合原则,即组织登记与选民登记相结合、传统手段与现代技术的结合,为选民提供多种渠道,通过手机 APP 软件③、网络客户端、即时通讯软件等提供上门、上网、上线、上机、上站等多种登记模式,选民可以自由选择最便捷的方式进行登记,实现线上登记与线下登记相结合。

优先原则,即选民自动登记优先。由选民主动登记,然后由社区选举工作人员启动"登记选民"程序。充分发挥选举委员会在选民登记中的积极作用,向选民大力宣传主动登记方式的意义,及时通告选民登记站地点、登记时间以及登记办法,地点与时间的设置应能方便居民。强调选民应主动到登记机构办理登记手续,遵循选民自动登记优先性原则,有利于培育和提高居民的民主权利意识。

当然,在社区直选中有更多选民自愿行使自己民主权利,主动进行登记,还需要从法律层面和思想层面放宽对选民登记率的要求,需要社区居委会和城市居民之间利益关联度的提升,选民主动参与社区公共事务。实现从"登记选民"到"选民登记"的转变或过渡需要自上而下的共同努力。随着我国选民的民主意识的逐渐敏锐,参与能力的提高,选民登记过程将逐渐从"登记选民"走向真正

① 李猛,王冠杰等. 新中国选举制度发展历程. 北京:世界知识出版社,2013:361.
② 史卫民,郭巍青等. 中国社区居民委员会选举研究. 北京:中国社会科学出版社,2009:373.
③ 张维炜,詹顺婉. 信息化建设再升级,助跑选民登记. 中国人大,2016(10):29-32.

意义上的"选民登记"。[①]

第五节　加强社区工作者队伍的建设

社区工作者队伍建设的问题,根源于社区工作者的专职化和直接选举本土化之间的矛盾与冲突。[②] 在欧美发达国家及中等发达国家和地区,社区工作已成为产生巨大社会和经济效益的职业,它具有系统的知识体系,形成了成熟的教育体系与专业的培训模式。[③] 今后,在"他山之石,可以攻玉"思路启发下,社区工作者建设进一步加强,推进直选后社区居委会的良性运用,提高社区直选绩效,

一、明确职业定位,增加社会的认同

首先,明确社区工作者致力于现代社区治理工作,他们是行政管理职能与社区自治功能之间实现统一的重要体现者。他们不是纷繁社区事务的"临时工",是国家财政供给的全日制工作人员。他们是社区工作发展计划的组织者和协调者,是公民社区与国家政府之间的沟通桥梁。2018 年,宁波市发布关于加强专职社区工作者队伍建设的实施的相关文件,正式明确社区工作者的职业定位。专职社区工作者指在社区党组织、社区居民委员会、社区服务中心等从事社区党建、社区服务管理工作的专职全日制工作人员。[④] 其二是

① 高根忠,王晓圆.解析选民登记与登记选民.人大杂志,2009(83):45-46.
② 解红晖.城市社区直选的宁波模式研究.社会工作,2010(7):41-44.
③ 陈宇.从社区直选透视社区工作者管理的体制性矛盾.社会工作,2007(2):18-19.
④ 民政局.宁波首次定位专职社区工作者　薪酬按级别设新标准.(2018-06-25)http://nb.sina.com.cn/news/2018-06-25/detail-iheirxyf3708558.shtml?from=nb_tpt.j.

加大宣传力度,提高社会对社区工作的认知和认同。从政府层面制订社区工作者人才发展规划,将其纳入到区域人才发展战略中加以统筹。充分利用微博、微信等新媒体技术,以日常生活为内容,用贴近居民的方式,以多渠道、多方位的方式提升社区工作理念与价值,提高社区工作者的职业声望与地位。还可结合社会主义核心价值观教育、社区知识竞赛、评选社区模范人物等活动,宣传社区工作者先进典型,发挥先进示范作用。一方面让广大居民了解社区工作,尊重社区工作,增加对社区工作的理解和认同,营建有利于社区工作发展的良好氛围。另一方面有助于引导更多的年轻人了解社区工作的意义,鼓励他们扎根基层,乐于服务社区。他们的加入是社区不断发展的动力之源,社区能够成为他们实现人生价值的舞台。其三,营造有利于社区工作者成长和能力发挥的外部环境,提高社会的社区工作认知度,从而增加社区工作者的职业归属感与荣誉感。如深圳尝试以地方立法形式回应社区职业化发展人才流失等问题。①

二、提高工资待遇,增加岗位吸引力

在我国社工职业化进程中,必须高度关注和解决社工的薪酬待遇问题,以确保社工职业化的稳步良性发展。② 首先,需要让政策规定的社区工作者的工资福利待遇落到实处,并尽快提高社区工作者待遇。如北京市委组织部、社工委、民政局、财政局、人力社保局联合发布的《关于进一步规范社区工作者待遇有关事项的补充通知》和市社会建设领导小组办公室印发的《关于进一步规范社

---

① 李晓凤,林佳鹏等.深圳社会工作立法探究.社会工作,2017,(3):12-16.
② 吴伟东.重视社工职业化进程中的薪酬议题.社会科学报,2017-04-26(6).

区工作者待遇的实施办法(试行)》的两份文件,规定从 2016 年起,社区工作者整体待遇水平原则上执行不低于上年度本市职工平均工资的 70%,并要求每年进行动态调整。[①] 宁波市由市委组织部、民政局、财政局、人事局、劳动和社会保障局联合发布了社区专职工作者工资福利待遇政策,真正使社区专职工作者的年平均收入不低于本市上年度职工平均年薪,切实改变社会工作者工资低于社会平均工资的现状。优化社区工作者的工资结构,对政策范围内应该享受的福利待遇要充分保障和切实落实,以维护社会工作者的正当权益。其二,加大财政支持,增加社区工作资源,改善社区工作者的办公条件。我国沿海发达地区如宁波、深圳等社区经费主要是靠财政收入,应积极探索社区基金、社会团体资助等多种方式以改善社区工作者的物质条件。其三,建立和完善社区工作者收入的自然增长机制,有效解决社区工作者编制问题,提高社区工作者收入水平。[②] 适当调整社区工作者的工资待遇政策,使社区工作者的待遇与其承担的双重性任务相匹配,与城市人力资源状况和城市经济发展水平相适应。如宁波市发布的关于社区专职工作者管理办法的相关文件规定了考核合格的社区工作者每两年晋升一级的工资增长机制。这些政策需要落实到位并积极推广。

三、梳理社区工作,加强专业化建设

首先需要梳理社区工作的内容。鉴于社区工作的复杂性,需要细分社区党委、社区居委会、社区工作站的功能并明确其职责。社区党组织在社区建设发展过程中具有政治领导的顶层性作用。

---

① 蒋梦惟,张畅.北京社工收入不低于社会平均工资70%.北京日报,2017-03-16(2).
② 赵秀玲主编.中国基层治理发展报告(2016).广州:广东人民出版社,2016:89.

社区居委会是基层群众自治性组织,社区工作站承接政府下派到社区的行政性事务。如在宁波模式中真正实行选聘真正分开,深圳盐田模式的会站分离机制得到有效落实。在政府推动下的社区直选和社区治理进程中,社区工作者承担的来自上级党委和政府的任务过于繁重,尤其是各种门类的考核,占用了社区工作者绝大多数工作时间与精力。应减轻社区工作站负担,明晰街道与区、社区的职责定位,逐步剥离社区的不合理行政事务,明确自治性任务与行政性任务相冲突下的处理原则,提高社区直接选举制度的绩效,使社区建设回归到服务居民和群众自治上来。可通过改进和完善社区工作准入制度,强化行政部门下放事务到社区的制度性约束,明确有关行政性强的工作原则上由街道办事处负责。使社区对能够监督政府部门,开展社区与上级部门的双向测评工作,并建立政府职能部门对社区检查评比的工作方式转化为政府职能部门组织社区居委会和社区成员自我评议,并对政府职能部门进行评议。明晰街道办事处与社区的职责划分,将政府派活、社区居委会干活,转化为分清职责,各担其职,各负其责,逐步理顺街道与社区居委会的工作职责。其二要加强专业化建设,提高工作效率。可进一步完善法律法规,明确社区工作者的职业资格。[①] 规范社区工作者职业资格的培训和认定工作,社区工作者招录工作中严格程序和遵守规范。目前专职社区工作者大中专学历比例逐步提高,但他们中的大多数人没有社会工作专业的学科背景,不熟悉社区工作办法,难以提供多样化和系统化的高效率专业服务,解决社区矛盾和问题往往显得捉襟见肘。应加强专业化建设培训,开设

---

① 唐奕编.治理之基:中国基层治理队伍建设纵横谈.西安:西北大学出版社,2016:149 - 150.

社会管理创新等专题培训班,重点引导和鼓励他们学习社区工作专业,努力考取社会工作职业水平证书,切实提高他们的专业素质和理论修养,不断提高工作能力。加强社区工作者的交流学习,定期举办社区专职工作人员经验交流会,建立和完善跨区、跨省市甚至跨国际的同岗位或不同岗位的社区工作者之间的合作交流机制。其三是构建合作平台,实现人才储备。在科学设置专业岗位的基础上,拓宽选拔范围,吸收高素质的社区工作者。加大招聘力度,吸引大学毕业生到社区,为社区工作者注入活力,优化年龄结构。同时要积极构建与地方高校合作的平台,特别是设置社会工作、社区管理等专业的学校,可以通过提供大学生暑期社区实践基地、现场教学等方式建立合作。在与大学师生相互学习的过程中,社区专职人员的专业素质得到提高,又让大学生对社区工作有最深入的了解,积极进行优质人才的储备工作。以深圳南山区为例,该区坚持"统一培训,专题教学,高校提升",对社区工作者开展培训。[1] 北京清河街道建立清华大学社会学系的试点教学基地,大量优秀学生投身社区服务。[2]

四、健全激励制度,激发工作积极性

深化社区工作者管理体制改革,实施分类管理,评估岗位设置。科学划分社区工作者的岗位构成与职责分工,定位和分解社区工作者的职责,实现岗责相称,凸显专业社工的服务性质。应充分利用信息化管理系统,采用组织考核与居民评议相结合的方式,加强社

---

[1] 唐奕编. 治理之基:中国基层治理队伍建设纵横谈. 西安:西北大学出版社,2016:149 - 150,159.
[2] 孙波,杨奎臣等. 社区治理体系中的社区工作者队伍专业化发展路径. 中国成人教育, 2018(14):111 - 113.

区工作者的日常考核和年度考核,并将评估考核结果、绩效追踪信息与社区工作者奖励、晋升、连聘相挂钩,探索实践社区工作者淘汰机制,实现社区工作激励机制系统化与常态化。在制度上避免社区工作的形式化、边缘化和过度行政化,积极推动社区工作发展。

科学设置薪酬标准,健全工资体系。薪酬设定与学历、职级、任职时间、岗位类别相关,合理体现社区工作专业人才的价值。对于表现突出、能力出众的社区工作者,建立和完善多元化的激励机制,如晋升、表彰、奖金等。完善带薪休假、学历教育补助、体检等制度,体现关怀制度化,提升社区工作者的专业声望与社会地位,不断激发社区工作者队伍的积极性与创新性。

制定发展规划,完善晋升机制,拓展成长空间。制定社区工作者人才发展规划,并将其纳入到区域人才发展战略中加以统筹推进。建立社区优秀工作者储备人才库,开发岗位资源,形成与岗位挂钩的储备机制,实现动态管理,及时通告进入人才库的优秀工作者,真正实现留住人才、吸引人才,为社区建设的可持续发展提供智力支持。

最后,社区工作者自身要努力学习业务知识,不断提高自身素质,培养社区工作情感。社区工作者与全体居民携手共同努力,建设管理有序、服务完善、文明祥和的社会生活共同体。[1]

第六节　加快理顺社区与政府的关系

社区自治关键是权力和责任的归属清晰,提高城市社区直选

---

[1] 解红晖.城市社区直选的宁波模式研究.社会工作,2010(7):41-44.

绩效需要理清社区与政府的关系。城市社区直选持续有效运转，依赖于社区自治组织与基层政府的良性互动关系的建立与完善。

一、政府在社区民主建设中角色定位

政府作为中国社区治理的主导者具有法理的和经验的依据。在城市社区居委会选举方式的创新性改革中，社区直选制度的主要供给者是政府。城市居民自治意识和能力总体上还不成熟，内生性增长动力不足，需要政府的自觉推动，需要提供宏观层面的政策支持、工作引导和经费保障。[①] 自觉地意识和承认这一特征，可以把握与展望中国城市社区直选和社区居民自治进程。

政府是推动现阶段中国城市基层民主发展不可或缺的动力，但要明确自身职责，掌握好"推动"的限度与性质。中国社区建设的特点决定了现阶段政府不仅要关注社区管理中有限的行政因素，还要为居民参与管理和监督创造条件。[②] 从公共管理的角度考察，很多社会问题的根源往往在于政府缺位或越位。因此需要审视社区行政化逻辑，理顺政府与居委会的关系。政府需要掌握好"推动"的度，寻找行政权与自治权的"平衡点"和"合理边界"，实现在社区层面的功能性转变——从行政管理向服务指导的转变，从政策和规定上引导政府职能的转变，侧重于社区的宏观管理和制度政策的供给，淡化社区自治的行政管理色彩，防范政府行政管理的社区组织覆盖化而形成过度干预。[③] "推动"不是"干预"，政府需要引导与规范社会组织的参与。城市基层社会组织大量涌现，它们在提供社会服务和组织居民社会参与方面有优势。基层政府应

---

① 李学斌主编. 现代社区建设专题研究. 北京:社会科学出版社,2016:358.

② 王杰秀,闫晓英. 城市社区治理创新的成效与启示. 中国民政. 2014(7):37 - 41.

③ 荀关玉等. 政府的意愿能力与社区自治组织的发展.《理论前沿》. 2009(10):35 - 36.

予以重视并积极引导,注重培育公民社会组织,发挥社会组织在基层治理现代化方面的积极作用,进而提高社区自治能力。

　　社区民主自治程度的高低依赖于政府角色的正确定位。政府职能转变的一个重要特点是放权,尤其是给予基层和人民群众更多的自主性和自治权。[①] 今后政府应逐渐转变社区选举改革中的角色职能,不能长期担当社区直选制度的主要供给者,有选择性地退出直接控制的社会领域。政府应着重于提供适合基层民主发展的制度空间,赋权给社区,有计划地培育社区居委会和民间组织的自治能力,引导居民树立主体意识并积极参与社区公共事务,[②]认真执行社区居民议事决策制度、社区准入制度等民主制度,不干预具体的社区选举事务。随着城市直选改革的深入,政府的角色要发生转换:从强化到退出;由主导到合作角色的过渡,以制度化手段建立和规范政府退出机制,[③]社区直选范式发生转变。社区建设是向公众提供公共产品的过程,这决定了政府在促进社区自治过程中的作用,即宏观层面的行政推动,并以间接方式参与社区的公共事务。作为第一推动力的政府有责任在社区自治中继续发挥作用,退出中介入,介入中合作,应该是政府要做的工作。[④] 政府主要的工作是搭建社区自治平台,建立和完善平等沟通的协商机制,注重手段与方式的合理化,[⑤]拓展社区民主发展的制度空间。提供公

[①] 赵秀玲主编. 中国基层治理发展报告(2016). 广州:广东人民出版社,2016:11.

[②] 房宁主编. 中国政治参与报告(2016). 北京:社会科学文献出版社,2016:19.

[③] 娄成武,谷民崇. 城市社区自治:我国政治民主化发展的必然路径. 理论探讨,2014 (3):141–144.

[④] 田雪梅. 城市基层民主发展的组织载体困境. 探索与争鸣,2008(10):43–45.

[⑤] Zekeri AA. Adoption of Economic Development Strategies in Small Towns and Rural Areas:Effects of Past Community Action. *Journals of Rural Studies*,1994(2):185–195.

共服务供给,增强社区凝聚力,让社区自治运转起来。

课题组在宁波调研中一位街道党工委书记讲述他对社区自治的看法:

> "目前街道办的工作重点,一是经济发展,二是社区建设,社区建设目标首先要稳定。现在从上面下达的任务有所增加,社区居委会完全去行政化,现在很难做到,社区自治是任重道远。实现社区自治,我看关键是政府的放权。"(访谈资料:15-Z-B)

总之,应动态和准确地把握政府在社区民主建设中的职能定位,随着社区直选改革深入,推动政府角色转变,拓展社区民主发展的空间,逐步建立政府和社区自治组织间有效沟通和相互合作的机制实现基层民主建构逻辑的转变,不断提高城市社区直选制度绩效。

二、不断提高社区居委会的自治能力

首先明确界定居委会的自治维度。政府要还权于社区,下放行政权力,扩大居委会的社区事务决策面,给予一定的财务权和监督权。需要有清晰的制度设计保障居委会的自治权,防止社区居委会变得空心化和边缘化,[1]实现街道办事处、政府职能部门与社区居委会三者关系的合理化。街道办事处和政府各职能部门应调整机构,转变职能,提供指导与服务工作,为社区居委会解决相关问题,而不是下达各种任务指标影响居委会自身服务功能的发育。[2] 政府要

---

[1] 李猛,王冠杰等. 新中国选举制度发展历程. 北京:世界知识出版社,2013:357.
[2] 于建伟,黄观鸿等. 中国基层群众自治制度. 北京:中国民主法制集团出版社,2017:58-59.

放权给社区居委会,落实居委会工作责任,突出街道的指导服务功能和社区居委会的自主管理功能,既要防止社区居委会的行政化趋势,又要防止社区居委会的边缘化趋势。譬如,深圳盐田模式中社区服务站的定位与归属问题,应是盐田社区管理体制改革深化推进中要解决的根本问题,这是进一步理顺社区居委会与街道办事处之间关系的重要内容。在宁波模式中,实施选聘分离体制的前提是要促进政府管理与居民自治的分工。

二是强化社区居委会的自治职能,即通过建立社区自治平台和机制,强化社区居委会的枢纽、议事等职能,给予居委会监督和评估行政事务的职能。除合同约定之外的行政事项,若需进入社区或委托社区居民委员会完成或协助完成,都要经居委会协调准许后才能进入,并按权责对应,费事并移,专款专用等原则,向社区提供必要的人力、物力和财力资源。居委会对社区服务中心的运营机构进行监督和评估,包括日常工作的监督和年度工作的评估。居委会作为群众性自治组织,肩负对社区服务中心的监督和评估职责。重塑居委会职能,[①]变直接服务为借力服务,主要强化议事、监督等职能。社区居委会下设专门议事机构——社区管理委员会、社区公共服务委员会、市政建设委员会,成员由相关领域专业且有公益心的居民担任。政府从"为民做主"到"由民做主",最大程度上实现居民自治,构建以居委会为枢纽的社区多元化参与平台,使居委会真正回归群众自治组织,解决居委会边缘化和空心化问题。在众多社区组织中,居委会是沟通协调的中心,担当指导、培育、协调功能,同时建立健全社区社会组织的登记和自主管理制

---

① 马立红. 居委会功能再生机制研究. 徐勇等编. 中国城市居民自治有效实现形式研究.
北京:中国社会科学出版社,2015:191.

度。课题组在北京城市社区调研时一位居委会主任真切吐露了她对社区自治的感受。

"社区工作真不是轻松的活,不容易。我最大的感受是:要真正推动居民自治,居委会要引导与带动居民参与到社区建设中。要做到这点,你要有做群众工作的办法,要不断充电,跟得上形势,会使用新的信息技术,更重要的是能用心,解决社区问题。在实际工作中凝聚人心,让居民能够信任你,跟着你,居民能够积极参加居委会选举。只有这样,居委会才能带得动居民参与社区自治,推进社区民主建设。但说老实话,有时候我还是会觉得力不从心。"(访谈资料:16‐W‐J)

再次,厘清社区居委会与业委会等的关系。社区居委会是社区自治的主要载体,作为新型城市社区组织的业主委员会日益成为居民参与社区事务的重要平台和组织载体。业主委员会选举中的居民参与积极性、选举过程中竞争激烈程度等方面超过了社区居委会选举,冲击着居民委员会作为社区自治主体的地位,甚至有些社区业委会呈现出功能性取代社区居民委员会的趋势。[1] 实践上,主动吸纳业主委员会参与到社区居委会直接选举活动,实现将体制外的利益表达和参与诉求的有序释放,[2]这将有助于推动为城市居委会直选持续运作,夯实居民委员会社区自治主体性地位。理念上,确认社区居委会是整个基层社会网络的主要组织载体,代表着社区全体居民的公共利益,是政府权力下放后唯一得到国家

---

[1] 张振,杨建等. 业主委员会培育与社区多中心治理模式建构. 中州学刊,2015(9):78‐82.
[2] 黄卫平. 中国选举民主:从广度到深度. 吉林大学社会科学学报,2008(3):29‐35.

法律认可的权威性自治性组织。业主委员会主要维护的是业主的私有经济利益,不是社区全体成员的利益代理人。物业公司就其实质是经济盈利性组织。因此,社区居委会仍然是中国城市居民基层组织的核心,业主委员会和物业公司等应处于居委会的指导与管理之中,确立社区居委会在社区自治中的主体组织地位。[①]

最后要策略构建居委会行动模式。中国城市居民自治的组织张力与组织悖论决定了社区居委会的合法性资源在于能利用工具性的行政资源为居民的一些公共福利事项提供服务,代表居民利益。居委会是法定的居民群众自治组织,与俱乐部形式和公共行政组织不同,它紧密联系行政体系,但不具有公权力和强制性实施能力。居委会从政府那里获得工具性资源。居委会工作开展需要的行政资源,如政治资源和行政权威等来自于国家行政体系。政府提供这些资源,居委会有属地化的行政协助之功能。居委会制度的策略性模糊,尤其是居委会、政府和社区之间的这种资源依赖结构,正是理解居委会策略行动模式的切入点。[②] 此外,居委会在调解社区矛盾时,要照顾好各方的利益,公正公允处理社区问题。居委会要充分利用好各种社区组织和志愿者的力量,推进社区自治建设。如上海古美路街道古龙一村居委会的共同协商应急预案等。[③]

三、推进自治权与行政权的良性互动

社区民主建设中政府角色的正确定位,社区居委会自治能力

---

① 于燕燕.新时代社区居委会角色亟需重新定位.人民论坛,2018(15):58.

② 刘春荣.社区治理与中国政治的边际革新.上海:上海人民出版社,2018:169.

③ 上海市民政局基政处,上海市街镇工作协会.社区自治案例精选与剖析.上海:华东理工大学出版社,2017:36-37.

得到提高,在此基础上,实现社区自治组织与基层政府之间的良性互动。

首先要充分发挥基层党组织的协调职能,从政治上促进自治权与行政权的良性互动。建构和完善党领导基层群众自治的工作机制,协调好基层组织的各种工作关系,推动自治权与行政权积极的良性互动。2018年习近平总书记在武汉调研时强调指出,社区是基层基础,社区建设的关键是社区党组织的建设。[①] 应以党的基层组织建设带动其他各类基层组织建设,不断扩大党内民主,推动人民民主。

其二是改善城市社区治理结构,从机制上促进自治权与行政权的良性互动。通过创新社区管理体制来重组社区治理结构内部主体的关系,重新分解或组合社区各主体的权力与责任,实现权力与责任的明晰化和合理化,解决权力与责任的重叠、交叉和空白等问题,优化社区治理整体结构,合理分配社区资源,规范社区内外的权力运用,从机制上促进政府与社区自治组织之间新的互动范式的形成,构建主体间的和谐关系,实现政府与社区自治组织的有效沟通、相互协调和彼此制约,"使政府和社区自治组织能够在社区治理中建立合作博弈,治理各方必须基于对其他方的利益和可能行为的考量做出决策,未得到其他方的同意和支持的任何一方的决策,都有可能将社区自治组织引上非良性发展之路。社区居委会的自治功能的发挥依赖于政府与社区自治组织双方合作博弈的真正建立"。[②] 通过双方合作博弈实现利益均衡,增加社区居委会的相对独立性,推动直选后的社区居委会良性运作持续运作,不

① 霍小光.习近平在湖北考察.(2018-04-26)http://www.xinhuanet.com/2018-04/26/c_1122749285.htm.
② 荀关玉等.政府的意愿能力与社区自治组织的发展.理论前沿,2009(10):35-36.

断提高社区直选绩效。如深圳盐田模式和宁波模式中会站分离体制和选聘分离体制等旨在分化传统的社区居委会功能，但运行中仍出现一些问题，需要今后应进一步深化社会专业分工，完善社区治理结构，促进政府行政管理与居民自治管理的分工，实现选聘分离体制和会站分离体制的精致化。

最后，实现行政管理和居民自治的再平衡。社区居委会中民选委员实行坐班制，保证三分之一的居委会成员有时间参与居委会的日常工作。居委会建设政策中不仅提倡为居委会减负，更是强调增能，以避免居委会在社区自治事务中流失其影响实现民主选举与社区事务决策的衔接与渗透，实现"会站分离"和"选聘分离"，提高社区直选的价值。基层政府要真正改变将社区自治组织作为政府内部机构的观点，从运行机制上改进政府工作进社区的方式。基层政府应积极转变职能甚至把部分职能让渡到社区，减少对居民委员会成员的任命及其日常工作的控制和干预。

我国政治体制改革选择了渐进改革的发展模式，即改革在维持原有政治统治的稳定性和连续性的前提下，对政治体制进行调整完善。因此城市社区直选范式的转变和社区自治不可能一步到位：从强势的自上而下模式→弱势的自上而下的→自下而上与自上而下的双向合作模式。明确政府和社会的关系，促进政府角色的转变，推进社区自治组织与基层政府的积极互动，促进社区直选的运作与发展，形成政府与社会合作模式是未来城市社区民主改革与发展的方向。①

其他。政府与非政府组织之间合作的常态化机制的建立。北

---

① 解红晖.城市基层政府与社区自治组织的良性互动关系.社会科学家,2013(3):45 - 48.

京九道湾社区第一次居委会直接选举,非政府组织北京新民教育研究中心自始至终发挥了重要作用,北京九道湾模式的形成是政府与非政府组织合作的结果。课题组调研了解到,在 2009、2012、2015 年的三届居委会换届选举中几乎没有新民教育研究中心的参与,并没有发挥太多的作用。需要积极探索政府与非政府组织之间合作的常态化机制的建立,加强政府与非政府组织的沟通,同时非政府组织也要加强自身的民主化建设,增强组织凝聚力,赢得政府的信任。

结语
对我国城市社区选举改革的展望

社区居委会直选是我国民主政治建设的内容,具有基础性和外围性等特征,它的推行带来我国城市社区管理体制的深刻变化,彰显了社区居民的民主权利,产生了积极的政治效应,并为城市的繁荣和稳定做出独特贡献,[①]因此社区居委会直选改革具有重要的意义和价值。

一、城市社区选举改革的总目标

1998 年我国城市社区直接选举改革正式拉开帷幕,至今已有 20 余年,期间历经了四个发展阶段,自 2006 年以来城市社区直接选举改革开始进入稳步推进阶段,整体进程放缓。在对城市社区直选主要模式的分析中得出,我国城市社区选举创新性改革取得了一定成功,产生了很强的政治和社会效应,许多居民参与了社区居委会的选举,但也存在着一些问题与困难,社区内部的动力仍不足,自上而下的推动没有得到自下而上的积极回应,改革效果不甚理想。但社区自治是我国社区建设坚持的最终方向,实现直接选

---

① 李猛,王冠杰等. 新中国选举制度发展历程. 北京:世界知识出版社,2013:353.

举是居委会选举的必然趋势。[①] 它有利于夯实中国共产党的社会基础,明确政府权威的基层来源,关系着全面建成小康社会目标的实现,具有重要的政治功能。社区选举改革需要得到宏观政治体制的支持。随着中国政治体制改革的深入,随着公共领域的形成,社区直选改革推进的制约因素会逐渐减少。社区居委会是法定的基层群众自治性组织,社区居委会直接选举对于推进城市基层民主和社区自治具有相当重大的意义,应当在社区继续推进下去。因此,社区选举改革的最终方向和目标是城市社区直选自然地纳入中国基层民主发展的进程与计划,并成为未来城市社区制度化的民主措施,内化到社区日常管理,并成为居民的一种行为方式和生活习惯。

二、城市社区选举改革的阶段性目标

在推进社区选举改革的路径上,选择渐进式的发展策略比较合适,并且要清醒这一改革道路的长期性。我国城市社区选举改革的阶段性目标包括:

第一阶段:城市社区直选规程的规范化建设。社区选举程序的规范化建设不仅是社区选举和社区民主发展的基本条件,而且决定了社区选举的实效性和社区民主的可持续发展。在城市社区直选模式的比较分析中得出,广西模式、北京九道湾模式、宁波模式、深圳盐田模式共同特征之一是指导思想上的一致,依法规范,积极创新。他们规范选举程序,注重选举培训和指导,试点先行,并统一进行。这些城市社区选举规范化建设走在其他城市的前面,起到了很好的示范引领作用,是我国城市社区选举发展中取得

① 于建伟,黄观鸿等.中国基层群众自治制度.北京:中国民主法制出版社,2017:93.

的成绩。有学者认为,建立规范化的城市社区选举规程是我国城市社区选举改革实践政治效应最重要的表现。[①] 不过,正如调研报告中所指出,城市社区直选模式运行中还存在着一些规范化问题,需要进一步改进与完善。总之,这一阶段的任务基本完成。

第二阶段:城市社区直选推进策略的合理化。城市社区居委会直接选举改革仍是政府的政策推动,具有较强的动员式选举特征,[②]自上而下的推动没有得到自下而上的积极回应,社区居委会选举创新和改革进程明显放缓。尽管北京、上海等省市就发展社区居民直接选举提出具体比例要求,且要求每届直接选举的比例呈递增趋势。例如,2012 年北京市第七届社区居委会选举中市民政局提出的 20%的直选目标,2015 年是 40%的直选目标。但课题组调研发现,这些直选指标的完成主要是将户代表选举方式也笼统归入直选目标,访谈中一位北京社区居委会成员明确表示,这个指标是必须完成的"任务"。在全国其他城市的情况亦然。社区选举自上而下的计划、部署、组织和动员,拟定指标(如参选率、社区居委会成员的构成要求等),使选举成为各级组织和群众必须完成的任务。社区直选中较高的参选率,主要不是选民自觉行动的结果。基于此,需要对现有的城市社区居民委员会选举改革策略进行调整。在缺乏居民的自主意识与自主行为、社区直选内在动力不足的情况下,强行地(如以指标的形式)推行从间接选举向直接选举方式的过渡,希望尽快地在社区居委会选举中普及直接选举的设想,不仅不可行,也不符合民主本身的发展规律。在社区居民的直选要求不强烈的状态下,不宜将选举方式规定得过于严苛化,

---

① 唐娟.转型中国的基层选举民主发展研究.上海:上海人民出版社,2018:256.
② 史卫民,郭巍青等.中国社区居民委员会选举研究.北京:中国社会科学出版社,2009:370.

不能拔苗助长,不应有代民做主的强制性行为。[1] 今后应实现城市社区推进策略的合理化,具体而言:继续保持直接选举与间接选举并存的选举方式,即继续采用居民(居民小组)代表选举、户代表选举和选民直接选举三种方式;已经采用居委会直接选举的社区应着力于发挥其民主功能,改善社区选举培育基层民主力量的效果,提高城市社区直选制度绩效。以民主稳妥的方式推进社区居民委员会选举方式由间接选举向直接选举的过渡,如可将选举方式的选择权交给社区。社区居委会的选举方式不是上级组织的硬性规定而是社区居民的选择,基于基层民主的理性选择应成为未来社区居民委员会选举改革推进策略合理化的重要要求。这一阶段的任务正是当下城市社区建设要担当和完成的任务。

第三阶段:城市社区居民参与积极性的提高。

城市社区居民参与积极性是社区直选改革的强大的内源性动力。居民关心社区事务,他们认识到参与社区选举是公民对社会的一种责任,社区直接选举不再是政府单方面的推动,还来自于社会推动民主生长的力量,来自于社区居民对民主的诉求。正是这两方面的合力,构成了推动城市基层民主生长的实际动力。[2] 通过建立社区民主决策机制和民主监督机制,提高居民自治参与的效能感,塑造社区文化,培养社区居民的共同意识。[3] 重视社区功能的开发,发展社区服务,社区居委会行动策略的选择代表居民的切身利益,赢得居民的支持和合作等提高城市社区与居民之间的利

---

① 史卫民,郭巍青等.中国社区居民委员会选举研究.北京:中国社会科学出版社,2009:371.

② 林尚立.民主的成长:从个体自主到社会公平.上海:上海人民出版社,2006:365.

③ 解红晖,金忠.社会主义核心价值观引领城市社区建设的路径探微.湖南社会科学,2016,(3):34-37.

益关联度。通过建立和完善有广泛的社区组织作为支撑的公共领域,提升社区居民的自治能力。社区自治水平高,并携手法治与德治,共同构建基层社会的善治体系。① 总之,社区直选成为我国城市社区民主的主要内容,成为城市居民的"行为准则",②并最终成为城市居民的生活方式和行为习惯,实现整个社会生活的民主化。③

---

① 人民日报评论员.让"枫桥经验"在新时代发扬光大.人民日报,2018 - 11 - 13(01).
② 吴雨欣.选举民主的有效性与有限性.北京:中国社会科学出版社,2018:96.
③ 漆畹生.民主是个有条件的好东西.上海:上海社会科学院出版社,2017:451.

附　录

附一：课题调研过程与方法

　　课题组于 2013 年 7 月至 2017 年 12 月,先后来到广西、北京、深圳、南京等省区市进行了社区直选调研,主要调查社区居民对社区直选的认知、参与愿望、参与方式及其影响因素等,共设计了 20 个题目。采用随机整群抽样的方法发放问卷 1000 份,回收问卷 933 份,无效问卷 67 份,有效回收率为 93.3%。使用 SPSS 20.0 统计软件对数据进行统计处理,问卷的结果主要采用百分比、平均数、均值和卡方检验等进行比较分析。在参加调查的居民中,男性 444 名,占总人数的 47.6%,女性 489 名,占总人数的 52.4%,性别比例较为均衡。(见表 1)参加调查的居民年龄以 41—60 岁、60 岁以上两组稍多,共占总人数 62.4%。(见表 2);文化程度以高中(中专)与大专为主,两组共占 65.5%。(见表 3)

　　调查样本的构成情况见表 1。

表1 调查样本性别构成情况 N＝933

	男性	女性	合计
北京	83 8.9％	94 10.1％	177 19.0％
广西	113 12.1％	141 15.1％	254 27.2％
深圳	117 14.0％	112 12.0％	243 26.0％
合计	444 47.6％	489 52.4％	933 100％

表2 调查样本年龄构成情况 N＝933

	25岁以下	26—40	41—60	60以上	合计
北京	18 1.9％	30 3.2％	66 7.1％	63 6.8％	177 19.0％
广西	26 2.8％	42 4.5％	99 10.6％	87 9.3％	254 27.2％
宁波	40 4.3％	70 7.5％	73 7.8％	76 8.1％	259 27.8％
深圳	56 6.0％	69 7.4％	72 7.7.0％	46 4.9％	243 26.0％
合计	140 15.0％	211 22.6％	310 33.2％	272 29.2％	933 100％

表3 调查样本学历构成情况 N＝933

	高中以下	高中	大专	本科	硕士及以上	合计
北京	36 3.9％	96 10.3％	33 3.5％	11 1.2％	1 0.1％	177 19％
广西	66 7.1％	103 11.0％	53 5.7％	28 3.0％	4 0.4％	254 27.2％

	高中以下	高中	大专	本科	硕士及以上	合计
宁波	21 2.3%	78 8.4%	95 10.2%	52 5.6%	13 1.4%	259 27.8%
深圳	21 2.3%	65 7.1%	87 9.3%	56 6.0%	13 1.4%	243 26.0%
合计	144 15.4%	343 36.8%	310 28.7%	272 15.8%	31 3.3%	933 100%

此外,我们还在问卷发放过程中给出一些开放性问题中,如你认为社区居委会直选工作有哪些需改进之处,并进行了如实的记录,获得城市社区直选的第一手资料,并进行资料的整理和统计处理。

课题组通过目的性抽样方法分别采访了民政局领导、街道党工委负责人、社区居委会主任或党委书记、专职社区四类群体的近50位,为研究的深入和视野的开阔提供了保证。

附二：城市社区直选状况调查问卷表

亲爱的居民:

您好! 为更好地了解城市社区居委会选举改革情况,我们对北京、广西、浙江、上海等省区市的城市社区展开此项调查。本次调查仅限于本课题的研究,不会泄露个人隐私。衷心感谢您的参与。为保证数据结果的准确性,请如实填写您的资料情况,再谢谢您的合作!

（市)区：_____　　社区：_____

性别:男(　　)　女(　　)

年龄:25 岁以下(　　)　26—40 岁(　　)　41—60 岁(　　)

60 岁以上(　　)

受教育程度:高中以下(　　);高中或中专(　　);大专

(　　);本科(　　);硕士及以上(　　)

1. 请问您知道本社区的居委会是直接选举产生的吗?(　　)

A. 知道　　　B. 知道一些　　C. 不知道

2. 请问您愿意参加居委会选举吗?(　　)

A. 非常愿意　B. 愿意　　　C. 一般

D. 不愿意　　E. 非常不愿意

3. 您去选民登记点登记了吗?(　　)

A. 去选民登记点登记　　　　B. 没有去选民登记点

4. 您是社区居民代表吗?(　　)

A. 是的　　　　　　　　　　B. 不是

5. 您是否参与过社区居民代表的推选工作吗?(　　)

A. 参与过　　　　　　　　　B. 没有参与

6. 你认为居委会选举中候选人的名单应由(　　)推选?

A. 政府　　　B. 选举委员会　C. 选民　　　D. 其他

7. 您是否参加候选人提名?是怎样参与的?(　　)

A. 没有参与投票

B. 到投票站投票

C. 委托他人投票

D. 参与了,与其他人联合提名候选人

8. 你对所有正式候选人的了解程度:(　　)

A. 对所有候选人都了解　　　B. 对大多数候选人了解

C. 对个别的候选人了解　　　D. 对所有候选人不了解

9. 您是否参加了本社区的候选人竞选活动？（　　　）

    A. 参加　　　　　　　　　B. 没有参加

10. 你认为居委会选举中必须要有候选人的"竞选活动"吗？
（　　　）

    A. 非常赞同　　B. 赞同　　　　C. 一般

    D. 不赞同　　　E. 非常不赞同

11. 您是否参加本社区居委会选举的正式投票，是怎样参与
的？（　　　）

    A. 没有参与投票　　　　　B. 到投票站投票

    C. 委托他人投票　　　　　D. 使用流动票箱

12. 您是在秘密划票间划票了吗？（　　　）

    A. 是　　　　　　　　　　B. 不是

13. 社区居委会直选时使用的投票箱是（　　　）的。

    A. 透明　　　　B. 半透明　　　C. 不透明

14. 您对当选的居委会成员是否满意？（　　　）

    A. 对所有成员都满意　　　B. 对大多数成员满意

    C. 对多数成员不满意　　　D. 对所有成员不满意

15. 这次选举与上次选举相比较，有哪些变化？

    A. 参与选举的选民更多　　B. 选举的信息更公开

    C. 选举的程序更科学　　　D. 选举的结果更体现民意

    E. 没什么变化　　　　　　F. 说不清楚

16. 您个人认为选民参加投票，是因为（　　　）。请选出最重要
的两至三项

    A. 居民的基本权利　　　　B. 选出满意的当家人

    C. 受他人的动员　　　　　D. 本人是候选人

    E. 亲友是候选人　　　　　F. 别人投我也投

17. 您个人认为社区居委会的首要职能是(　　)

A. 服务功能　　B. 管理功能　　C. 自治职能

18. 您认为居委会是(　　)组织

A. 居民自治性组织　　　　　　B. 半自治半行政组织

C. 行政性组织

19. 你参与过社区内各种事务或活动吗?

A. 经常参加　　B. 偶尔参加　　C. 没参加过

20. 您就居民区公共事务向居委会或有关部门提出过建议吗?

A. 没有　　　　　　　　　　B. 有

您认为本社区委员会直选工作有哪些需改进之处?

附三: 社区居民委员会直接选举规程

社区居民委员会直接选举规程①

第一章　总则

第二章　社区选举委员会

第三章　社区居民代表和社区居民小组

第四章　选民登记

第五章　候选人资格和提名

第六章　竞争选举

第七章　投票

第八章　报告备案和颁发证书

---

① 参见詹成付主编. 社区居委会选举工作进展报告. 北京:北京社会出版社,2006:33 - 43.该规程由民政部基层政权和社区建设司制订。

第一章　总则

第一条　本选举规程根据《中华人民共和国宪法》和《中华人民共和国城市居民委员会组织法》制定。

第二条　选举要体现民主、公开、公平、公正的精神,必须遵循以下原则:

(一)普遍选举权原则。年满 18 周岁、未被依法剥夺政治权利的居民,不分民族、种族、性别、职业、家庭出身、宗教信仰、教育程度、财产状况,均享有选举权和被选举权。

(二)平等选举权原则。选民在平等的基础上参加选举,所有选民的有效投票的效力完全相等。

(三)直接提名原则。候选人由居民公开提名。如果提名候选人名额多于所需正式候选人的名额,应以公开的方式进行预选。

(四)直接选举社区居民委员会主任、副主任和委员均由全体选民以 1 人 1 票的方式直接选举产生。

(五)差额选举社区居民委员会选举候选人的名额应当多于应选人名额。主任、副主任和委员职务的候选人名额都应当多于各职务应选人名额。

(六)竞争选举候选人为了争取居民信任可以采取自我宣传、自我表现、主动承诺和相互竞争的活动。竞选方式允许多样化,但必须在宪法和相关法律允许的范围内开展。

(七)秘密写票投票选举时,必须设立秘密写票处。所有选民必须在秘密写票处填写选票。

（八）公开计票原则。公开唱票计票并公布选举结果。

第三条　社区居民委员会、居民代表、居民小组长、副组长任期相同，均为三年，允许连任。

第四条　社区居民委员会选举经费由各地区根据实际情况决定。

第二章　社区选举委员会

第五条　社区居民会议通过本社区居民委员会换届选举办法。一经通过即生效。

社区居民委员会成员一般由主任、副主任和委员共 5 至 9 人组成，其中主任 1 人，副主任 1 至 3 人，委员 1—5 人。其职数由区级人民政府、街道办事处根据实际情况确定，一般按每 300 户左右配 1 人为宜。有少数民族聚居的地方，社区居民委员会中应当有少数民族的代表。

第六条　社区居民委员会的选举由社区选举委员会主持。社区选举委员会由 7—11 人组成，设主任、副主任和委员。社区选举委员会应在选举日前 45 日前成立。

第七条　社区选举委员会通过居民小组会议民主选举产生。社区选举委员会主任、副主任由社区选举委员会成员推选。

第八条　社区选举委员会成立后，社区居民委员会应发布公告。

第九条　按照回避原则，社区选举委员会成员如遇以下情形之一，应当立即辞职。

本人被提名为社区居民委员会正式候选人并决定参加选举的；

本人的直系亲属被提名为正式候选人并决定参加选举的。

由此造成的空缺名额,应按选举时得票多少的顺序递补或再选举一次,并保持社区选举委员会单数构成。

第十条　社区选举委员会是非常设性机构,自成立之日起履行职责,至新一届社区居民委员会召开第 1 次会议时终止。社区选举委员会主要履行下列职责:

(一)执行国家法律、法规,代表选民利益;

(二)制定本社区居民委员会换届选举工作计划和实施方案;

(三)宣传发动居民积极参选,正确行使民主权利,回答选民提出的有关问题;

(四)召开选举工作会议,部署选举工作培训本社区选举工作人员;

(五)确定、公布选举日和投票方式、投票具体地点和时间;

(六)进行选民登记并造册、审查选民资格、公布选民名单、颁发选民证、受理社区居民提出的有关选民登记工作中的问题;

(七)组织社区居民委员会成员候选人的提名确定工作,公布正式候选人名单;

(八)宣传介绍正式候选人,召开和主持演讲会议;

(九)做好印制选票、办理委托选票、设立秘密选票处等投票选举前的有关准备工作;

(十)主持选举会议或投票站的投票选举,公布、上报选举结果和当选名单;

(十一)处理选举过程中出现的问题受理有关社区居民委员会选举的申诉、检举、或者控告;

(十二)总结选举工作,整理选举工作档案并移交新一届社区居民委员会;

(十三)办理选举工作中的其他事项。

第三章　选民登记

第十一条　选民应在居住地社区选举委员会进行登记。选民登记在选举日40日进行。社区选举委员会在选民登记开始前5日在社区内公布登记的时间和地点,居民在社区选举委员会指定的时间内登记参加选举。

第十二条　年满18周岁,除依法被剥夺政治权利以外的居民,均有选举权和被选举权。选民年龄以选举日为准,选民生日以身份证记载为准;新满18周岁未办理身份证的,以户口簿为准。

第十三条　符合以下情形之一的居民可以在居住地社区居民委员会登记,但不得在两个或两个以上社区选举委员会登记:

(一)户口新迁入本社区的居民;户口已迁出的原本社区选民,仍居住在本社区并履行社区居民义务的,本人要求登记的,经社区选举委员会确认,予以登记;

(二)户口未迁入本社区,但自本次选举前已经在本社区连续居住一年以上的居民,予以登记。居住时间以租房契约、买房契约、暂住证为准。居民需持以上证明或证件登记选举;

(三)上届选民登记时,因精神疾病无法行使选举权和被选举权或者无法表达真实意愿的人员,现已治愈康复,经区级以上医疗机构证明,社区选举委员会确认,予以登记。

第十四条　具有下列任何一项情形的居民不可以登记参加选举:

(一)户口迁出并不再居住在本社区的居民;

(二)依法被剥夺政治权利的社区居民。

第十五条　进行登记的选民的名单应在选举日前30日在社区居民委员会所在地按社区居民小组顺序连续张榜公布7天,并在每个社区居民小组张榜公布该组选名单。社区居民如对选民名单持有异议,可以在选民名单公布后的 7 日内,向社区选举委员会提出。社区选举委员会应当在 2 日之内,依法做出答复或者补正并公布修正名单。。社区选举委员会在选民名单公布后,应向选民颁发选民证。

第四章　社区居民代表和社区居民小组

第十六条　本届社区居民小组会议在选举社区选举委员会的同时,选举新一届社区居民代表和社区居民小组长。居民小组会议由本届社区居民小组长召集和主持,本组 18 周岁以上的社区居民参加,按照简单多数的原则,采用无记名投票的方法进行选举,并以社区选举委员会的名义分别发布公告。

第五章　候选人资格和提名

第十七条　候选人应是能够认真贯彻落实国家的法律法规和政策,热心公益事业,有奉献精神,能带领社区居民遵纪守法、有效实现居民自治的本社区居民,并经社区选举委员会确认。

第十八条　社区居民委员会实行直接差额选举。主任、副主任及委员候选人的人数应当为应选名额的 1.5 到 2 倍。

第十九条　提名依据居民直接提名的原则,可采用三种方式,即海选、联名和自荐。

第二十条　采用海选提名方式,各居民小组应在选举日前 20 天设立提名投票站,选民以 1 人 1 票的方式提名候选人,并依据简单多数的原则确定正式候选人。　社区选举委员会应在提名当日公布正式候选人名单,并上报街道社区居民选举指导委员会备案。选民或被提名人如对候选人名单有异议可在随后 7 日内提出,社区选举委员会必须在 2 日内做出解释，发现错误及时纠正并公布修正名单。

第二十一条　提名的具体事项应在选举日前 30 天与选民名单一起公布。

提名预选确定候选人之后，社区选举委员会应在提名当日按照姓名笔画顺序张榜公布正式候选人名单，告知全体社区居民，并上报街道（镇）社区居民选举指导委员会备案。

第二十二条　采用联名提名方式，社区选举委员会应在选民登记时向选民发放"候选人提名表"。提名时间为 7 日左右。提名的具体事项应在"候选人提名表"上公布。

第二十三条　社区选举委员会应当按照社区居民委员会的职位，根据差额原则，对选民所填写的"候选人提名表"进行汇总，获得 10 人以上提名的选民成为初步候选人。如果获得 10 人以上提名的选民数没有达到差额数的要求，则由获得提名数最多的其他选民顺次替补。如果没有选民获得 10 人以上提名，则根据提名票多少和差额原则确定初步候选人，如果被提名人数没有超过规定差额数，则被提名人自动成为正式候选人。社区选举委员会于正式选举日前 20 日按候选人的姓名笔画顺序排列公布初步候选人名单，不得有遗漏。

第二十四条　选民或被提名人可在随后 7 日内对初步候选人名单提出异议，社区选举委员会必须在 2 日内做出解释，发现错误及时纠正并公布修正名单。

第二十五条　获得 10 人以上提名的初步候选人数超过规定的差额数时，应当召开社区居民会议并设立投票站，以无记名投票方式进行预选，采用简单多数的原则确定正式候选人名单。预选应在正式选举日前 10 日举行。预选选票应按初步候选人姓名笔画顺序排列候选人。

第二十六条 社区选举委员会根据计票结果,按照社区居民委员会应设的职位、职数的要求和差额的原则,根据简单多数的原则,确定正式候选人。正式候选人名单应在预选当日公布。公布时各职位候选人按姓名笔划为序排列。

第二十七条 采用选民自荐提名方式,社区选举委员会应在选民登记时向选民发放"候选人自荐提名表"。自荐提名的选民必须填写该表,并获得10名以上选民的签名支持。自荐提名时间为7日左右。

第二十八条 社区选举委员会应当按照社区居民委员会的职位,根据差额原则,对选民所填写的"候选人自荐提名表"进行汇总,获得10名以上选民签名支持的自荐人成为正式候选人。如果获得10名以上签名支持的自荐人数没有达到差额数的要求,则由获得签名数最多的其他自荐人顺次替补。如果没有自荐人获得10名以上选民签名支持,则根据签名多少和差额原则确定正式候选人,如果自荐人数没有超过规定差额数,则所有自荐人自动成为正式候选人。社区选举委员会于正式选举日前20日按候选人的姓名笔画顺序排列公布正式候选人名单,不得有遗漏。选民可在随后7日内对候选人名单提出异议,社区选举委员会必须在2日内做出解释,发现错误及时纠正并公布修正名单。

第六章 竞争选举

第二十九条 在正式选举前7日内允许候选人开展竞争选举活动。竞争选举活动采用组织介绍和自我介绍两种方式。

第三十条 组织介绍,即社区选举委员会向选民介绍正式候选人的情况,包括简历、文化程度、家庭成员、经济状况、工作能力和本人特长、优点、当选打算及承诺为居民办哪些实事、好事,等等。可利用广播、黑板报等形式向选民介绍候选人的情况;也可以把候选人的情况印成书面材料向选民散发或在公共活动场所张贴。组织介绍应实事求是、客观公正、不偏不倚。

第三十一条　自我介绍,即候选人可以在社区选举委员会指定的时间、指定的地点发放宣传材料,解答选民问题,开展公开竞争选举活动。社区选举委员会成员应在竞选现场监督。

第七章　投票

第三十二条　选举时可以设立投票会场或投票站。

第三十三条　投票站的开放时间应保证选民投票不受上下班影响,但不能少于 12 小时。

第三十四条　每个投票站至少应由 3 位选举工作人员负责,候选人及其直系亲属不得担任投票站的任何工作。

第三十五条　对在选举日生病、外出或因残疾等特殊原因无法到投票现场投票的选民,可以委托他信任的人代写。每一选民接受委托票不得超过 2 人。

第三十六条　委托和受委托选民应在选举日 1 日前到社区选举委员会办理委托投票手续,并领取选民委托投票证。

第三十七条　社区选举委员会提前 7 日公布投票选举的具体时间、地点。

第三十八条　参加投票的选民(以投票结束后实际投票数为准),超过登记参加本次选举的全体选民半数以上,选举有效。

第三十九条　选票一般由区级民政局设计样式,下发各街道和社区。有条件的社区可参照样式自行印制,不具备条件的社区可由街道印制。印制后的选票必须加盖公章并签封,待选举日在选举会议或投票站由选举工作人员当众启封使用。

第四十条 设立验证发票处。每次投票选举,收回的选票数等于或少于发出的选票数,本次选举有效。

第四十一条 社区选举委员会确定每个投票站发票人员、登记人员各1人,监票人员2人。候选人可在每个投票站指定观察员1人,观察投票过程。

第四十二条 选民必须在秘密划票间填写选票。文盲或者因其他原因不能填写选票的,可以委托代写员或除候选人以外的选民在指定代写处代写,代写人不得违背选民的意愿。代写处的设置应和一般划票间相同。

第四十三条 选民填写选票时,对候选人可以投赞成票,可以另选他人,也可以弃权。填写选票后,须折叠选票后再投入票箱。

第四十四条 投票结束后,票箱应该当众封存,并由监票员密封签字盖章,之后由选举工作人员至少3人共同护送到中心投票站,允许选举观察员和选民陪送。但选民和选举观察员不得干涉护送过程。

第四十五条 当票箱到达中心投票站后,由计票人员当众检查封条及票箱是否完好。之后当众开启票箱,清点各票箱票数,在确认收回票数等于或少于发出票数后,把所有票箱选票混合后,方得计票。

第四十六条 每位候选人可指定与计票小组数相等的计票观察员,观察计票。

第四十七条 每组计票人员包括唱票员1人、记票员1人和监票员1人,计算票数。计票结束后,将计票结果报告给社区选举委员会。

第四十八条 社区选举委员会汇总并当场公布选举结果。结果公布之后,应当众密封选票。

第四十九条 选票无法确认的,经社区选举委员会确定,作废票处理。废票不计入选票总数。

第五十条 选票上所投的每项职务候选人数多于应选人数的无效,等于或者少于应选人数的有效。选票书写模糊、无法辨认的部分无效,可以辨认的部分应按有效票计票。如果对无法辨认的选票有争议,由社区选举委员会最终裁定。

第五十一条 社区居民委员会主任、副主任和委员 3 种职位应分别计票,不得相加。候选人获得实际投票数半数以上的选票,始得当选。获得半数以上选票候选人人数多于应选名额时,以得票多的当选;如果票数相同,不能确定当选人时,应当就票数相同的候选人再次投票,以得票多者当选。

第五十二条 在不采用委托投票方式的社区,全体登记选民的过半数参加投票,选举有效,以简单多数的原则确定当选者。

第八章 报告备案和颁发证书

第五十三条 社区选举委员会确认选举有效后,应当场公布选举结果,并于选举后 3 天内报街道社区居民委员会选举工作指导委员会备案,同时在社区予以公告。

第五十四条 街道社区居民委员会选举工作指导委员会应当向区级社区居民委员会选举工作指导委员会报告备案。

第五十五条 新当选的社区居民委员会主任、副主任和委员,由区级民政部门颁发由省、市、自治区民政部门统一印制的当选证。

第九章　另行选举和重新选举

第五十六条　如果一次选举中没有候选人当选主任,应由副主任主持社区居民委员会工作。如果一次选举中没有候选人当选为主任和副主任,应由当选委员中得票最高者主持社区居民委员会工作,并在 3 个月内以简单多数的原则重新选举主任、副主任。

第五十七条　另行选举可以不进行选民补充登记,选举的程序也与第一次选举程序相同。另行选举时,根据第一次选举得票多少的顺序,按照第一次选举规定的差额数,确定候选人名单。

第五十八条　由于选举工作机构或个人的行为,致使选举未按法律、法规规定的程序和办法进行,妨害了居民行使选举权、被选举权,破坏了社区居民委员会选举,造成整个选举无效,经选民举报,在选举期间由区级选举领导小组裁决;区级选举领导小组解散之后,由区级民政局裁定。对裁定不服,可向上级机关提起行政复议。

第五十九条　重新选举要由有权认定的法定机关认定后,才能进行。其他组织和个人无权认定重新选举。

第十章　辞职、罢免、补选

第六十条　社区居民委员会成员提出辞职应当提交书面报告。

第六十一条　社区居民委员会成员提出辞职后,社区居民委员会应进行辞职审计,经由社区居民代表会议通过后,发布公告,告知居民辞职生效。

第六十二条　本社区五分之一以上居民联名,可以要求罢免社区居民委员会成员,罢免要求应书面提出,并申明罢免理由。

第六十三条　被要求罢免的社区居民委员会成员有权提出申辩意见。社区居民委员会应当在接到罢免要求之日起 30 日内召开居民会议,进行无记名投票表决。

社区居民委员会任期届满半年前,为补充社区居民委员会成员因辞职或被罢免等出现缺额时应进行补充选举。补选的社区居民委员会成员任期到本届社区居民委员会届满为止。补选的程序基本上与社区居民委员会选举程序相同。对同一成员在 1 年之内不得提出超过两次罢免要求,两次提出罢免的间隔不通海于 5 个月。

参考文献

［1］《马克思恩格斯选集》第(1—4卷)［M］.北京：中央编译出版社,1995.

［2］《邓小平文选》第3卷［M］.北京：人民出版社,1994.

［3］习近平.习近平谈治国理政［M］.北京：外文出版社,2012.

［4］习近平.决胜全面建成小康社会夺取新时代中国特色社会主义伟大胜利——在中国共产党第十九次全国代表大会上的报告［M］.北京：人民出版社,2017.

［5］［法］让·马克·科雷格,［法］克洛德·埃梅里.选举制度［M］.张新木译.北京：商务印书馆,1996.

［6］［德］斐迪南·藤尼斯.共同体与社会［M］.林荣远译.北京：北京大学出版社,2010.

［7］［美］道格拉斯·C.诺斯.制度、制度变迁与经济绩效［M］.杭行译.上海：上海人民出版社,1994.

［8］［日］青木昌彦.比较制度分析［M］.周黎安译.上海：上海远东出版社,2001.

［9］［美］罗伯特·帕特南.使民主运转起来［M］.王列等译.南昌：江西人民出版社,2001.

［10］［法］托克维尔.论美国的民主(上卷)［M］.董果良译.北京：商务印书馆,1996.

［11］白钢主编.直接选举：制度与过程［M］.北京：中国社会科学出版社,1999.

［12］蔡定剑.中国选举状况报告［M］.北京：法律出版社,2002.

［13］陈庆立编著.中国选举制度［M］.北京：中国民主法制出版社,2017.

［14］黄卫平,汪永成等编. 当代中国政治研究报告［M］. 北京:社会科学文献
出版社,2017.

［15］何晓玲. 社区建设模式与个案［M］. 北京:中国社会出版社,2004.

［16］候伊莎. 透视盐田模式［M］. 重庆:重庆出版社,2006.

［17］李凡. 中国城市社区直接选举改革［M］. 西安:西北大学出版社,2003.

［18］李凡. 中国选举制度改革［M］. 上海:上海交通大学出版社,2005.

［19］李凡. 中国基层民主发展报告(2006—2007)［M］. 北京:知识出版
社,2008.

［20］李凡. 中国基层民主发展报告(2000—2001)［M］. 北京:东方出版
社,2002.

［21］梁莹. 社会资本与公民文化的成长［M］. 北京:中国社会科学出版
社,2011.

［22］李猛,王冠杰等. 新中国选举制度发展历程［M］. 北京:世界知识出版
社,2013.

［23］林尚立. 社区民主与治理:案例研究［M］. 北京:社会科学文献出版
社,2003.

［24］史卫民,雷兢璇. 直接选举:制度与过程［M］. 北京:中国社会科学出版
社,1999.

［25］史卫民,郭巍青等. 中国社区居民委员会选举研究［M］. 北京:中国社会
科学出版社,2009.

［26］史卫民,潘小娟. 中国基层民主政治建设发展报告［M］. 北京:中国社会
科学出版社,2008.

［27］唐奕编. 治理之基:中国基层治理队伍建设纵横谈［M］. 西安:西北大学
出版社,2016.

［28］唐忠新. 现代城市社区建设概论［M］. 上海:上海交通大学出版社,2008.

［29］王浦劬主编. 选举的理论与制度［M］. 北京:高等教育出版社,2006.

［30］王玉明. 选举论［M］. 北京:中国政治大学出版社,1992.

［31］徐勇等. 基层民主发展的途径与机制［M］. 北京:北京师范大学出版
社,2015.

［32］夏建中. 中国城市社区治理结构研究［M］. 北京:中国人民大学出版
社,2012.

［33］谢芳. 美国社区［M］. 北京:中国社会出版社,2008.

［34］谢庆奎,商红日. 基层民主与社区治理［M］. 北京:北京大学出版
社,2011.

[35] 肖立辉. 中国基层民主创新研究[M]. 北京：人民出版社，2009.

[36] 袁方成，李爱燕等. 从村民自治到社区自治[M]. 北京：中国社会科学出版社，2014.

[37] 俞可平主编. 民主选举[M]. 北京：中央编辑出版社，2013.

[38] 闫健主编. 民主选举[M]. 北京：中央编辑出版社，2013.

[39] 于显洋主编. 社区概论[M]. 北京：中国人民大学出版社，2016.

[40] 袁达毅等. 中国选举制度建设中的若干问题研究[M]. 北京：中国社会科学出版社，2016.

[41] 杨云彪. 公民的选举[M]. 北京：中国大百科全书出版社，2009.

[42] 中国法制出版社. 选举规定[M]. 北京：中国法制出版社，2009.

[43] 张明亮. 社区建设政策与规章[M]. 北京：中国社会出版社，2004.

[44] 张涛，王向民等. 中国城市基层直接选举研究[M]. 重庆：重庆出版社，2008.

[45] 詹成付主编. 社区居委会选举工作进展报告[M]. 北京：中国社会出版社，2006.

[46] 赵秀玲主编. 中国基层治理发展报告（2016）[M]. 广州：广东人民出版社，2016.

[47] 郑永年. 民主，中国如何选择[M]. 杭州：浙江人民出版社，2015.

[48] 中共广西壮族自治区委员会组织部，广西壮族自治区民政厅. 阳光选举和谐换届[M]. 南宁：广西大学出版社，2011.

[49] 张勤. 中国公民社会组织发展研究[M]. 北京：人民出版社，2008.

[50] 翟桂萍. 公共空间的历史建构——社区发展的政治学分析[M]. 北京：军事科学出版社，2009

[51] 张丹丹. 变迁与抗拒：城市社区自治的空间及路径[M]. 上海：上海社会科学出版社，2015.

[52] 赵心树. 选举的困境[M]. 成都：四川人民出版社，2013.

[53] 黎熙元，童晓频等. 社区建设——理念、实践与模式比较[M]. 北京：商务印书馆，2006.

[54] 何俊志. 选举政治学[M]. 上海：复旦大学出版社，2009.

[55] 刘春荣. 社区治理与中国政治的边际革新[M]. 上海：上海人民出版社，2018.

[56] 虞崇胜. 中国式民主的神与形[M]. 武汉：湖北人民出版社，2011.

[57] 史卫民，郭巍青等. 中国选举进展报告[M]. 北京：中国社会科学出版社，2009.

[58] 广东省民政厅. 广东省村(居)委会换届选举规程指引[M]. 广州:中山大学出版社,2017.

[59] 何增科,托马斯·海贝勒,根特·舒伯特主编. 城乡公民参与和政治合法性[M]. 北京:中央编译出版社,2007.

[60] 许义平,何晓玲. 现代社区制度实证研究[M]. 北京:中国社会出版社,2008.

[61] 徐勇主编. 中国城市居民自治有效实现形式研究[M]. 北京:中国社会科学出版社,2015.

[62] 房宁主编. 中国政治参与报告(2016)[M]. 北京:社会科学文献出版社,2016.

[63] 杨绪盟. 民主发展:规则及政党的角色[M]. 北京:人民出版社,2016.

[64] 邱梦华. 城市基层社会组织发展研究[M]. 上海:上海交通大学出版社,2018.

[65] 于建伟,黄观鸿等. 中国基层群众自治制度[M]. 北京:中国民主法制出版社,2017.

[66] 刘杰主编. 中国政治发展进程 2018[M]. 北京:时事出版社,2018.

[67] 蔡建国. 实行选聘分离构建新型社区管理体制[J]. 红旗文稿,2005(3).

[68] 陈伟东. 选聘分离:社会治理转型与管理体制创新[J]. 当代世界与社会主义,2008(3).

[69] 陈伟东,胡宗山. 直接选举:社区民主建设的新进展[J]. 中国民政,2001(10).

[70] 陈伟东. 社区自组织与直选成本[J]. 当代世界社会主义问题,2005(2).

[71] 陈文新. 中国城市社区居委会直接选举:发展历程与现实困境[J]. 学习与实践,2009(3).

[72] 邓敏杰. 社区直选成功靠的是什么[J]. 社区,2001(9).

[73] 邓敏杰. 令人关注的广西社区直选[N]. 中国社会报,2003-03-22.

[74] 邓敏杰. 广西社区直选无人喝彩的辉煌[J]. 社区,2003(12).

[75] 董月玲,吴强. 九道湾居委会直选之后[J]. 社区,2005(10).

[76] 傅剑锋. 从宁波直选看选聘分离[J]. 社区.2004(3).

[77] 林尚立. 基层民主:国家建构民主的中国实践[J]. 江苏行政学院学报,2010(4).

[78] 林尚立. 公民协商与中国基层民主发展[J]. 学术月刊,2009(5).

[79] 郭红岩. 试论中国非政府组织的兴起对民主政治进程的推动[J]. 理论月刊,2009(2).

[80] 郭圣莉.加入核心团队:社区选举的合意机制及其运作基础分析[J].公共行政评论,2010(1).

[81] 黄卫平.中国基层民主发展40年[J].社会科学研究,2018(6).

[82] 黄卫平.中国选举民主:从广度到深度[J].吉林大学社会科学学报,2008(3).

[83] 黄洪斌.社区自选应抓住哪些关键环节[J].社区,2002(2).

[84] 韩全永.建国初期城市居民组织的发展及启示之二政体初定,居委会终结保甲制历史[J].社区,2006(11).

[85] 李凡.社区选举的发展和问题[J].中国社会导刊,2002(7).

[86] 李骏.住房产权与政治参与:中国城市的基层社区民主[J].社会学研究,2009(5).

[87] 刘春荣.中国城市社区选举的想象:从功能阐释到过程分析[J].社会,2005(1).

[88] 林尚立.基层民主:国家建构民主的中国实践[J].江苏行政学院学报,2010(4).

[89] 厉云飞.选聘分离:我国城市社区治理的体制创新[J].宁波大学学报(人文版),2009(6).

[90] 娄成武,谷民崇.城市社区自治:我国政治民主化发展的必然路径[J].理论探讨,2014(3).

[91] 毛满长.社区治理结构与社区直选民主制度绩效[J].理论探讨,2008(5).

[92] 马卫红,李芝兰等.中国城市社区治理改革研究:以深圳"盐田模式"为例[J].中国治理评论,2013(2).

[93] 马步广,高青莲.选举观察制度:基层选举监督新形式的探索与实践[J].江淮论坛,2017(1).

[94] 欧阳觅剑.深圳社区居委会直选的城市化逻辑[J].南风窗,2006(8).

[95] 唐正芳.有谁在乎社区直选[J].社区,2004(8).

[96] 田雪梅.城市基层民主发展的组织载体困境[J].探索与争鸣,2008(10).

[97] 王义.中国城市社区居民政治参与的特点[J].攀登,2003(3).

[98] 王星.利益分化与业主参与——转型期中国城市基层社会管理的困境及其理论转向[J].社会学研究,2012(02).

[99] 吴猛.社区居委会直选中政府干预问题的政治生态学阐释[J].社会主义研究,2014,(2).

[100] 王杰秀,闫晓英.广西城市社区治理创新的成效与启示[J].中国民政.

2014(7).

[101] 解红晖. 我国城市社区直选实践模式研究[J]. 宁波大学学报(社科版)，2013(1).

[102] 解红晖. 城市社区直选制度绩效影响因子探究[J]. 宁波大学学报(社科版)，2014(5).

[103] 解红晖. 城市基层政府与社区自治组织的良性互动关系[J]. 社会科学家，2013(1).

[104] 熊易寒. 社区选举：在政治冷漠与高投票率之间[J]. 社会，2009(3).

[105] 王丽萍，方然. 参与还是不参与：中国公民政治参与的社会心理分析[J]. 政治学研究，2010(4).

[106] 汪仲启. 互动与聚合：当代中国基层民主发展的动力与边界[J]. 学术月刊，2019(3).

[107] 俞可平. 推进国家治理体系和治理能力的现代化[J]. 新视野，2014(1).

[108] 杨淑琴，王柳丽. 国家权力的介入与社区概念嬗变[J]. 学术界，2010(6).

[109] 云淑萍，王春艳. 作为城市社区治理新主体的业主委员会现状分析[J]. 前沿，2016(7).

[110] 杨贵华. 城市化进程中的"村改居"社区居委会建设[J]. 社会科学，2013(1).

[111] 于燕燕. 复合共治：社区治理最佳路径[J]. 人民论坛，2016(11).

[112] 余光辉，周青等. 城市社区管理实践探索[J]. 广西社会科学，2013(10).

[113] 张晓东. 准确把握基层民主治理现代化内涵推进国家治理体系和治理能力现代化[J]. 理论纵横，2016(10).

[114] 郑权. 中国社区基本情况调查报告[J]. 社区，2005(11).

[115] 张振，杨建等. 业主委员会培育与社区多中心治理模式建构[J]. 中州学刊，2015(9).

[116] 赵义. 政府为公众的民主权利买单值不值——对北京市九道湾社区直选的另一种注脚[J]. 社区，2002(11).

[117] 张民巍，邓敏杰. 广西选举为何能破坚冰和僵局[J]. 社区，2005(7).

[118] 朱胜进. 城市社区工作者队伍建设的现状调研[J]. 浙江社会科学，2011(10)

[119] Gui, Yang ets al. Cultivation of Grass-Roots Democracy：A Study of Direct Election of Residents Committees in Shanghai. *China Information*，2006(1).

［120］Paul S. Making Voice Work：The Report Card on Bangalore's Public Service. *Policy Researching Working Paper*，2016(2).

［121］Ian McAllister. Public support for Democracy：Results from the Comparative Study of Electoral Systems Project. *Electoral Studies*，2008(1).

［122］陆晶婧.社会转型背景下的邻里空间、制度能力与社区治理绩效——对昆山的实证研究［D］.上海：复旦大学，2013.

［123］孙平平.中国城市社区居民委员会直接选举的发展方向［D］.北京：中国社会科学院，2011.

［124］谷联磊.城市社区居委会直选机制问题研究［D］.武汉：华中师范大学，2008.

［125］陈建义.浙江制定全国首个省级层面的城市社区居民委员会选举规程［N］.社会科学报，2013－03－13(4).

［126］陈伟光.宁波：城市社区居委会全部直选［N］.人民日报，2008－01－15(10).

［127］胡锦涛.坚定不移沿着中国特色社会主义道路前进为全面建成小康社会而奋斗［N］.人民日报，2012－11－18(01).

［128］何伟.宁波海曙：59个居委会全部直选［N］.人民日报，2003－12－09(6).

［129］李惠子，岳瑞芳等.民政部官员：城市社区直选覆盖面2010年前将达50％［N］.人民日报，2008－08－04(2).

［130］刘芯邑.直击九道湾"直选"［J］.民生周刊，2012(22).

［131］潘跃.2006年基层民主质量新提升［N］.人民日报，2006－12－29(10).

［132］沈朝晖等.海曙全面完成社区党组织换届全部采用"公推差选"方式［N］.宁波日报，2013－05－27(6).

［133］新华社.中共中央、国务院关于加强和完善城乡社区治理的意见［N］.人民日报，2017－06－12(1).

［134］习近平.决胜全面建成小康社会夺取新时代中国特色社会主义伟大胜利［N］.人民日报，2017－10－28(01).

［135］习近平.在庆祝中国人民政治协商会议成立65周年大会上的讲话［N］.人民日报，2014－09－22(02).

［136］许义平.社区直选引发制度之变［N］.中国社会报，2005－05－01(T00).

［137］吴迪.北京市启动社区党组织和居委会换届选举［N］.北京日报，2015－04－03(A1).

[138] 新华社. 中国共产党第十八届中央委员会第三次全体会议公报［N］. 人民日报, 2013 - 11 - 12(01).

[139] 赵慧丽, 张岩等. 北京社区直选［N］. 人民日报(海外版), 2012 - 04 - 24 (4).

[140] 全国人民代表大会. 中华人民共和国城市居民委员会组织法［EB/OL］. (2019 - 01 - 07) http：//www. npc. gov. cn/npc/xinwen/2019-01/07/content_2070251. htm.

[141] 新华社. 中共中央办公厅印发《关于加强人民政协协商民主建设的实施意见》［EB/OL］. (2015 - 05 - 25) http：//www. gov. cn/zhengce/2015-06/25/content_2884439. htm.

[142] 霍小光. 习近平在湖北考察［EB/OL］. (2018 - 04 - 26) http：//www. xinhuanet. com/2018-04/26/c_1122749285. htm.

[143] 民政部. 社区治理篇——2014 年民政工作报告［EB/OL］. (2014 - 12 - 07) http：//mzzt. mca. gov. cn/article/qgmzgzsphy2015/gzbg/201412/20141200748865. shtml.

[144] 民政部. 社区治理篇——2015 年民政工作报告［EB/OL］. (2015 - 12 - 28) http：//mzzt. mca. gov. cn/article/elyl/gzbg/201512/20151200878853. shtml.

[145] 民政部. 顾朝曦副部长出席 2018 年全国基层政权建设和社区治理工作会议［EB/OL］. (2018 - 04 - 11) http：//www. mca. gov. cn/article/xw/mzyw/201804/20180400008421. shtml.

[146] 基层政权和社区建设司. 民政部关于切实做好城市社区居民委员会换届选举工作的通知［EB/OL］. (2009 - 02 - 06) http：//www. mca. gov. cn/article/xw/tzgg/200902/20090215026382. shtml.

图书在版编目(CIP)数据

我国城市社区直选模式的比较分析研究/解红晖著.—上海：
上海三联书店,2020.7
ISBN 978-7-5426-6924-7

Ⅰ.①我…　Ⅱ.①解…　Ⅲ.①城市-社区-选举制度-对比
研究-中国　Ⅳ.①D669.3

中国版本图书馆 CIP 数据核字(2019)第 282596 号

我国城市社区直选模式的比较分析研究

著　　者 / 解红晖

责任编辑 / 郑秀艳
装帧设计 / 一本好书
监　　制 / 姚　军
责任校对 / 王凌霄

出版发行 / 上海三联书店
　　　　　(200030)中国上海市漕溪北路 331 号 A 座 6 楼
邮购电话 / 021-22895540
印　　刷 / 上海惠敦印务科技有限公司

版　　次 / 2020 年 7 月第 1 版
印　　次 / 2020 年 7 月第 1 次印刷
开　　本 / 890×1240　1/32
字　　数 / 280 千字
印　　张 / 10.25
书　　号 / ISBN 978-7-5426-6924-7/D·440
定　　价 / 68.00 元

敬启读者,如发现本书有印装质量问题,请与印刷厂联系 021-63779028